统编高中语文教材
文本解读与教学实践

刘永胜 著

哈尔滨出版社
HARBIN PUBLISHING HOUSE

图书在版编目（CIP）数据

统编高中语文教材文本解读与教学实践 / 刘永胜著.
-- 哈尔滨：哈尔滨出版社，2024.5
ISBN 978-7-5484-7855-3

Ⅰ.①统… Ⅱ.①刘… Ⅲ.①中学语文课 – 教学研究
– 高中 Ⅳ.①G633.302

中国国家版本馆CIP数据核字(2024)第091106号

书　　名：统编高中语文教材文本解读与教学实践
TONGBIAN GAOZHONG YUWEN JIAOCAI WENBEN JIEDU YU JIAOXUE SHIJIAN

作　　者：刘永胜　著
责任编辑：张艳鑫
封面设计：赵　敏

出版发行：哈尔滨出版社（Harbin Publishing House）
社　　址：哈尔滨市香坊区泰山路82-9号　　　邮编：150090
经　　销：全国新华书店
印　　刷：北京虎彩文化传播有限公司
网　　址：www.hrbcbs.com
E-mail：hrbcbs@yeah.net
编辑版权热线：（0451）87900271　87900272

开　　本：710mm×1000mm　　1/16　　印张：17.5　　字数：211千字
版　　次：2024年5月第1版
印　　次：2024年5月第1次印刷
书　　号：ISBN 978-7-5484-7855-3
定　　价：88.00元

凡购本社图书发现印装错误，请与本社印制部联系调换。
服务热线：（0451）87900279

自 序

师 心

统编教材投入使用以来,教学一线出现了诸多的不适应:有的不能理解新教材"双线组元"的编写体例,依然停留在"文体组元"的老思路;有的难以接受"新课标"的诸多思想,之前"三维目标"的精神还没彻底领悟,又突然涌来了四大"核心素养";有的跟不上新高考的命题思路,每年都陷在模拟题海中难以自拔……还有纷至沓来的"大单元""大概念""大情境""主题学习""项目化学习""整本书阅读",等等,让部分教师感觉力不从心。

课堂教学呈现了多种样态:有的教师紧跟时代潮流,但好像有意或无意地忽略了学生的基础知识和基本能力;有的教师固守培养学生听说读写、语修逻文的基本传统,却得不到同行和专家的认可;还有些教师"以我为主",坚守着自己的教学个性,"躲进小楼成一统,管他冬夏与春秋"……

我也常陷入困惑。以必修上册为例,在第一单元的教学中便遇到了诸多困难:第一篇课文是毛泽东的词,紧接着是四首现代诗,然后是两篇小说,先不说《立在地球边上放号》《峨日朵雪峰之侧》《致云雀》《百合花》是新编入的文章,单是对从古体诗词到现代诗歌再到小说的跳跃就难以适应,何况,单元学习任务中还有"青春"主题的现代诗歌写作;第二单元的课文,全是新内容,好不容易熬到了熟悉的第三单元,写作任务又出现了"学写文学短评"这一新事物……诸如此类的难题,不胜枚举。

困难摆在面前时,真想偷一偷懒,选择"躺平"。但每当遇到学生渴望的眼神时,总觉内心有巨大的惶恐和不安;再想到自己的孩子也会跨入高中的大门,也会在语文学习过程中遇到这样那样的难题,一旦问到我,我总不能像《祝福》中的"我"一样,用"说不清"去搪塞。于是,在上进心和自私心的合力推动下,我拿起了笔,把遇到的难题记了下来,把想到的方法写了下来,日积月累,几年下来,形成了现在这本书。

语文的常态课堂,主要包括新授课、讲评课和复习课,而以新授课居多;新授课的内容,又以课文教学为主。所以很多老教师说,文本解读能力,是一名语文老师的基本功;扩而大之,独立处理教材的能力,是语文老师的高阶素养。在"学习任务群""大单元教学"盛行的今天,更不可忽视的,就是这种基本功。所以,在内容的编排上,便把"文本解读"的文章,依照教材的顺序放在了最前面的位置,也占了最多的篇幅。这些解读,有的从学生的易错点切入,有的从不同版本的比较切入,有的从作者的创作个性切入,有的从名家评价切入,也有的从文本的细微词句、小人物、留白处、重复处切入……无论哪个角度,都是在搁置既往经验、以"初学者"的心态反复裸读文本、推敲字句,形成了一些算是独到的见解。

但这远远不够。"三新"背景下,语文课堂不可能置身世外桃源;我们的课堂教学,也需要与时俱进。于是,在"教学路上"板块,加入了"文学短评""深度教学""高考复习""主题阅读""思维训练"等多种内容,看似驳杂,实是常态化课堂的扼要梳理。里面有的观点还值得商榷,做法也不够成熟,但皆可作为一面镜子,观照当下的语文课堂。

课堂上布置作业的时候,学生往往长吁短叹、感慨万千;但偶尔也有掌声雷动、奔走相告的时候——因为我说了一句话:不用写作文。可见,写作文对于大部分学生来讲,是一件多么痛苦的事情。我也常坦诚地告诉学生,写作的过程对多数人来讲,都不是一件轻松愉快的事情;写完后的酣畅淋漓,是另外一码事。为了和学生产生"共情",深入地体会他们在写作中遇到的困难,我便经常"下水",以便给学生做一个躬身的示范。本书中所选的 15 篇下水文,有的来自教材的写作任务,有的是高考下水文,但更多的是针对常见作文话题做了细致的区分和详细的指导,比较有参考和借鉴的价值。

课后,也常常趁热打铁,把一节课的得与失写下来,便有了"语文随笔";生活中,记录下有意思的人和难忘记的事,可称作"语文生活"。

桃李何必多言情,从来师者父母心。所写的文章,都不是单为发表而写,可以为教师的课堂教学和学生的语文学习提供一些思路;很多学生的确也受到了不少感染,爱上了语文,爱上了写作,还有不少学生发表了作品,品尝了文字变成铅字的快乐。这样一想,更觉课堂教学工作和课下思考写作很有意义。工作 20 余年,职业生涯刚好过半,这本书,可算是对这一半教学生涯的总结。有了它,也可以更有信心地展望今后的日子。

是为自序。

目 录

第一部分　文本解读

第二部分　教学路上

第三部分　下水作文

第四部分　语文随笔

第五部分　语文生活

第一部分　文本解读

　　本版块选择的25篇文章，均是对统编高中语文教材经典文本的解读，但切入的角度与方法迥异：有的从文章本身的体式特点切入，去挖掘教学中应该让学生掌握的知识与常识，例如《哦，香雪》《谏太宗十思疏》《屈原列传》等；有的从作者的创作个性入手，探讨文本的独特性，例如《百合花》《琵琶行（并序）》《齐桓晋文之事》等；有的比较不同版本的差别，进而找到不一样的解读方法、获取不一样的阅读体验，例如"暂歇"与"渐歇"，《燕歌行（并序）》的序文等；还有的从文章的小人物、细微处入手，发掘经典文本的新价值，例如《项脊轩志》《种树郭橐驼传》等。

　　为方便读者使用，在编写顺序上，基本参照统编高中语文教材的课文顺序来排列，内容涵盖了必修上、下两册，选择性必修上、中、下三册的经典文本。

无姓无名，更见真情

——《百合花》再探析

　　中学阶段的小说经典人物长廊里，大都有明确的名字："君子固穷"的孔乙己，充满渴望的香雪，落后保守的别里科夫，外粗里细的鲍尔曼……即便是祥林嫂、水生嫂，也都因丈夫而得了明确而具体的称谓。这些名字，是文学史上的不朽形象，也成为一代代中学生心目中难以抹去的语文记忆。

　　但《百合花》是个例外。读罢小说，我们会为小说独特的战争视角所折服,更为其散发的人性和人情光芒所陶醉。但合上书本,我们却发现竟然难以说得出一个有名有姓的人物来。再次打开文本才恍然大悟:小说里本就没有一个有名有姓之人。按照常理,小说要打动人心,栩栩如生的人物形象必不可少,为何茹志鹃却不赋予他们一个富于时代印记和个人色彩的名字?

茹志鹃说过:"我写《百合花》的时候,正是反右派斗争处于紧锣密鼓之际,社会上如此,我家庭也如此。啸平(作者的丈夫)处于岌岌可危之时,我无法救他,只有每天晚上,待孩子睡后,不无悲凉地思念起战时的生活和那时的同志关系。脑子里像放电影一样,出现了战争时接触到的种种人。战争使人不能有长谈的机会,但是战争却能使人深交。有时仅几十分钟、几分钟,甚至只来得及瞥一眼,便一闪而过,然而人与人之间,就在这个一刹那里,便能够肝胆相照,生死与共。"

作者说得非常清楚:"战争使人不能有长谈的机会,但是战争却能使人深交。"短时间的交往,让人无暇知晓、记住彼此的姓名,但在那一个个刹那里,人与人之间建立的"肝胆相照,生死与共"的关系,让人终生难忘,尤其是在那个特殊的年代,这种情感更显得弥足珍贵。

短暂的交往,让确定人物姓名变得困难,其中有的用职务称谓,比如通讯员、乡干部、担架员,有的用特征称谓,比如重彩号、新媳妇等等,为我们塑造了个性鲜明的典型,又塑造了富有代表意义的群像。

我们不妨从这些称谓的角度,去重新打开文本。

通讯员:随着称谓的变化,逐渐走向丰满、伟大

通讯员是小说的主要人物之一,作者对他倾注了很多的爱。随着小说的深入,这一人物称谓在不断发生着变化,人物形象也随之变得丰满、伟大。

　　起初,"我"对通讯员并没有特别的情感,他只是一名护送"我"去前线卫生所的普通战士,"通讯员"三字并没有特别的情感倾向。此时的"我",正在为能够去前线贡献力量暗暗欣喜,为中秋时节雨过天晴后清鲜湿润的田野感到心旷神怡。小雨带来了清爽,也带来了烦恼。"我"的脚有伤,再加上路滑,行进的速度受到很大影响;而此时的向导——通讯员,却"一直走在我前面。一开始他就把我摞下几丈远",丝毫没有顾及"我"的感受。所以,此时,"我开始对这个通讯员生起气来"。

　　可是,他虽然从不回头,却"背后好像长了眼睛似的",总是通过步伐的变化,与我保持着恰当的距离;我也"不禁对这通讯员发生了兴趣",开始注意到他高挑挑的个子、洗淡了的黄军装、打到膝盖的绑腿,还有插在步枪筒里的几根树枝。尤其是知道他也是天目山人的时候,不禁"越加亲热起来",开始盘问他的年龄、军龄、家庭成员,以及婚姻状况。此时,作者不再称谓他"通讯员",而是改称"同乡",距离开始拉近;通讯员则是张皇、忸怩,讷讷的、憨憨的,让读者也不再仅仅觉得他是一个入伍一年的新兵,而是一个在女性面前极其羞涩极其稚嫩的大男孩。

　　这种羞涩和稚嫩,在借被子的时候,更是跃然纸上。在活泼俏皮的新媳妇面前,他"受够了气",吃完了闭门羹后只会说新媳妇"死封建";而经过我的一番说和,顺利地把被子借出来之后,他却"扬起脸,装作没看见",慌慌张张离开的时候,更是被门钩划破了衣服,真是尴尬到了极点。回去的路上,当知晓被子是刚过门三天的新媳妇唯一的嫁妆的时候,又生出把被子送回去的真诚的想法。此时,作者称其为"傻乎乎的小同乡",让每名读者都感受到他单纯的可亲,拘谨的可爱。

　　随着战事的进行,通讯员的安危牵挂着"我"的心:中秋的夜晚,我禁不住想象他儿时的中秋节,想象他在前线的战斗生活;救助伤员的时候,我特别留意带有"通讯员"标记的重彩号,又"莫名其妙地想问问谁,战地上会不会漏掉伤员"。"同志弟"的去向也牵挂着新媳妇的心:她只是"偶然从眼角上看我一眼",但"时不时地东张西望,好像在找什么";很明显,他在找通讯员。此时,在"我"的口中,他已经变成了亲切的"小同乡";在新媳妇的口中,则是更亲切的"同志弟"。

而当通讯员为了挽救别人的性命牺牲后,"象征纯洁与感情的花,盖上了这位平常的、拖毛竹的青年人的脸"。这里,作者称其为"青年人",显得庄严虔敬,充满了对通讯员的尊敬;更重要的是,他是千千万万的纯洁而又勇敢的青年战士的代表,无数的青年战士与这位通讯员一样,在女性面前那样的拘谨和羞涩,在敌人面前那样的无畏和勇敢。这样,"青年人"三字,让通讯员的形象具备了普遍意义。

新媳妇:随着情节推动,逐渐变得清晰、立体

新媳妇的称谓并未发生变化,但却随着与"我"交往的深入,变得越来越清晰、立体。

借被子的时候,"我"从通讯员的口中获知"死封建"的评价,与"我"对本地群众的主观感受大相径庭,为了群众影响,便与他一同前往一探究竟。来到新媳妇的家里,她"千呼万唤始出来",而且一句话都不说。小说中的"我们"和作为读者的"我们",都只能从她的住处、打扮去推知一二。"里面一间房门上,垂着一块蓝布红额的门帘,门框两边还贴着鲜红的对联",我们"大姐、大嫂"地喊,当时并没意识到出来的是怎样的人;"头上已硬挠挠地挽了髻",才知道她是一个新媳妇。但任凭"我"如何解释,她只是"低头咬着嘴唇,好像忍了一肚子的笑料没笑完"。此时,新媳妇的形象是比较模糊的,也是比较神秘的。

在听到"共产党的部队打仗是为了老百姓"的时候,"半晌,她转身进去抱被子了",这里,可以看出新媳妇明大义、懂大理;而交被子的时候,"她好像是在故意气通讯员",要故意交给已经有三条被子的"我"。写到这里,新媳妇形象已经又揭开了一层面纱:除了明理

通义之外,她还比较俏皮活泼,喜欢逗通讯员。这个形象,开始显得有血有肉;回来的路上,才知道这条被子是刚过门三天的新媳妇唯一的嫁妆,更让她的形象变得高大。

包扎所里,新媳妇也主动前来帮忙,还不时地关注通讯员的下落,此时,仍然是"抿了嘴笑着",好像在对通讯员"受我的气"有些歉疚;给伤员们擦拭身体的时候,她更是"又羞又怕",抢着要去烧锅,在我的百般劝说下,才"红了脸"答应下来,但只能做下手;而当小通讯员的身体躺在她面前的时候,她不管周围的一切,细细地、密密地、一针一线地、庄严而虔诚地缝着他肩膀的破洞,并毫不吝惜地把自己唯一的嫁妆裹在了通讯员的身上。此时的新媳妇,内心升腾起一种交织着歉疚、怜惜、心疼、敬佩、悲痛的情感,五味杂陈。

这样,新媳妇的面纱在一层层地剥去,一个对革命同志充满关爱的形象屹立在读者面前。

"我":既是见证者、讲述者,更是主动参与者

小说中的"我",与茹志鹃本人有着极大的相似度,无论是浙江籍的出身,还是文工团的履历。这样写来,既包含着作者的真情,又读来格外亲切:我们可以跟着"我"的脚步,与小通讯员一起去包扎所、一起找老乡借被子,也可以跟着"我"的想象,一起回忆拖毛竹的景象、一起唱起儿时的中秋歌谣。作为故事的见证者和讲述者,"我"也是不可或缺的人物。

更重要的是,"我"也是有血有肉的革命战士:在部队决定总攻的时候,"我"是积极主动地要去战斗连一线工作的,即便有安全隐患,也总比"进保险箱"强;来到包扎所,"正愁工作插不上手,便自告奋勇讨了这件差事",主动去人生地不熟的老乡家里借被子;新媳妇做给伤员擦拭身体的工作,要比通讯员在女性面前还要拘谨,"我"不仅"当然没什么",还主动地劝导她们;新媳妇面对通讯员陷入沉默后,"我"又极力地想让她和自己都摆脱悲痛。

"我"在故事里,绝不是一个旁观者,而是时时处处都主动地参与到故事中来,有力地烘托了人物,推进了情节。

乡干部、担架员:着墨不多,却不可或缺

乡干部其实是一个极具光彩的人物,但却被有意或无意地忽略了。他总共出现了两次。第一次出场,作者对他做了细致地刻画:"眼睛熬得通红","一肩背枪,一肩挂了一杆秤;左手挎了一篮鸡蛋,右手提了一口大锅,呼哧呼哧地走来。他一边放东西,一边对我们又道歉又诉苦,一边还喘息地喝着水,同时还从怀里掏出一包饭团来嚼着"。

乡干部为什么"眼睛熬得通红"? 从他的装扮来看,是在跑前跑后,为伤员们准备鸡蛋。为什么"一肩挂了一杆秤"? 他在淘换鸡蛋的时候,绝不让老百姓吃亏。为什么"又道歉又诉苦"? 伤员需要被子,无奈人手太少,需要我们再去向老百姓借。"一边还喘息地喝着水,同时还从怀里掏出一包饭团来嚼着",可见工作量很大,他来不及喝一口水,吃一口饭。这几处细节描写,将一位关爱伤员、关爱百姓、关爱战士、忘我工作的基层干部形象勾勒得栩栩如生。

乡干部第二次出场,是在中秋节的夜晚,给在包扎所工作的我们送来干菜月饼。"我"和包扎所的乡亲们都忘了今天是中秋节了,一刻不得歇息的乡干部却还记得,不忘给送来及时和温暖的慰问。这让他的形象变得温暖细心起来。

担架员讲述了通讯员为他们牺牲的经过,从他们着急的动作、一致的神情、负罪的语气里,可以感受到他们的激动与悔恨,真诚与敬畏。这也是那些在战场上历经生死,而被战友用生命搭救出来的幸存者的共同心声。

总之,《百合花》没有有名有姓的人物,但个个栩栩如生,又极具代表意义。在那个残酷的岁月里,他们站在一起,搭起了处处充满关爱和温暖、处处闪耀着人性美和人情美的人物长桥。

(本文发表于《语文学习》2021年第3期)

以诗解文，因为"它是一首纯净的诗"

——给《哦，香雪》的解读找一个突破口

在 20 世纪 80 年代初期，《哦，香雪》发表后，并没有引起人们的重视，直至孙犁大加赞赏后，这篇小说才被人们发现、推崇，并一举获得 1983 年的全国优秀短篇小说奖，成为铁凝的成名作。孙犁当时写到："这篇小说，从头到尾都是诗，它是一泻千里的，始终一致的。这是一首纯净的诗，即是清泉。它所经过的地方，也都是纯净的境界。"

文本解读，我们不妨抛开传统的小说解读方法，而是紧紧扣住小说"是一首纯净的诗"这一最大特点，一层一层打开文本。

景美如诗：是阻隔，更是孕育

小说并没有在开头部分进行大篇幅的景物描写，一直到行将结束的时候，香雪已经得到心仪很久的铅笔盒，才从她的视角，开始审视这山这水这夜色。

起初，大山的美，也并没有为台儿沟人所发现，他们只是在虔敬地承受，"一心一意掩藏在大山那深深的皱褶里，从春到夏，从秋到冬，默默地接受着大山任意给予的温存和粗暴"。大山在台儿沟人面前，是高峻的，幽深的，难以登攀又不可跨越的。人们依靠它，敬畏它。所以，香雪，一个大山里长大的孩子，在一个人回来的路上，也会"害怕这陌生的西山口"，"害怕四周黑幽幽的大山"。

台儿沟人没有意识到，大山把他们阻隔成了一个宁静的桃源。这里的人日出而作，日落而息，与世无争，于物无求。没人出远门，也没人来这里探亲，更没有矿产资源让它变得举世瞩目。他们"历来是吃过晚饭就钻被窝，他们仿佛是在同一时刻听到大山无声的命令"。"历来"一词，从时间的长度上，写出了人们对这种生活的习以为常。大山的阻隔让这里与时代隔绝，也让这里安详宁静。这种封

闭的宁静,本就是一首诗。大山就是一个匣子,紧紧地封锁了这首诗。在改革开放的大潮中,它只是静静地躺在那里。

台儿沟人更没有意识到,这种原始本身具备的淳朴美。大山是厚重的,让这里的人们同样具备了这种品格。孩子们淳朴、率真、单纯、善良;大人们,就像香雪的父亲一样,"光着红铜似的脊梁",在土里流汗,埋葬。这种淳朴的原生态的美,与正在起飞的时代相比,是两种色彩的美。如果没有现代文明的发现,这种美,只会躺在那里永远无人关注;没有现代文明的对比,这种美,不会突显出它的美丽;是现代文明的列车,驶入了这一片桃源,带出了它的美丽和魅力。只不过迥异于日新月异、一日千里,这是一首质朴的诗。

香雪第一个发现了这种美。在从西山口回家的路上,面对着"四周黑幽幽的大山"和"窸窸窣窣"的小树林,她一度感到害怕。但此时,"一轮满月升起来了",照亮了四周的一切,更照亮了香雪的内心。端详着心爱的铅笔盒,她的心灵随之起飞。她应该是台儿沟第一个从审美的角度审视这里的美景,发现"月亮是这样明净",核桃叶在风的怂恿下歌唱,"就像第一次认出养育她成人的山谷"。此时的大山不再阴森恐怖,而变成了"母亲庄严、神圣的胸脯",哺育着她,激励着她。当想到回家后的种种难题,香雪变得不安,"月光好像也黯淡下来";但此时,又有一条浅浅的小溪缓缓地流过。流水带着香雪,走回记忆的深处,洗净内心的不安。经过水的洗礼,她也变得异常坚定,不再犹疑。

月光、大山、树林、小溪,以及美丽的香雪,宁静和谐,水乳交融,共同组成了山谷中最美的夜色,织就一首最美的田园诗。

人美于诗:在向往,更在成长

相较于台儿沟的夜色,更让人印象深刻的是这里的少女。她们是一群淳朴、率真、对新事物和新生活热切追求的少女,香雪是她们的最美代表。

她们有如诗的外表。台儿沟成为一分钟小站的时候,姑娘们就变得兴奋起来。她们每天"心不在焉地胡乱吃几口,扔下碗就开始梳妆打扮":"洗净蒙受了一天的黄土、风尘,露出粗糙、红润的面色,把头发梳得乌亮,然后就比赛着穿出最好的衣裳。有人换上过年时才穿的新鞋,有人还悄悄往脸上涂点胭脂。尽管火车到站时已经天黑,她们还是按照自己的心思,刻意斟酌着服饰和容貌。"尤其是香雪,她"天生一副好皮子",有"洁如水晶的眼睛","洁净得仿佛一分钟前才诞生的面孔","柔软得宛若红缎子似的嘴唇"。相信任何人看到她,心中都会"升起一种美好的感情"。这种感情,没有任何的邪念,面对这种美丽,你只想去静静地欣赏,默默地呵护。

她们有如诗的性格。常年的与世隔绝,以及大山默默的哺育,让她们具有与生俱来的天然的淳朴和率真。她们的人生字典里,还没有欺骗、世故这样的词语。相比这些,更让人觉得可亲可爱的,是她们的活泼俏皮和为人谦让。尤其是看火车回来的路上,姑娘们对凤娇的打趣,以及凤娇"强硬的"回击,充分展现出姑娘们的活泼俏皮。这种语言上的碰撞,比起城里人尖酸刻薄地故意追问香雪一天吃几顿饭,显得格外真诚。还有让人称道的谦让。就是与火车上的人做交易,她们宁愿自己吃亏,也不赚别人便宜;与火车乘客谈话,所有人有意把"北京话"分配给凤娇,因为凤娇"愿意对他好"。

她们还有如诗的情怀和追求。列车停留,没有给大人带来什么惊异,也没有给男孩子带来什么新奇,却带给姑娘们巨大的兴奋,因为这些姑娘们有如诗的情怀和追求。她们每次跑向列车,都是在向现代文明的主动学习、积极靠拢。在走向现代文明的进程中,这群姑娘表现出了别人没有的热情。其中,香雪最为坚定和勇敢,因为她是唯一的初中生。她的追求,不限于发卡、手表这些物质层面的东西,而是书包、配乐诗朗诵、大学这些更高的、精神层面的东西,尤其是那个让香雪完成人生升华的铅笔盒。更难能可贵的是,她在追求的途中,从来没有丢弃自尊。得到铅笔盒是为了赢回自尊;换取铅笔盒,用的也是最有尊严的方式。用作者的话说,"台儿沟再穷,她也从没白拿过别人的东西"。一个铅笔盒,从渴望到获得,香雪的性格,也从犹疑羞涩变得自信坚定。

少女情怀总是诗。正如铁凝本人所言,"世界上最纯洁、最美丽的情感,就是少女的梦想"。台儿沟的少女,坚定,自尊,她们的成长,比诗更美。

语言是诗:少修饰,更无雕琢

作为一名女性作家,铁凝的语言本就是一首诗。她的语言,有"白洋淀"作家的清新质朴的风格,如一股清新的风,沁人心脾;她笔下的世界,也多是真善美,引人入胜。

首先是自然流畅。小说并不以情节的波澜起伏取胜,因此读来没有扣人心弦的感觉。但有一处情节却让读者格外揪心,就是香雪上火车换铅笔盒的部分。火车停下时,她扒在车厢外张望、寻找;敲窗不开后,她坚定地、轻巧地跳上了踏板;当列车把她关在车上时,她先是惊恐地呼唤着同伴,进而又坚定地换取了铅笔盒;旅客们热情地劝她留宿一晚时,她"一心一意""理直气壮"地拒绝了所有人的好意,坚决要一个人走回台儿沟。这一情节自然流畅、不着痕迹,让读者忘记了一切,全情投入其中,与香雪的心一起跳动。

其次是清新质朴。在香雪回家的路上,作者为我们描绘了一幅清新明快的山间秋夜图景。在一轮满月的笼罩下,寂静的山谷、灰白的小路不再阴森可怕,秋日的败草、粗糙的树干等一切景物都变得异常明净;一阵秋风吹来,让人心旷神怡,干枯的树叶也开始了歌唱;一道浅浅的小溪流过,是那么的清澈,那么的干净,能够洗去一切烦恼;还有充满着乡野气息的"纺织娘"和"油葫芦"的不住鸣叫……这一切,都要归功于语言的清新质朴,不假雕饰。

整篇小说,无处不散发着诗的美丽,飘着诗的芳香。铁凝不是孙犁,却神似孙犁;台儿沟不是荷花淀,却胜似荷花淀。

(本文发表于《中学语文》2018 年第 10 期)

挽歌 赞歌 牧歌

——再读《哦，香雪》

每次阅读铁凝的《哦，香雪》，总会被台儿沟的女孩子们深深打动，也会为香雪受到的伤害感到心疼，还会为香雪在追梦过程中从不丢弃自尊而肃然起敬。合上小说，让人不禁回到改革开放之初，在那个充满了希望和渴望的年代，回味这"一首纯净的诗"带给我们怎样的清新和感动。自从孙犁先生给予小说"从头到尾都是诗"的评价后，我们大都围绕"诗化小说"的特点去赏析文本，对其中隐含的作者对于贫瘠和落后的态度、对时代的讴歌和赞颂，以及对主人公身上所带有的普遍人性之美缺少相应的挖掘。而这几点，恰恰是人类心灵能共同感受到的东西，让不同时代、不同文化背景的读者都能不约而同地获得心灵的共鸣。笔者试从这几个方面，重新打开文本，以求就教于方家。

落后的挽歌：小心翼翼的描写，满含深情的告别

香雪凤娇们之所以让人心疼，很大程度上是因为她们生长在台儿沟这个"小地方""穷地方"。铁凝面对这"小"和"穷"，没有丝毫的鄙弃和嘲讽，而是用真情的笔触，把它蕴含的美尽力地呈现出来，并用清新的笔触，给贫穷和落后奏出了一曲挽歌。

首先是对封闭与落后的充满同情的小心翼翼的描写。台儿沟是一个只有十几户乡亲的小山村，这里没人需要出远门，山外也没人会来这里走亲访友，贫瘠的土地里也没有石油矿产。从物质层面来说，太行山沟里的这个小村，绝不是世外桃源，而是代表着封闭、落后、贫穷；这里的为数不多的人们，一直过着看似宁静实则艰辛、贫穷的生活。白天迎接他们的是黄土和风尘，晚上则同时收到大山"无声的命令"；女孩子们的面色虽红润却粗糙，父亲们则是"光着红铜似的脊梁"。从这些笔触里，我们可以感受到作者对这种因自然环境的阻隔带来的真实的原始的生存状态,但字里行间充满了真心的怜悯和友善的共情:铁轨在铺设到台儿沟之前"勇敢地盘旋在山腰",经过台儿沟后又"冲向又一道山梁,朝着神秘的远方奔去"。冰冷的铁轨在台儿沟以外的地方"勇敢地"又冲又奔,充满了霸气的力量;可偏偏在台儿沟面前,"悄悄地试探着前进,弯弯曲曲,曲曲弯弯,终于绕到台儿沟脚下",台儿沟"小得叫人心疼,就是钢筋铁骨的巨龙在它面前也不能昂首阔步,也不能不停下来"。如此鲜明的对比,足见作者对"小"和"穷"满含的爱惜和深情。

其次是对台儿沟人面对自然馈赠的虔诚的守护。大山基本阻隔了台儿沟与外界的联系,这里的人们世世代代、自然而然地过着日出而作日落而息的淳朴而原始的生活。他们"历来是吃过晚饭就钻被窝","一心一意掩藏在大山那深深的皱褶里,从春到夏,从秋到冬,默默地接受着大山任意给予的温存和粗暴"。"历来""从春到夏,从秋到冬"是时间的长度,世世代代未曾改变;"一心一意掩藏""默默地接受"则是对大山的恭顺而虔诚的态度。大山的"任意"与台儿沟的"一心一意"又是一组精彩的对比:大山无情,山的阻隔对于人可能"温存"也可能"粗暴";人却有意,他们依山傍山、敬山畏山,祖祖辈辈不离不弃地守护在这里,听从大山的一切安排。这种驯顺质朴的性格,像极了中国的千千万万的普通百姓:台儿沟的百姓,就是勤劳质朴的中国百姓。作者看似轻描淡写的笔触,其实充满了善意和真情。

"然而,两根纤细、闪亮的铁轨延伸过来了。"铁轨是"纤细"的,与这里粗糙的土地、粗粝的生活对比鲜明;铁轨也是"闪亮"的,带来了"山外的陌生、新鲜的清风"。香雪凤娇们被这种新鲜深深地吸引,她们不再像父辈那样沉默,而是勇敢地拥抱新鲜事物;不管是物质需要还是精神追求,她们都用大山赋予的质朴但大胆的品格,"和和气气地做买卖"。从这一群十七八岁的青年身上,我们看到了大山的明天。台儿沟短短的一分钟,改变的将是这里长久的未来。

未经现代文明打磨雕刻的景色和人固然有原生态的美,但现代文明的列车呼啸而过的时候,无论如何的匆忙,都会给这里带来震颤。这种震颤,打破了大山的宁静,更打破了人们原本凝固的内心。她们主动拥抱现代文明的时候,也是台儿沟告别封闭落后的开始。

时代的赞歌:对热切追求的真情歌颂,对保持尊严的由衷敬佩

20 世纪 80 年代的中国农村,大都或先或后、或快或慢地开启了现代文明的进程。它们蜷缩在大山深深的皱褶里太多年,多数还都保留着用牛耕地、套马拉车、打场晒麦的传统耕种方式,种地为生、靠天吃饭,风调雨顺则年景好,雨疏风骤则年景差,收成的多少与力气的关系远不及天气。当现代文明的列车驶入乡村的时候,机警的人们立即发现了它无可比拟的先进性和优越性,于是开始了热切的追求。香雪凤娇们追求的身影,是那个时代的缩影。

首先是对美的追求。宁静的山村是一种原始质朴的美,绿色长龙则是另一种美。这一群姑娘迫切地向火车簇拥而去的时候,本身就抱着一种新奇的审美态度:她们"心跳着涌向前去,像看电影一样,挨着窗口观望"。她们看乘客的装扮、车上的行李、车里的电扇,她们问车上的生活,她们关心列车的行驶,她们还讨论、畅想城里人的生活。这一切,都充满了单纯的美。

勇敢热辣的凤娇迈出了台儿沟女孩们的第一步。她最先发现"妇女头上的金圈圈和她腕上比指甲盖还要小的手表",并且对"北京话"充满了异性之间的好感。即便是有同伴不断地拿她打趣,她仍会在每天的一分钟里勇敢而主动地向第三节车厢走去。值得注意的是,与香雪关注学生书包、铅笔盒、配乐诗朗诵等书生气较浓的物品不同,凤娇关注的是外在装扮和个人情感方面的东西;但是,作者绝没有贬低凤娇的意思,因为她不念书;她关注的正是一个十七八岁的女孩子最正常不过的盼望。其他的同伴也是一样,换回的是"台儿沟少见的挂面、火柴,以及属于姑娘们自己的发卡、香皂"。更何况,在叙写香雪的学校生活之前,凤娇着墨更多,形象更饱满。

接着是由胆怯走向勇敢的香雪。当火车经过的时候,"香雪总是第一个出门,隔壁的凤娇第二个就跟了出来"。这句话很耐咀嚼。按照二人的性格,凤娇第一个出门,香雪跟着出来好像更合情理,为什么顺序恰恰相反? 这就为后面叙写香雪在学校受伤害埋下了伏笔:她受到的伤害越深,就会越渴望在现代文明的列车上见到梦寐以求的铅笔盒,也更能激发她向现代文明快速奔去的脚步。其实,同学们的伤害对香雪并非坏事,虽然她的自尊心受到了伤害,却因此开启了"表型可塑"功能:有伤口的地方,愈合后会长得更结实。所以,当香雪换得心心念念的铅笔盒,一个人从西山口走回台儿沟的时候,原本一个女孩子沿着铁轨走三十里的夜路是令人胆战心惊的,但香雪却让我们知道了"山里的女孩子在大山和黑夜面前到底有多大本事":一开始面对黑幽幽的大山和窸窸窣窣的小树林感到害怕,但一轮明月照亮前行之路,让她觉得大山"像母亲庄严、神圣的胸脯",树林则是在"豁啷啷"地歌唱;想到应该怎样向娘交代四十个鸡蛋的去向时犹疑不定,一道浅浅的小溪帮她洗净了疑虑。香雪一个人走回了台儿沟,也完成了由胆怯到勇敢的升华。

最让人由衷敬佩的是,台儿沟的少女们在追梦过程中,从来没有丢弃大山赋予的质朴的尊严。凤娇在和"北京话"做买卖的时候,一定会从一捆挂面里"抽出一斤挂面还给他","只有这样才对得起和他的交往";姑娘们担心他有"相好的",凤娇坦然地告诉自己:自己愿意对他好,"难道非得是相好的才能这么做吗"? 二人站立的位置、生活的境况完全不同,但精神高度完全对等;就精神高度而言,台儿沟的姑娘们,不逊任何人。

香雪更是如此。在矿冶学院的女大学生执意要把铅笔盒送给香雪的时候,香雪一直在想一个对方无法拒绝的主意;于是"就在火车停顿前发出的几秒钟的震颤里,香雪还是猛然把篮子塞到女学生的座位下面,迅速离开了"。"几秒""猛然""迅速",一瞬间的几个动作,一定在香雪脑海中演练了好几遍。台儿沟的每个人都可以昂着头自豪地说:台儿沟再穷,也从没白拿过别人的东西。

从这些细腻的描写中,我们与作者一样,内心都会升起一种由衷的敬佩之情。香雪凤娇们热切追求的样子,正是20世纪80年代的中国农村千百万青年的样子;写给她们的颂歌,也是写给那个时代的赞歌。

人性的牧歌:对友爱和善意的尽情褒扬,对美好未来的无限憧憬

孙犁先生曾经说过:"在女孩子们心中,埋藏着人类原始的多种美德。"台儿沟的女孩子们,便被作者赋予了这些美德。除人们熟悉的坚强和热情、纯朴和泼辣、温柔和大胆、勇敢和执着之外,她们的心里还装着友爱。凤娇对"北京话"产生朦胧爱意,会有姑娘提醒她人家会不会有"相好的";即便是回家的路上有看似不友好的"争吵",也会在分别后烟消云散。姑娘们有着不同的名字和家庭,但有着共同的美德和团结在一起奔向现代文明的心。香雪一个人走回台儿沟的时候,姑娘们一起簇拥着去迎接她;当她们认出彼此之后,香雪涌出欢乐的泪水,山谷里爆发出姑娘们欢乐的呐喊:这次深夜山谷的相遇,把她们的团结友爱推向了巅峰。

列车上的人也满含温柔的善意。"北京话"是他们的典型代表,以他为代表的男乘务员,是姑娘们"假意嘲讽、真心崇敬的对象"(铁凝语)。他虽然"说一口漂亮的北京话",但除了标志性的"真没治"之外,只说了两句话:一句是提醒姑娘们别扒窗户,一句是面对姑娘们连续不断的单纯的问题留下"且听下回分解"的期待。面对充满好奇的山村小姑娘,他并没有制止她们靠近火车,而是"和她们站得不远不近",给出善意的提醒;面对充满期待的明天的一分钟,他的"下次告诉你们"更增添了这种期待美感。香雪没能及时下车的时候,他和旅客们一样,热情地给香雪提出了住一夜的解决方案。与这些温柔的善意相比,香雪的女同学们不够友好的两个追问,实在不值一提。

在回台儿沟的路上,香雪对家乡的未来开始了美好的畅想。她的畅想,都是基于自己和姑娘们的感受生发出来的,但没有一个囿于自己的小圈子:姑娘们会更自信,火车会停得更久,还"会向台儿沟打开所有的门窗"。无论是物质层面还是精神层面,台儿沟都会焕然一新。香雪不是要极力摆脱贫穷和落后,而是要努力地改变它。这种美好的情感,就是家国情怀的最好的注脚。

我们可以这样说,列车唤醒了台儿沟,台儿沟的女孩子们唤醒了铁凝;而铁凝,用台儿沟的女孩子们留下的美好瞬间,唤醒着一代又一代的读者。

(本文发表于《中学语文》2024 年第 1 期)

"暂歇""渐歇"大不同

《琵琶行(并序)》是白居易的代表作,也是以往各版语文教材的必选篇目。诗中既有出神入化的音乐描写,又有琵琶女和白居易二人的身世叙述,相似的遭际让二人产生了深深的共鸣,进而让诗歌散发出震撼人心又感人肺腑的艺术力量。

教学过程中却发现,"凝绝不通声暂歇"一句,学生无论是在朗读或默写,还是在理解句意的时候,都容易把"暂"混淆为"渐"。而注解也付诸阙如,没有对这一句话做明确的解释。这一问题悬而未决,容易给将来留下知识疑点。

一

古诗在从古至今的流传过程中,常常因为传抄、印刷、篡改等多种原因,会出现部分词句有不同写法的现象。仅统编教材语文必修(上册)第三单元就有很多例子:曹操《短歌行》中的"何时可掇"又作"何时可辍",陶渊明《归园田居(其一)》中的"开荒南野际"又作"开荒南亩际",李白《梦游天姥吟留别》中的"天台四万八千丈"又作"天台一万八千丈",苏轼《念奴娇·赤壁怀古》中的"乱石穿空"又作"乱石崩云",等等。《琵琶行(并序)》中也不乏这样的例子,比如"添酒回灯重开宴"也作"添酒移灯重开宴"。

但是,上述例子有的写法大相径庭,有的读音相去甚远,都不如"暂"和"渐"这样,读音比较接近,意义又容易混淆。基于此,笔者翻阅了与中学生关系密切的各种资料。

其实,"暂""渐"之别,历经了从并存到统一的过程。《唐诗鉴赏辞典》(上海辞书出版社 2004 年版)写作"渐";而人教版语文教材(人民教育出版社 2007 年版)写作"暂",鲁人版语文教材(山东人民出版社 2004 年版)和苏教版语文教材(江苏教育出版社 2008 年版)均与人教版教材做了相同的处理。如今的统编教材也沿袭了2007 年人教版教材的做法。

把不同的版本进行统一,能够有效降低学生阅读和背诵的难度,本来是一件好事,但是如果缺少了相应的解释,或者选取了相比较而言理解难度较大的一种,则与最初的想法背道而驰。

二

不难发现,"暂"字在诗中出现了两次,一处出自"冰泉冷涩弦凝绝,凝绝不通声暂歇",另一处出自"今夜闻君琵琶语,如听仙乐耳暂明"。后一句的"暂",教材给出了恰当的解释,即"忽然,一下子"的意思。全句大意即在被贬至浔阳城之后,一直苦于没有动听的音乐,而琵琶女的音乐如仙乐一般,让作者为之动容,形象地写出琵琶女技艺之高超、乐曲之感人。

然而,"冰泉冷涩弦凝绝,凝绝不通声暂歇"一句,教材只是在"冰泉冷涩弦凝绝"后给出了明确的注释:"像冰下的泉水又冷又涩不能畅流,弦似乎凝结不动了。这是形容弦声愈来愈低沉,以至停顿。""弦声愈来愈低沉,以至停顿"明显包含了"凝绝不通声暂歇"一句的意义,是指声音在逐渐地消失。《教师教学用书》也是采用的这一解释:由"冷涩"到"凝绝",是一个"声渐歇"的过程,诗人用"别有幽愁暗恨生,此时无声胜有声"的佳句描绘了余音袅袅、余意无穷的艺术境界,令人拍案叫绝。

可惜的是,《教师教学用书》采用的是霍松林先生在《唐诗鉴赏辞典》(上海辞书出版社 2004 年版)中的说法,而《唐诗鉴赏辞典》的原句是"冰泉冷涩弦凝绝,凝绝不通声渐歇",而不是教材上的"声暂歇"。《教师教学用书》是在解释"渐歇",教材却选用了"暂歇",这是不应该出现的矛盾。

《说文解字》认为"暂"字"从日斩声",是"不久"的意思,强调时间短促;由此衍生出"突然,一下子(武夫力而拘诸原,妇人暂而免诸国)""暂时(卿但暂还家,吾今且报府)""刚刚(或春苔兮始生,乍秋风兮暂起)""姑且(今日听君歌一曲,暂凭杯酒长精神)"等意义。可见,"暂"字,要么表示时间短暂,要么与将来某个时间作对比,而把"声暂歇"理解为"声音戛然而止"或者"声音暂时停止"都不够符合语境。

我们再来看"渐"字。《说文解字》认为"渐"字"从水斩声",本是河流的名称。在漫长的演化过程中,"渐"字的读音、词性和意义都发生了变化,派生出了丰富的引申义。而"渐"字在读去声的时候,有"逐渐、渐渐"这一义项,我们所熟知的白居易《钱塘湖春行》中的"乱花渐欲迷人眼"和欧阳修《醉翁亭记》中的"渐闻水声潺潺"都可以作如是解释。基于此,"声渐歇"自然可以理解为"乐曲渐渐低沉,以至无声"。

单从字义来看,采用"渐"字更恰当。

三

琵琶女的故事之所以感人至深,除了她有高超的演奏技巧外,更为重要的是她在用感情和生命演奏。她把自己的身世遭际融入乐曲中,听众在跌宕起伏的音乐中可以听出她跌宕起伏的人生。欢快恣意的青春,突如其来的变故,委身商贾的委屈,悲戚自怜的现实,这些变化在乐曲中有明显的体现。欢快如珠落玉盘清脆无比,变故如泉流冰下滞涩难通,备受冷落让她陷入了沉思,沉咽暂歇之后的雄壮激昂则是无言的控诉。

从乐曲的角度来看,"大珠小珠落玉盘"形容乐声清脆圆润,"间关莺语花底滑"形容乐声婉转流利;"幽咽泉流冰下难""冰泉冷涩弦凝绝"都是以形写声,形象地写出乐声从梗塞不畅到逐渐停歇的过程。很明显,这个过程是渐变的,而不是突变的。

从琵琶女身世的角度来看,她用了大量的语句来叙述自己的"少年事":出身长安,年少成名,容貌出众,备受欢迎;自己也深陷其中,沉醉其中,不知不觉间青春已逐渐流逝。这段叙述占了琵琶女身世言说的大半部分,可见对于年轻时众星捧月般的生活,琵琶女是极其留恋的。从"五陵年少争缠头"到"门前冷落鞍马稀",从"秋月春风等闲度"到"老大嫁作商人妇",是一个相对较长的过程,琵琶女应是历经了较长时间的冷落后,才做出了迫不得已的选择。在演奏过程中,她的心情、指法与她的人生遭际一起起落。自然地,欢快地演奏后,是低沉的声音;琵琶女是在演奏乐曲,更是在回味人生、反思自己,所以才带给了听众"此时无声胜有声"的审美感觉。她的心情伴随着人生际遇的持续下滑,渐渐地低落至冰点。

综上,无论是从字义的角度,还是乐曲本身乃至演奏者的角度,"声暂歇"都应作"声渐歇"更为妥帖。

(本文发表于《语文月刊》2021 年第 7 期)

怎样"说尽心中无限事"

——白居易《琵琶行》的抒情艺术浅析

中国古典诗歌名篇佳作灿若银河,诗歌圣手亦难以计数。但他们的名字,大多闪耀在文学诗集里,流传在平民读者的口诵心惟中,在皇族子弟篇章中间，很难阅览到他们的名字。但有一个人，是个例外，他就是白居易。

白居易逝于 846 年，这一年，对大唐王朝有中兴之功的宣宗皇帝李忱即位，惊闻白居易的仙逝，软笔一挥，写下了对白居易评价极高的悼亡诗——《吊白居易》：

> 缀玉联珠六十年，谁教冥路作诗仙。
>
> 浮云不系名居易，造化无为字乐天。
>
> 童子解吟长恨曲，胡儿能唱琵琶篇。
>
> 文章已满行人耳，一度思卿一怆然。

这其中，就特别提到了白居易的代表篇章——《琵琶行》。

那么，"诗魔"白居易究竟施了什么魔法，让《琵琶行》有了如此魔力，会让"童子解吟"，还令"胡儿能唱"？

诗歌都是以情动人，我们不妨从白居易是如何抒情的角度出发，去探究《琵琶行》的艺术魅力。

水月有情：让情感蕴藏在浔阳风物里

全诗共有四处有关月亮的描写。分别是第一节的"醉不成欢惨将别，别时茫茫江浸月"，第二节的"东船西舫悄无言，唯见江心秋月白"，第三节的"去来江口守空船，绕船月明江水寒"，以及第四节的"春江花朝秋月夜，往往取酒还独倾"。

前三处的月，都是浸泡在水中的月亮，给人的感觉更加凄凉；最后一处是春日秋夜的花月美景，反衬内心的凄凉。

但这四处的情感，可以用一个词语概括：茫然。这种茫然，深深地埋藏在浔阳当地的水月美景里。

作者在以"文章合为时而著，歌诗合为事而作"为宗旨的新乐府运动中，作了大量的讽刺当朝权贵的诗歌，那些人恨得牙痒痒，一直伺机反扑。终于，在宰相武元衡被杀一事后，白居易没按捺住自己的良心，站出来说了几句公道话。这一站，立即让他变成众矢之的。

朝中大臣群起而攻之时,善良的文学家茫然无措、百口莫辩,贬谪,也就成了注定的结局。

作者身为朝廷贬臣,在荒远之地的秋夜送别故友,心境当然是茫然的。这种茫然,在酒过三巡之后,化作了无言。于是,大家便不约而同地将目光投向了那枚浸在秋夜冷水中的凉月,让月亮去诉说绵绵不尽的别情。

琵琶女的音乐十分有代入感,一曲终了,所有人就像在琵琶女的音乐世界里走了一遭,也像在她的人生故事里走了一遭,大有荡气回肠、余音绕梁的感觉,又有不知如何诉说自己感受的茫然无语。此时,所有的赞美都是多余的,只有定在江心的那枚白月,吸纳又吞吐着所有人的凄凉。

琵琶女的故事感人至深,主要在于她前后巨大的人生落差。人的本性都是这样,一个人风光时,我们可能羡慕他,可能嫉妒他,也可能真诚地为他感到高兴;但当他跌落神坛、陷入低谷时,无论怎样的坏人,都会发出一声同情的叹息。更何况这个无辜的琵琶女,她孤身流落在浔阳的江边,茫然地哀叹着命运,她不知道命运为何会这样不公;与她终夜相伴、心灵相通的,只有那挥之不去又不可或缺的绕船明月。

白居易受琵琶女的感化,梳理自己一年多的感情,终日在"谪居卧病"中度过:这里地势低洼潮湿,黄芦苦竹绕宅,缺少美景,缺少美乐,所以即便是极少的春花秋月的美丽时刻,也是茫然失落的,只能"往往取酒还独倾"。

音乐含情:让情感流淌在音乐河流中

能引起共鸣的东西有很多,音乐绝对是其中之一。

古典诗歌里,描写音乐的经典作品很多,古人评价了三篇至文:《琵琶行》《听颖师弹琴》《李凭箜篌引》。三部作品都出自唐人之手,可见唐朝时音乐的盛行。

这三部作品里,名声最大、影响最广的,当然是《琵琶行》。

首先应该归功于白居易。

他个人精通音律，所以写起音乐来，才有内行人的熟悉。音乐是声音的艺术，如何用文字形象传达给读者，需要巧妙的构思和丰富的想象。作者主要采用以形写声和以声摹声的手法，把抽象的乐声具象化、熟悉化、生活化，让人不费思量就能触摸到音符的律动。比如大弦的粗重急促和小弦的轻细灵动，作者的比喻相当精彩：大弦就像又大又急的雨点劈里啪啦地忽然而下，小弦就像一个人趴在你的耳边轻声地窃窃私语。两种弦声交织在一起的时候，给人的感觉是清脆，清脆如大小不一的珍珠抖落在玉盘上，声声悦耳。再如以形写声的"幽咽泉流冰下难"，乐声冷涩阻滞很难传达，作者就用冷泉和坚冰这样的物象，让人去感受这种乐声的低沉。

还有绝妙的无声烘托。文中有两处，一处是"别有幽愁暗恨生，此时无声胜有声"，另一处是"东船西舫悄无言，唯见江心秋月白"。大音希声，最高妙的音乐往往是无声。这种无声，不是音乐一开始就按下静音键，让听众去凭空想象；也不是明明可以高声弹奏，却戛然而止，故意卖几个关子；这种无声，往往发生在乐曲高潮时、感情顶点处，经历了种种有声的诉说之后，让无声的安静代替有声的诉说，让听众去体会，去想象，去回味，去咂摸。这种无声，往往比有声更让人着迷和沉醉。谈听众感受时亦是这样，乐曲感人至深，引人入胜，让所有人都陷入了沉默，沉静，沉思。这种效果，当然是至高的。

当然也该归功于琵琶女。琵琶女"十三学得琵琶成，名属教坊第一部"，"五陵年少争缠头，一曲红绡不知数"，她的演奏技巧当然是无可指摘甚至是冠绝当世的。当然，这不是最主要的。音乐能打动人，技巧仅仅是一个前提，且永远只是一个前提。能打动人的音乐，应该是融入了真情实感和生命体验的音乐，琵琶女的演奏便是如此。"转轴拨弦三两声，未成曲调先有情。弦弦掩抑声声思，似诉平生不得志。低眉信手续续弹,说尽心中无限事。"在进入正曲的前奏部分,她就已经入曲很深了。音乐就是她的生命,也只有音乐能诉说她的生命,她又怎能不为音乐注入感情和生命呢?"间关莺语花底滑"就是"秋月春风等闲度"的年轻辉煌,"冰泉冷涩弦凝绝"就是"暮去朝来颜色故"的人生转折,"别有幽愁暗恨生"就是"门前冷落鞍马稀"的低徊沉思,"四弦一声如裂帛"就是"商人重利轻别离"的悲愤控诉。

这种融入了生命的音乐,怎能不令人动容?琵琶女动情的演奏,作者倾心的聆听,把所有的情感都交付给流动的音符。

白居易是铺叙的高手,在别人写至无写处时,他总能宕开一笔,出人意表。在他的笔下,浔阳的荒远风物,处处埋藏着他和琵琶女"同是天涯沦落人"的命运遭际;琵琶女的三次演奏,也一次又一次地把听众和读者、带到高潮。

（本文发表于《中学语文》2018 年第 8 期）

让景物描写串联起故事

——浅析白居易《琵琶行》景物描写的预设效果

《琵琶行》作为一首有着永恒魅力的叙事长诗,景物描写必不可少。本诗有四处景物描写主要落脚在"秋""水""月"三种景物上。"一切景语皆情语",景物描写当然饱含着作者的深情。但是,仅仅是这些吗?景物描写对串联诗歌、铺陈叙事、连缀情感是不是有特殊的作用呢?

反复品读不难发现,诗歌的四处景物描写虽用墨不多,却为诗歌叙事抒情的展开张足了本,做足了铺垫,有十分巧妙的预设效果。

第一处:让浔阳秋景为琵琶女的出场张本

这一处景物描写在诗歌第一节,总共两句,一句是"枫叶荻花秋瑟瑟",另一句是"别时茫茫江浸月"。除了介绍送客的时令特点,渲染离别气氛之外,更重要的是为琵琶女的出场进行预设和张本。

作者在谪居九江前,担任东宫左赞善大夫(陪侍太子,无实权)一职,因宰相武元衡被刺、朝中却人人自危明哲保身一事,发表了一些正直的言论,被此前写乐府诗得罪的权贵们恶意中伤,以干涉朝政的罪名被贬谪为江州刺史;权贵们不过瘾,又把白居易母亲因看花坠井落水而亡、白居易之前却写过"赏花""新井"之类的诗歌这种陈芝麻烂谷子的事搬出来,罪加一等,贬为江州司马。"司马"是刺史的属官,无实权,在唐代是贬官的代名词。

此时的作者是一个因仗义执言而无罪遭贬的逐臣,适逢边远地区的秋夜,作别共谈共饮的好友,醉不成欢,意犹未尽,总觉得这离别不够味。此时红红的枫叶、黄黄的荻花、瑟瑟的秋风、凉凉的江水、倒影的月亮构成了清冷的意境,让作者"别时茫茫"。这里的"茫茫",既有为友人路途迷茫的担心,更有作者因"举酒欲饮无管弦"而"醉不成欢惨将别"的一时语塞和茫然无措。离别的时候,哪怕大自然已经备好了一切的哀伤景物,但在白居易看来,缺少了凄凉的音乐,总让作者感觉离味不足,别味不永。

这一切,就为琵琶女的出场做足了预设,做好了铺垫,"忽闻水上琵琶声",自然地就把大家带入到琵琶女的音乐中来。

第二处:让江心秋月为琵琶女的故事铺垫

琵琶女是羞怯的。"寻声暗问弹者谁? 琵琶声停欲语迟。"送别的人们在最需要音乐的时候,琵琶女的音乐走进了他们的耳朵。于是大家意兴盎然,询问起了音乐的来源。琵琶女此时有点惊慌,有点犹豫,也有点害怕。"千呼万唤始出来,犹抱琵琶半遮面。"在众人千百遍的诚邀之下,琵琶女才迈着小小的步子,怯怯地出来,"犹抱琵琶半遮面"。此时的琵琶女,很羞涩,很谨慎,也很小心。

音乐是没有隔膜的。当琵琶女的音乐响起时,听众听得出她的幽怨，也听得出她的深情。所有人不由自主地跟着琵琶女的乐声，一起欢快，一起沉思，一起悲愤。乐声戛然而止，作者和所有的听众一样，沉默无言，"唯见江心秋月白"。

江心秋月白，凉水、秋夜、白月，三种冷色调的景物融为一体，营造出凄凉静谧的意境。但作者用了一个"唯"来修饰，说明每个人都听得入了神，发了呆，目不转睛，沉浸其中，所有的景物不再进入眼帘，除了江心秋月。这"唯见江心秋月白"给人带来了更深的思考：为什么只看到了这凄凉的景物？是不是每个人也都进入了凄凉之境？是不是每个人也都想到了自己凄凉的身世？琵琶女能带我们进入如此凄凉的境地，是不是也有不一般的遭际？

这一切，引发人们对琵琶女身世遭遇的好奇，自然地将诗歌带入下一节。

第三处：让绕船水月作为作者反思的前奏

琵琶女的音乐引人入胜，此时听众已经与她有了第一次共鸣。当大家从美妙的音乐中回过神来的时候，此时一定有好事者把持不住，向琵琶女打听她的身世。

此时的琵琶女也沉浸在了自己的音乐中，对在座的听众放下了原本小心翼翼的戒备。"沉吟放拨插弦中，整顿衣裳起敛容。"她收拾好琵琶，整理好衣衫，理好了思绪，把郁积多年的压抑娓娓道来。年少的我，出身京城，早年学艺，技盖全城，才貌双全，众星捧月；如今的我，年老色衰，门前冷落，委身商贾，孤身一人，形影相吊。与我终日为伴的，不再有儿时的伙伴，不再有疯狂的追捧者，不再有大把的鲜花，不再有热烈的掌声，也不再有美好的青春；只有无尽的落寞，无尽的回忆，无尽的伤感，无尽的泪水和无尽的寒水冷月。

"绕船月明江水寒"，一轮冷月浸在冰凉的寒水中，围绕着等待商人的孤船，徘徊不去；一江寒水荡漾着那轮冷月，飘零着怨妇独守的空船，横无际涯。曾经的我，多么的快乐；曾经的生活，多么的温暖;而今,和过去相比,有多么悬殊的落差,多么遥远的距离!

这一江寒水冷月,将琵琶女的故事推向了高潮,也将听众的思绪推向了高潮。在这里,满船听众,当然也包括白居易,与琵琶女有了第二次情感共鸣。这一江寒水冷月,自然也让作者回忆起自己的前尘往事。

第四处:让溢江风物作为重闻一曲的序幕

"我从去年辞帝京,谪居卧病浔阳城。浔阳地僻无音乐,终岁不闻丝竹声。住近溢江地低湿,黄芦苦竹绕宅生。其间旦暮闻何物?杜鹃啼血猿哀鸣。春江花朝秋月夜,往往取酒还独倾。岂无山歌与村笛?呕哑嘲哳难为听。"

这一部分的景物描写句数明显增多,但主要围绕一个核心展开:这里僻远,没有优美入心的音乐。终日与作者为伴的,是杜鹃凄惨的叫声,孤猿的哀鸣,以及呕哑嘲哳的山歌村笛。当然,这些描写具有极大的主观色彩:溢江当然不止有这些令人哀伤的景象,原生态的音乐也有其独到的魅力,刘禹锡不就学习四川民歌从而做了著名的《竹枝词》吗?

写到这里,不难明白作者是借这些主观上难以入耳的音乐做陪衬,来烘托琵琶女音乐的高妙和跟作者产生的强烈的共鸣:"今夜闻君琵琶语,如听仙乐耳暂明。"

自然的,琵琶女也深深地为作者与自己相似的遭遇和心情打动,从而产生了诗歌的第三次共鸣:"感我此言良久立"。所以琵琶女最后的弹奏,让所有的听众,尤其是白居易,留下了难以遏止的热泪。

写到这里,也解决了小序中的一个问题。作者在小序中说:"予出官二年,恬然自安,感斯人言,是夕始觉有迁谪意。"这一句说自己遭贬谪后"恬然自安",听到琵琶女的故事后才感到贬谪的痛苦,这与诗歌第四节中诗人的自我剖白明显不一致。原来,作者这样写是为了烘托琵琶女音乐的高妙动人,是为琵琶女身世遭际会引发共鸣张本。

从君子之境到圣人之境

——以《劝学》为例谈语文课堂如何立德树人

《劝学》是《荀子》的首篇。多数教师在执教这篇文章时,除了积累常见的文言知识外,多是从学习的意义、学习的作用,以及学习的态度和方法等方面讲述和挖掘文本。但是,文本各段落层次之间有没有更深的联系?文本还有没有蕴含着更深刻的哲理?我们不妨从这两个角度出发,深入挖掘文本所蕴含的人文内涵。

求知:从被动接受到主动学习

文本第一段就开宗明义:"学不可以已。"意思就是说,学习不可以停止。为什么学习不可以停止?作者在第二段和第三段对这一问题展开论述。

在第二段,作者分别用了青、水、木、金等四种不同的事物设喻,反复论证学习的意义。比如"木直中绳,輮以为轮,其曲中规。虽有槁暴,不复挺者,輮使之然也。"这两句意思是说,一根笔直的木头(合乎拉直的墨线),经过了"輮"(用火烤木使之弯曲)的过程做成车轮,就能让它的弧度合乎圆规画的圆圈;不仅如此,即使晒干之后,也不会再变回原来的直木的形状。这里,作者特别强调了"輮"的作用,也就是学习的作用,它可以改变人,提高人。

紧接着在教材节选部分的第三段,作者用运用整齐的句式,连续列举"终日而思不如须臾所学""跂而望不如登高博见""登高而招见者远""顺风而呼闻者彰""假舆马者致千里""假舟楫者绝江河"等六个例子,反复论证学习的作用。比如"假舟楫者,非能水也,而绝江河"一句,意思是借助船只的人,并不是擅长游泳,却能够横渡长江黄河。这里,作者特别强调了"假"的作用,也就是向外物借助力量的作用,它和学习一样,可以弥补人力的不足。

那么,这两个节选段落之间有没有深层次的联系呢?反复探究我们不难发现：第二段的喻体选择，是从客观外物的角度，它们之于学习这一本体，都是被动地接受；而第三段的喻体选择，是从人的动作行为的角度，他们之于学习这一本体，都是主动求变。可见，作者想要通过这一喻体选择的变化告诉我们：求知，不仅要被动接受，还要主动学习。

做人：从"知名"之境到"神明"之境

反复论证了学习的意义和作用之后，教材的节选部分又从学习的方法和态度的角度阐述学习的重要性。从论证逻辑上看，作者完成了由"为什么"到"怎么样"的语意递进。但是，文本还有没有更深刻的做人方面的哲理呢？我们应如何从文本出发去实现"立德树人"的德育目标呢？

这需要我们再次回归文本，从文本字里行间的细微处去找寻蛛丝马迹。教材节选部分第二段的末尾说："故木受绳则直，金就砺则利，君子博学而日参省乎己，则知明而行无过矣。"而第四段的开头部分则说："积土成山，风雨兴焉；积水成渊，蛟龙生焉；积善成德，而神明自得，圣心备焉。"这两句里面有两个相似的词语："知明"与"神明"。"知明"与"神明"，一字之差，作者想要通过这一不同告诉我们什么道理呢？

首先，从字面意思来看，"知明"的意思是"智慧明达"，它停留在人的知识和行为层面；"神明"的意思是"神圣明达"，它已经达到了人的道德修养层面，二者在知识和修养之间构建起了一座桥梁。其次，从词语来源来看，"君子博学而日参省乎己，则知明而行无过矣"，可见"知名"由博学和自我反省而得，它让人达到的是君子之境；"积善成德，而神明自得，圣心备焉"，可见"神明"由积善而来，它让人到达圣人之境，二者又搭建了由君子通往圣人的桥梁。最后，从词语内涵来看，"知名"是一个人的学识修养，强调个人修为；"神明"是一个人的道德境界，重在惠及他人。

可见,荀子想要通过从"知名"到"神明"这一变化告诉我们:学习的最高目标不仅要完善自己,还应惠及他人。当然,这不仅是学习的最高目标,也是人生的最高目标。

分析到这里,学生已经可以对文本有了更深的理解和更高的认识。教师则可以再次回归到文本,去总结升华,完成"立德树人"的德育目标:无论是学习的最高目标,还是人生的最高目标,都离不开永不停止的学习。孔子韦编三绝方成至圣先师,王羲之洗笔成池方成一代书圣,杜甫语不惊人死不休方成千秋诗圣。如果每位同学都能勤奋学习,那么你们不仅能够成就自我,还能照亮他人。

(本文发表于《语文教学之友》2018 年第 6 期)

从"忽然想起"探究作者情感奥秘的突破口
——《荷塘月色》抒写的自由与不自由

《荷塘月色》是有口皆碑的美文,宁静优美、淡雅朦胧的景物背后,是朱自清先生淡淡的喜悦和淡淡的哀愁。但阅读时不禁有两个疑问:一是作者排遣苦闷为什么首先想到的是荷塘,而不是清华园的其他景点?二是作者在被蝉声和蛙声拉回现实之后,为什么又宕开一笔,写起了江南旧事?反复阅读我们发现,文章的第 1 段和第 7 段开头部分都出现了"忽然想起",后面紧跟自己的思想活动,这是无意为之还是着意为之?我们不妨跟随作者思想的脚步,从两个"忽然想起"入手。

第一个"忽然想起":在现实中寻找生活层面的自由

朱自清先生第一句便是不同寻常的开篇:"这几天心里颇不宁静。"这句话是不是文眼我们姑且不论,但它是一个缘起,让心里"颇不宁静"的作者去想方设法摆脱这种烦扰。这是作者行踪的起点,也是感情的起点。

于是，"今晚在院子里坐着乘凉，忽然想起日日走过的荷塘，在这满月的光里，总该另有一番样子吧"。作者"忽然想起日日走过的荷塘"，这荷塘，作者"日日走过"，对它应该是熟悉的；"总该另有一番样子吧"是推断，更有一丝不满，平日里那个熟悉的荷塘一直没能让作者感到满意。所以，作者趁着这渐渐升高的圆月，也趁着屋里屋外的世界都已安静，便悄悄地走出家门，向这荷塘踱去。

这里的"忽然想起"看似偶然，实则必然。"忽然想起"，是一个念头倏然而至，迅速又偶然；但作者并没有想起通往荷塘的小煤屑路，也没有想起荷塘周围的杨柳，而是即刻想起"日日走过的荷塘"，想到那里去排遣心中的不宁静，可见，作者曾经留意这荷塘，只不过她的美丽一直没有达到作者的预期。今晚的月亮是好的，世界是安静的，荷塘也"总该另有一番样子吧"，作者走向荷塘也就成为了必然。

这里就已经出现了两个荷塘：平日的荷塘和今晚的荷塘。在作者看来，平日的荷塘是寂寞的、普通的，甚至阴森森的，不是排遣心情的好去处；"今晚却很好"，有淡淡的圆月笼罩，有寂静的世界衬托，可以让一颗不宁静的心找到片刻的宁静。

那么，作者为何"颇不宁静"？文章第三段说，"像今晚上，一个人在这苍茫的月下，什么都可以想，什么都可以不想，便觉是个自由的人。白天里一定要做的事，一定要说的话，现在都可不理"。原来，作者的不宁静来自于白日里的不自由：要想很多不愿去想的东西，要做很多不愿去做的事，要说很多不愿去说的话。

本文写于1927年，此时作者在清华大学任教。从1922年开始，作者与父亲朱鸿钧产生矛盾，开始了多年的冷战，朱老先生一度不让他进老家的门；两个大女儿已多年不见，朱自清曾经对她们非常严厉，甚至打过她们，每想到她们就很后悔、很惭愧，曾经答应了暑假把她们接到北京；江浙任教期间结交的挚友叶圣陶、夏丏尊此时正积极地投身于民主主义运动，而"四·一二"反革命政变发生了，作者为他们深深地感到担忧;甚至一度有人劝他加入国民党……种种生活的烦恼困扰着作者,让他感到了生活的不自由。

这种不自由是日常生活中的不自由:身为一个社会的人,在家庭里都要为柴米油盐酱醋茶奔走,在社会中都有身不由己的时候。但这种不自由,在独处时便可抛却,"这是独处的妙处,我且受用这无边的荷香月色好了"。

这时候的作者,身体是自由的,心灵也是自由的,"像超出了平常的自己,到了另一世界里"。在这里,作者沉醉于美景,如遇桃源。这桃源,这自由,可以在现实世界里找到,哪怕它是短暂的。

所以,作者此时的不自由,是人际交往中的不自由,属于生活层面;当作者离开人群只身独处时,便可抛下这种烦扰,尽享"自由",在自然审美的愉悦中,做到了第一次的精神遨游。

第二个"忽然想起":从回忆里寻找哲学层面的自由

优美的荷塘让作者的心情变得优美,宁静的月色让作者的心情恢复宁静。正当作者全身心地沉浸在这荷塘月色中的时候,树上的蝉声和水里的蛙声充当了一个破坏者的角色,它们把耽于美景如痴如醉的作者一下子拉回到现实:"热闹是它们的,我什么也没有。"

热闹中的寂寞是最大的寂寞,人群中的孤独是最深的孤独。当物我合一的和谐境界被打破时,作者感到了一丝凄凉和落寞。此时,作者并没有去责怪那聒噪的蝉和蛙,因为随着时间的流逝,即便蝉和蛙是安静的,也会有别的东西闯进这一美景,打破这种和谐。梦,总是要醒的;人,总要回到现实。

此时的作者,又陷入了另一种不宁静和不自由。这种不宁静,不是生活的琐碎、人际关系的纷扰直接带来的,无法单单靠独处、靠走进自然去平息;这种不自由,是时间的流逝带来的必然,是更高层面的哲学意义上的不自由。朱自清1920年北大哲学系毕业,自然对很多事情有着自己的哲学思考和哲学理解。就像作者在《匆匆》里所写的:我们的日子为什么一去不复返呢？那么,这种哲学意义上的人生困境,作者会怎样去排遣呢?

朱自清祖籍浙江绍兴,出生于江苏连云港,成长于江苏扬州,从祖上到童年,一直是地地道道的江南人。江南水乡滋润了他的童年,自然承载着他人生美好的回忆。江南还有采莲的旧俗,作者又面对着一池荷塘,眼前美景已不能让作者放飞思绪,"人穷则返本",于是作者自然地"忽然想起采莲的事情来了"。

"采莲的是少年的女子,她们是荡着小船,唱着艳歌去的。采莲人不用说很多,还有看采莲的人。那是一个热闹的季节,也是一个风流的季节。"此时,作者的思绪早已飞到了几百里之外,上千年以前。年少时的自己也经历过类似快乐的、热闹的场景。不管自己身份是一个采莲的人,还是一个看采莲的人,都是一个非常快乐的人,一个非常幸福的人。想到这里,此时的作者眼神一定是兴奋的,嘴角一定是微笑的,心里一定是满足的。"这真是有趣的事","令我到底惦着江南了"。作者在被蝉鸣和蛙声拉回现实之后,在这种幸福的满足里,在对古诗、往事的艺术审美中,实现了第二次精神遨游。

这种满足,其实是作者对《匆匆》、对自己、也是对我们做出了一个回答:时光不可倒流,但回忆可以再现美好。时光里行走的我们是不自由的,但美好的回忆可以带给我们思想的自由,哪怕它是短暂的。

人人都有两个自我,一个是现实中的自我,一个是理想中的自我。现实中的自我往往是不自由的:当为生活琐事、人际关系所累时,便可只身独处,去现实的自然美景中寻找心灵片刻的安宁,从而获得心灵的自由;时间的流逝我们无能为力,岁月的增添我们无可奈何,但可以沉醉在美好的回忆中寻找精神刹那的满足,从而得到精神的自由。这也正符合朱自清的"刹那主义"人生观:"每一刹那的事有那一刹那底趣味。""无论何时,无论何地,有不调整的,总竭力求其调整,无论用积极的手段或消极的手段。"

最终,作者伴随着两个"忽然想起",做了两次精神的遨游,实现了两次思想的飞跃,最后带着一身的轻松,轻轻地推开了现实的大门。

(本文发表于《教学月刊》2018 年第 7、8 期)

一举一动总关情
——从苏轼的动作探究《赤壁赋》的感情脉络

多数人在讲解苏轼的《赤壁赋》的时候,都以"乐——悲——喜"概括作者的感情脉络。作为一篇千古至文,苏轼的感情能够用这三个字完全概括吗?我们不妨从苏轼的动作入手,去探究他内心情感的变化。

苏轼因乌台诗案于宋神宗元丰三年(1080 年)的初春赶至黄州,本文作于元丰五年(1082 年)的秋季。作者此时家住临皋亭,也有数十亩故营地可以躬耕,且已在此建成东坡雪堂,初来乍到的生计难题已经基本得到解决;黄州太守陈君式、老朋友陈慥、道人杨世昌时常往来,弟弟苏辙也曾拜访,让作者心感甚慰;黄州的山川,作者已去过很多地方,西山、赤壁等美景给作者提供了心灵小憩的场所。于是,在这一年的七月十六,夕阳西下,苏轼又突生到赤壁下泛舟游玩的念头,杨世昌也闻讯赶来,他们带好酒菜,从临皋亭溯游而上,径直来到赤壁之下。

"举酒属客":游玩暂得快乐,但仍隐痛其中

此时的赤壁,清风徐来,水波不兴。作者便拿起酒杯,朗诵起《诗经》里的句子来。月亮出来之后,水汽弥漫,江天一色,优美静谧。作者恣意地任小船飘荡,有了飘飘欲仙的感觉。此时的苏轼心境是悠然的,尽情陶醉在这水月构成的美景之中。但是作者内心深处也是悠然快乐的吗？我们不妨看看作者"举酒属客"之后所朗诵的诗歌：

月出皎兮，佼人僚兮，舒窈纠兮，劳心悄兮！

简单地翻译出来便是：月亮出来多么明亮啊，美人仪容真漂亮啊。她身姿窈窕步态轻盈，让我思念心中烦忧。

古来写明月的诗歌数不胜数，为何苏轼偏偏在此情此景下朗诵这首有着"佼人""劳心"的诗歌？是不是内心有一种隐隐的痛潜意识里支配着作者？

苏轼才高八斗，年少成名，文章诗词独步天下。恰恰是因为才太高、名太大，才招来了一帮政治投机分子的诬告，在毫不知情的情况下被关进牢狱，险些丧命。在神宗大赦天下时才得以免死，最后，被责授检校水部员外郎充黄州团练副史，"本州安置，不得签署公事"，实质是一种处罚程度较轻的流放。

他初来乍到，无处可住，在定惠院寓居；无经济来源，终日节俭度日；又遭乳母去世，悲不可言。一个人遭遇如此大的人生打击，现在还身居贬谪之地，怎能超然物外，物我两忘？所以，生活暂时安定的作者，沉浸在赤壁美景之中，心情比较愉悦，但心中仍有创伤在隐隐作痛。

"扣舷而歌"：美人远在天边，个人理想受挫

在短暂的快乐之后，苏轼与友人"饮酒乐甚"，"扣舷而歌之"。人常乐极生悲，更何况一个无辜遭遇人生大难的贬臣？几杯酒后，作者的"乐"应该是带泪的乐，于是便"扣舷而歌"。我们来看看这段歌词：

桂棹兮兰桨，击空明兮溯流光。渺渺兮予怀，望美人兮天一方。

桂木做的棹啊，兰木做的桨，划开澄明的江水，在月光浮动的江面逆流而进。我胸怀渺远啊，眺望那远在天边的美人。

《赤壁赋》全文自然流畅，明白畅晓，歌词前两句应该是语言最华

美的地方。结合苏轼当时的生活境况,不可能有如此精致的小船。为什么这样写呢?"望美人兮天一方",这里的"美人"就是指君王,也即暗指自己的政治理想。此处,苏轼运用了屈原"香草美人"式的譬喻,屈原不断地用"香草"装扮自己,其实是隐喻自己高洁的追求和崇高的理想,"美人"则是实现自己抱负的依托。苏轼此处亦然。

可惜的是,纵然自己有崇高的理想,有超世的才华,有伟大的抱负,有美好的信念,但实现理想、大展才华需要"美人",需要贤能又知人善任的君主。可是,自己远谪黄州,君主远在天边,理想不得实现,怎能不悲从中来?所以,作者此时的悲伤,是怀才不遇、理想抱负不得施展的个人之悲。这种悲伤,就像杨世昌所奏的箫声,好像在哀怨,好像在思慕,好像在抽泣,好像在低诉,余音悠长,连绵不断。

"正襟危坐":追忆古代英雄,引发千古同悲

如果苏轼在《赤壁赋》里抒发的悲伤,仅仅停留在个人遭际的小圈子里,那么很难散发出超越千古的光辉。

赤壁是一个不平静的地方。几百年前,这里曾经有一次著名战役。参加这次战役的双方首领,都是名垂千古的英雄。自然的,作者由眼前的月亮,想到了曹操《短歌行》里的月亮,又由《短歌行》想到了雄才大略文武兼备的曹操。赤壁之战前的曹操,"破荆州,下江陵,顺流而东也,舳舻千里,旌旗蔽空,酾酒临江,横槊赋诗",是当之无愧的一世之雄,但是如今在哪里?"神龟虽寿,犹有竟时。腾蛇乘雾,终为土灰。"这些伟人尚且如此,我等小人物又能逃得过终为土灰、无处可寻的命运呢?更何况我们的生命是如此的短暂,又是如此的渺小,想要得道成仙、与明月同在却又不可能实现。

此时的作者,正襟危坐,神色严肃,因为这种悲痛,不再囿于个人感怀的小圈子里,而是抒发了千古同悲:无论伟人抑或凡人,无论好人抑或坏人,无论得意之人抑或失意之人,无论建功立业之人抑或庸碌无为之人,谁的生命不都是要结束吗?人,应该怎样才能做到不朽?

据理力"曰"：走进自然山水，彻悟人生真谛

苏轼的思想完美地将儒道释融为一体，它既有儒家的积极入世，也有道家的亲近自然，兼具佛家的超然俗世之外。在黄州历练了三年之后，苏轼已经可以将三种不同甚至有些相斥的思想完美融合：意欲建功立业时，儒家的积极入世激励他；当人生失意时，道家的出世思想宽慰他；当人生陷入矛盾不可自拔时，佛家的超世思想让他得以解脱。

文章的说理部分，作者洗去了铅华，彻悟了人生真谛，不再有任何的藻饰，不再有任何的动作，直接简练地用"苏子曰"。苏轼说，那水一直在流淌，但仍是那一江的水；月亮有圆有缺，但还是那个月亮。人的生命与万物一样，从"变"的角度来看，无时无刻不在变化；从"不变"的角度来看，万物与我皆无尽头。何不走进自然，融进山水，去尽情地享用造物者无穷无尽的馈赠呢？

在这里，苏轼对上文的问题也作出了回答：人类，作为一个群体，本来就与外物一样，永存不朽。何必自寻烦恼，感慨不已呢？

作者的说理形象、透彻，充满哲理，富有智慧，体现了作者的彻悟，也给人以精神的洗礼。他为时人也为后人指出了一条道路，在人生困顿之时应当何去何从？与其自怨自艾，不如走进自然，纵情山水，去排遣胸中块垒，倾泻人生感怀。也正是这种超然圆融的思想，让这篇《赤壁赋》跨越千年，闪耀当代，还将走到更遥远的未来。

（本文发表于《读写月报》2020 年第 7、8 期）

"美"无处不在，又不可胜收

—— 秦观《鹊桥仙》的多重审美

秦观作为婉约词的重要代表，无论是在思想内容还是艺术表现方面，都展示出了独特的审美境界；他最负盛名的《鹊桥仙》，更是家

喻户晓、妇孺皆知。鉴于该词独具一格又感人至深的艺术感召力，我们不妨紧扣"审美鉴赏与创造"这一核心素养，从"美"字入手，一层一层剥开她的美丽，感受她的魅力。

用字之美：选取美的意象，进行美的润饰

婉约词发展至北宋中后期，虽已经基本脱去了"花间词"的香软秾艳，但其善用婉转的修辞写儿女情长、用细腻的手法表达离别之意，是一以贯之的。秦观被尊崇为一代婉约词宗，自然在这方面尤为擅长，常有别具匠心的用字对优美的意象进行润饰，"淮海即好丽字，触目琳琅"。

纵览《鹊桥仙》全词，上阕写相逢，重在选取优美的意象烘托牛郎织女的圣洁之爱，下阕写离别，则对二人的依依不舍进行美的润饰。

上阕的意象主要有五个：云、星、银河、风、露。七夕，抬头望夜空，薄云轻散，繁星点点，一道银河横贯天际，引人遐思。人间的夜晚，微风轻拂，秋香阵阵；白露初上，珍珠一般映着清凉。这些意象，从天上到人间，无不体现秋夜特有的美，有着巨大的艺术张力。不加修饰，便可令人心旷神怡。

但秦观不满足于此。在优美的意象选择上，先写云、星、银河，后写秋风、露珠，从天上来到人间；对意象的润饰上，又用了最美的词语，让人心骛八极，思绪不由自主地放飞到天上。云是纤薄的，如霓裳羽衣，还在"弄巧"，巧妙地变幻出各种美丽的姿态；星则是疾驰的飞星，也就是流星，既在诉说牛郎织女的离恨，又在寄托二人美好的相思和心愿。秋风是"金风"，不仅因为秋季五行属金，更让人感到一种金碧辉煌的色彩的魅力；露似白玉一般晶莹剔透、冰清玉洁，与"金风"的组合，让人不禁想起牛郎织女的金玉良缘。

这些优美的意象加上精致的修饰，为牛郎织女的出场和相逢做足了铺垫，烘托出了相逢的美好；同时也是一种隐喻，暗示了二人的情深意笃。

下阕则是在歌颂牛郎织女相悦相知的"两情"：二人的感情是"柔情"，相会是"佳期"。一个"柔"字，让我们不禁想到二人含情脉脉的眼神、深情款款的言语，一对心心相印的爱人经过365个日夜的相思和期盼，终于迎来了这片刻的相逢，这个瞬间是一年中最美的定格。更进一步，"柔情似水"，这"柔情"像水一样清澈透明、毫无杂质；又像水一样连绵不断、绵绵不绝。一个"佳期"，让人既对这眷侣的相逢心生羡慕，又情不自禁地默默送上真诚的祝福。"佳期如梦"，相逢如梦一般美好，也如梦一般短暂。梦醒之后，就要接受即将离别的现实，自然地引出"忍顾鹊桥归路"。相逢是如此的美好，让人艳羡；却又如此的短暂，令人扼腕。

情感之美：因为心心相印，所以依依不舍

牛郎织女的传说虽然版本不一，但在歌颂牛郎织女的感情上是高度一致的。二人的结合，挣脱了门第等级、家庭出身的束缚，甚至弥合了凡人与神仙的巨大差异，寄寓了凡尘众人最美好的祝愿。因为在俗世，婚姻和爱情总要或多或少地受到身份门第的影响，人们便把最美好的想象编在了故事里。人们根据秋夜里牵牛织女星和银河的星象特点进行浪漫的想象，赋予其极具人性温度的内涵。

牛郎和织女，无论相思、相逢还是相送，都无比的美好。这种美好的情感用《鹊桥仙》这首小令的56个字去表现，难度很大；无论丢下哪一部分，都略显遗憾。所以，秦观便把整个过程全部呈现。

如果对这首词的脉络进行细致地切分，从牛郎织女二人相会的角度，可以切分成四个部分："纤云弄巧，飞星传恨，银汉迢迢暗度"是牛郎织女奔赴在相逢的路上；"金风玉露一相逢，便胜却人间无数"是相逢时的美好；"柔情似水，佳期如梦，忍顾鹊桥归路"是短暂相逢后不得不面对的离别；"两情若是久长时，又岂在朝朝暮暮"是临别时的互相宽慰。

因为真诚相爱，二人心心相印；又因难得一见，所以依依不舍。无论相隔万里的"恨",还是难得又短暂的"逢",亦或是不忍心回头的"归路",都因为二人的心心相印变得无比美好。无论是宽广无比的银河,还是甘做人梯的喜鹊,也都因为二人的依依不舍变得通灵而有爱。

当然,秦观在创作的时候,从二人的缱绻深情中跳了出来,从一个旁观者的角度,对这次约会进行评判和议论。这样,就让抒情显得比较节制和冷静,没有落入儿女情长缠绵不尽的窠臼。

超越之美:丰富七夕题材,开拓爱情境界

王国维说过:"词以境界为最上。有境界则自成高格,自有名句。"

七夕题材的诗歌多得难以计数,从最早的《诗经·小雅·大东》开始,到清朝姚燮的《韩庄闸舟中七夕》,几乎历朝历代都有。但写法上多是以状景和抒情为重,感情也大都局限在对二人忠于彼此却不得相守的感慨,或是从女性的角度祈求获得织女的高超技艺。逐渐的,七夕的文化母题也就基本确定了比较狭窄的感情范围。

但本首《鹊桥仙》却明显独具一格。

首先是对婉约词创作手法的丰富。婉约词大都擅长状哀景、抒离情,议论入词大都在豪放词才有所涉猎;即便是有议论,也要在慢词长调中才易于使用。小令由于字数和风格的限制,很难在仅有的56字以内大发议论。如上文所述,秦观在抒情的时候十分冷静和克制,站在旁观者的角度,用议论性的观点句进行对比评判。"金风玉露一相逢,便胜却人间无数",用牛郎织女短暂的"一"和人间的"无数"进行数量对比,凸显这一刻的珍贵和伟大;"两情若是久长时,又岂在朝朝暮暮",用天长地久和朝朝暮暮进行时间对比,歌颂二人豁达的爱情观。两句既是议论,又带有明显的抒情色彩,加上前面的叙述和写景,不着痕迹地把记叙、抒情和议论有机融合在一起。

其次是对爱情境界的开拓。爱情母题的诗词浩如烟海,但多是囿于缠绵不尽、绵绵不绝的情感圈子里,无论是相逢时的甜蜜,还是离别后的相思,都或多或少地沾染上了闺阁之气,不够达观和洒脱。

而秦观则另辟蹊径,作出了"两情若是久长时,又岂在朝朝暮暮"这一豪迈的呐喊,一扫爱情风花雪月、伤就是诗的阴霾,让人眼界大开,大大拓宽了爱情的境界。牛郎和织女的爱,也不再像凡俗之爱那样,卿卿我我、朝朝暮暮长厮守,而是如神仙之爱一般,心心相印、地久天长永不渝。

深刻之美:秦观人生的反向投射和豁达胸襟

"淮海秦郎天下士,一生怀抱百忧中。"秦观的一生,屡遭贬谪,命运坎坷。幼年丧母,博览群书,并无强烈的仕途经济之心。在拜谒苏轼之后,经苏轼的鼓励与提拔,他发奋读书,立志科考。可惜前两次均名落孙山。直至 1085 年,他第三次赶考,方才得中进士,此时,秦观已是 36 岁的年纪。本以为这是梦想实现的开始,孰料却是梦想破灭的发端。新旧党争的灾祸,总会波及到这位无辜的诗人。他也像乘一叶无人保护的小舟,在宦海中起伏不定、流离无踪,甚至一度被贬谪到荒远的雷州。遇赦后不久,也就一病不起,客死藤州,匆匆结束了 52 岁的生命。

纵观秦观的词作,受其个人遭际影响比较大,往往营造一种清冷孤寂的意境,这类词也代表着秦观最高的艺术水平,如《满庭芳·山抹微云》《踏莎行·雾失楼台》。无论是"斜阳外,寒鸦万点,流水绕孤村",还是"可堪孤馆闭春寒,杜鹃声里斜阳暮",都是他遭贬谪后凄冷心境的投射,让人感到阵阵寒意。

但这首《鹊桥仙》有明显的不同,让人读罢感到无比优美,又无比通畅豁达。本词的创作年代已不可考,据说是秦观为官之前送给邻村一位名叫娄琬的姑娘,但二人并没有在一起。以秦观的创作风格和个人气质来推断,记录这段故事,多半会抒发缠绵不尽的哀怨之情。因为,诗人的创作或多或少都会有自己的人生投射,就像"符离之恋""湘灵情结"几乎贯穿了白居易的创作生涯一样。但秦观却从孤寂清冷的审美情趣中跳脱了出来,对自己的人生作了反向投射,表达了达观洒脱的感情,表现出难得的深刻和豁达。"两情若是久长时,又岂在朝朝暮暮。"既然不能长相厮守,那就记录下最美的瞬间,留住最美的记忆,并给对方送上最大的宽慰、最美好的祝福吧。

综观全词,无论用字、情感,还是题材、意境,无不体现一个"美"字,可谓无处不在、美不胜收。

语意跳转,引人入彀
——《齐桓晋文之事》的论辩艺术管窥

孟子以"雄辩"著称,其文层层递进,其言滔滔不绝,比起"语录体"的《论语》来,语言饱满丰厚得多,在诸子百家散文中也是独树一帜。《齐桓晋文之事》便是这种文风的代表作品。细读文本不难发现,文中有精妙贴切的比喻,气势如虹的排比,但给人印象更深的却是孟子"以我为主"的论辩特色。这种特色,是通过语意跳转来实现,一步步把对方引入到自己早已准备好的话语体系中。

跳转一:故作不知,翻转话题

文章开篇,齐宣王单刀直入,以齐桓公、晋文公称霸中原为话题引入,想在孟子处得到他对于二人的独到见解。没想到孟子直接借口"仲尼之徒无道桓文之事者,是以后世无传焉,臣未之闻也",把齐宣王的问题扔到了一边。我们都知道,孟子此处是在诡辩,因为《论语》中不仅提到了齐桓公、晋文公,且对他们及管仲等人多有评价。孔子曾把二人合起来评价:"晋文公谲而不正,齐桓公正而不谲。"他对于辅佐齐桓公成就霸业的管仲更是毫不吝惜赞美之词,先后四次提及,并且认为管仲是"仁德"之士。

孟子作为儒家学派的重要代表人物,对于孔子的言论和思想不可能不知道,但他却谎称"仲尼之徒无道桓文之事者",除了对于"霸道"的不屑之外,更重要的是要坚守、宣扬和讲演自己的学说。孟子生活在战国中期,是诸侯争霸的年代,也是思想空前活跃的时期。他认为"五霸者,三王之罪人也;今之诸侯,五霸之罪人也",在武力和拳头是硬实力的时代,更重视"民本""仁政"等软实力;诸子百家纷纷走向时代前台的时候,孟子更是不遑多让,周游列国,宣扬自己的学说;他对于自己的学说,有着固执的坚守。所以,齐宣王问及一个与自己思想相左的问题时,孟子故作不知,直接拒绝了回答;然后用一句"无以,则王乎?"针锋相对地提出了自己想要表达的观点。

当然,孟子的劝谏很讲究艺术性。在成功把齐宣王拉入到自己的话语体系之后,孟子是站在齐宣王的角度进行游说的。这主要体现在两个方面:一是从齐宣王的终极目标出发吸引对方,二是从齐宣王的身边小事出发夸赞对方。

"霸道"也罢,"王道"也罢,二者的终极目标是一样的——统一天下,"王道"与"霸道"不过是手段的区别。齐宣王是一个颇有野心的君主,从趁燕国之危派兵出击攻占其土地便可窥见一斑。孟子作为一位游历于多国之间的大思想家,早就洞悉这一点;但作为一位大演说家,他更懂得如何从对方的立场出发去宣扬自己的观点。所以,他的话题跳转并非风马牛不相及,"王道"与"霸道"的旨归是一致的,这是孟子得以说下去的根本原因;再加上孟子善于夸赞对方的加持,让齐宣王有了"心有戚戚焉"的快感。

齐宣王也是一个善于倾听、喜欢招贤纳士的君主,在他的朝堂上,南郭先生都能滥竽充数;更重要的是,他在位期间,"稷下学宫"的学术活动空前活跃,成就了"百家争鸣"的学术巅峰。这样,齐宣王和孟子也就达成了"听"和"说"的默契,孟子的语意跳转、话题转换没有被打断。

跳转二:答非所问,避开问题

二人的对话进行得很融洽。齐宣王在孟子的引导下,认识到了"爱"与"不忍"的区别,也就是说,自己"以羊易牛"不是吝啬的表现,而是有恻隐之心的表现。齐宣王顺势抛出自己最关心的问题："此心之所以合于王者,何也?"恻隐之心和一统天下有什么直接联系?

这个问题很直接,也很尖锐,按照孟子的思想学说,"恻隐之心,仁之端也"应该是最贴切的回答。但孟子没有这么说,他避实就虚,答非所问:

曰:"有复于王者曰:'吾力足以举百钧,而不足以举一羽;明足以察秋毫之末,而不见舆薪。'则王许之乎?"

这个句子紧承齐宣王的问题,但明显不是在回答他的问题。孟子假设了一个生活化场景,而且设定的问题比较简单,答案也十分明确。这样,就让齐宣王不自主地抛去了刚才的提问,又进入到孟子的思路中来。

在上一组对话中,孟子说齐宣王有恻隐之心,已经肯定了他有行王道的前提条件;但这仅仅是前提条件,实际行动中并没有得到很好的落实。所以,孟子把话题牵引到"不能"与"不为"上来。齐宣王有"以羊易牛"的行为,说明他有恻隐之心;但这种恻隐之心,仅仅停留在了禽兽动物的身上,而没有惠及百姓。这里,孟子已经说得很直接了:"王之不王,不为也,非不能也。"意思简单明了,您没能称王,不是"做不到",而是"没去做";也就是说,齐宣王称王,既有"可能性",也有"可行性"。这种直接的判断,又把齐宣王吸引了过来。简单地阐明"不为"与"不能"的区别之后,孟子把重点放在了"推恩"——也就是"怎么做"上。"老吾老,以及人之老;幼吾幼,以及人之幼:天下可运于掌。"这句话既体现了孟子的"民本"思想,更是指出这种思想的实现路径——推己及人。

至此,孟子完成了两次语意跳转,齐宣王也跟随孟子的话语逻辑,逐渐坦露出自己内心最真实的想法。

跳转三:主动出击,揭示危害

在将"可能性"与"可行性"论述完毕之后,孟子不再等待齐宣王发问,而是主动出击:"抑王兴甲兵,危士臣,构怨于诸侯,然后快于心与?"在孟子看来,出兵燕国,是昭然若揭的"霸道"行为,也是孟子极力反对的做法。此时,孟子的语气不再舒缓平和,而是开始气势磅礴;他的劝导方式也不再循循善诱,而是频繁地使用反问句。

"为肥甘不足于口与? 轻暖不足于体与? 抑为采色不足视于目与? 声音不足听于耳与? 便嬖不足使令于前与? 王之诸臣皆足以供之,而王岂为是哉?"

五个反问句构成语意连贯、声势浩大的排比,从吃穿用度等不同侧面步步紧逼,留给齐宣王思考的空间越来越小;最后做出总结,这些物件,"王之诸臣,皆足以供之",都是属于在本诸侯国内能够解决的问题。至此,齐宣王"欲辟土地,朝秦楚,莅中国而抚四夷"的"霸道"之心也就跃然纸上。

齐宣王的"所欲"是开辟疆土(他本人的名字就叫"辟疆"),"所为"是发动战争,从一般意义上来说,"所为"正是达到"所欲"的常见路径。孟子也深知这一点,所以他在极力地渲染发动战争所带来的危害,这样更能说服对方。首先,发动战争是"危士臣,构怨于诸侯"的行为,无论是对内还是对外都置自身于"失道寡助"的境况之中;其次,"缘木求鱼"已足够荒唐,发动战争所带来的后果远比"缘木求鱼"严重得多:"以一服八,何以异于邹敌楚哉!"实力悬殊,无异于以卵击石。

行文至此,孟子对于"霸道"的危害已经论述得非常彻底,他又一次主动出击,宣扬自己的"仁政":"盖亦反其本矣! 今王发政施仁……其若是,孰能御之?"在彻底否定了对方的做法之后,他明确地为齐宣王指出了一统天下的另一条路。在孟子的引导、劝说、追问下,齐宣王认识到了自己的昏聩与无知,请求孟子"辅吾志,明以教我"。单从这个结果来看,孟子的论辩取得了全面的成功。

这种成功,源于孟子"以我为主"的论辩技巧。这种技巧,在话题转换、语意跳转、主动出击之间实现了无缝对接，无论齐宣王如何的追问，都逃离不了孟子早已设定好的"王道"与"仁政"的话题。

（本文发表于《语文学习》2021 年第 6 期）

"天"之亡我

——从《鸿门宴》看项羽悲剧英雄命运的必然性

清代李晚芳曾说："羽之神勇，千古无二。"项羽年青成名，"力拔山兮气盖世"，具有神勇的单兵作战能力和高超的指挥作战艺术，我们对他的喜爱，有别于那些传统著名战役里对计谋和心术的推重，而是像文艺复兴时期的男子雕塑那样，充满了对阳刚美和力量美的原始崇拜。

陈涉兵败后，项羽、刘邦各率一支军队抗秦。项羽在著名的巨鹿之战大败秦军主力，刘邦则先入关中，秦王子婴投降，又与百姓约法三章，收买民心。"当是时，项羽兵四十万，在新丰鸿门；沛公兵十万，在霸上。"双方实力悬殊，那么，为什么一场暗藏杀机的鸿门宴反倒成了楚汉之争的转折点呢？

个人性格：自矜功伐终敌不过能屈能伸

项羽崇尚武力，好大喜功，在《鸿门宴》里对他并不繁多的正面描写中表现得淋漓尽致。

曹无伤告密后，他"大怒"："旦日飨士卒，为击破沛公军！"意思就是俩字：打他！一个率直的武夫形象跃然纸上。在面对敌营告密者的时候，在不能确定消息准确性前，怎么都应该表现得冷静一些，机智一些，沉着一些，策略一些。

项伯受到刘邦拉拢后，立即幻想着和刘邦做亲家的种种好处，充当了鸿门宴的直接促成者："沛公不先破关中，公岂敢入乎？今人有大功而击之，不义也。不如因善遇之。"项羽耳软心活，项伯抓住项羽讲"义"这一喜好和弱点，一下子就把白日里还信誓旦旦、怒火中烧的西楚霸王给稳住了，项羽答应项伯会好好对待刘邦，也为后面宴会中迟迟下不了手埋下了伏笔。

宴会开始前，刘邦假心假意地道歉："臣与将军戮力而攻秦，将军战河北，臣战河南，然不自意能先入关破秦，得复见将军于此。今者有小人之言，令将军与臣有郤……"话音未落，项羽立即说："此沛公左司马曹无伤言之。不然，籍何以至此？"作为敌对的双方，在敌营里有一个自己的内线是多么的重要，项羽却一口说出隐藏在刘邦手下的内奸，可见其在政治手段和权谋心机方面的稚嫩。

宴席上，范增先是"数目项王"，而后又"举所佩玉玦以示之者三"，项羽却"默然不应"；逼得范增使出"项庄舞剑意在沛公"的绝招后，"项伯亦拔剑起舞，常以身翼蔽沛公，庄不得击"。深谙武斗技法的项羽，面对这种形式，不会看不出端倪，项伯像鸟张开双翼一样保护刘邦，项羽怎么就无动于衷呢？

因为项羽是一个自矜功伐的人，他自恃自己的勇猛和强大，兼之叔父的叮嘱，让他不想甚至不屑在一次宴席上杀掉自己的敌人；假如真的要杀掉刘邦，也要在战场上一比高下，而不是在宴席上折冲樽俎（在酒席宴会间制敌取胜）。这些，在樊哙登场和刘邦离开后表现得更加明显。

樊哙的入宴，相当凶猛："哙即带剑拥盾入军门。交戟之卫士欲止不内。樊哙侧其盾以撞，卫士仆地。哙遂入，披帷西向立，瞋目视项王，头发上指，目眦尽裂。"项羽除了开始"按剑而跽"之外，赐大碗酒，赐生猪腿，樊哙一一接招，毫不退却；项羽却大呼两次"壮士"，面对敌意汹汹的不善来者，却说出如此长别人志气灭自己威风的话，一是说明了项羽与勇士的惺惺相惜，一是说明自己的要求被满足后的得意扬扬，这反映了他本身性格里的好大喜功，面对樊哙的一番义正辞严又不留情面的说辞，项羽"未有以应"，还让樊哙坐下，好像真的认识到了自己的不对，且在认真反思。

从刘邦离开宴会商量脱身计策到间行二十里地回到军中，项羽在帐中无动于衷，在张良一番说辞之后，只随意问了一句"沛公安在"，然后安然接受刘邦送来的道歉礼，自己的虚荣心也得到了巨大的满足。殊不知，他的命运转折就在于这一时的虚荣的满足。

刘邦，则在这场角力中充分展现了他作为一名成熟政治家的敏感、谋略和胸怀。这在文本的第二段表现得尤为精彩。

张良在向刘邦阐述了事情的急迫性时，刘邦先是"大惊"，因为此时他还没有像项羽一样"大怒"的资本；接着刘邦说了在本文出现了三次的有着极强个人标签的名言："为之奈何？"有人认为这是刘邦无能怯懦的表现。恰恰相反，这是一个成熟政治家所具有的心智和度量。试想，如果凡事都能自己立马作出决断，还要谋士何用？如果凡事都能自己作出决断，没有给谋士施展的平台，谋士得不到重视和认同，人家还会死心塌地地跟随你吗？范增最后一怒之下离开项羽，不就是最好的例子吗？适当地示弱，给别人搭建了平台，也给自己留下了余地。

张良委婉地提出了讲和通融的计策后，刘邦的政治嗅觉表现出了极度的敏感。一是项伯的名字出现后，刘邦接着追问："君安与项伯有故？"张良此时加入自己麾下时日未久，必要的警觉当然重要，这是敏感的怀疑。但刘邦有更敏感的神经和嗅觉，在得知张良与项伯有令人放心的关系后，一个更大的念头立即在脑中闪现：是不是可以以项伯为突破口，拯救自己，改变形势，甚至打入项羽内部？如果没有张良的跟从以及今夜的突发情况，怎么可能有机会接触到项伯这一项羽集团的核心人物？多年的政治敏感告诉他，这种机会稍纵即逝。

于是，一幕环环相扣、步步深入的戏剧，在刘邦的导演下按部就班地上演了：见面，敬酒，攀亲……做足了功课后，就可做解释了：

"吾入关，秋毫不敢有所近，籍吏民，封府库，而待将军。所以遣将守关者，备他盗之出入与非常也。日夜望将军至，岂敢反乎！愿伯具言臣之不敢倍德也。"这里，刘邦又使出了示弱的本领，我所做的一切，都是为了咱大侄子啊，既掩盖了自己的雄心，又满足了项羽的虚荣，还拉拢了与项伯的关系，一箭多雕。很多人都贬低刘邦，认为他缺少英雄气概，缺少神功武力，认为他脸皮厚，很无耻，殊不知，政治斗争、群雄逐鹿的漩涡里，活下来才有成为真英雄的可能。

历史是这样，人生也是这样。当你把握住一次机会，可能会有源源不断的机会；一旦错过，成功的大门也许早已为你关闭。当然，还要善于创造机会，就像刘邦那样。

帐下人才：各逞其能终抵不了人尽其才

《鸿门宴》里，刘邦和项羽的麾下将领谋士可以简单地分成三类：叛臣，谋士，武将。相应的，也就是曹无伤与项伯，张良与范增，樊哙与项庄。

先看叛臣。

曹无伤着墨并不多，但他是鸿门宴的起点，是制造这次楚汉矛盾的肇事者；加之项羽的稚嫩和刘邦的当机立断，他得到了叛徒应有的下场。

项伯与他不同，甚至，我们不应该直接称呼他为叛臣。当得知项羽即将大举进攻刘邦的时候，他立即想到了目前跟随刘邦的、曾对自己有一命之恩的故友张良。"项伯乃夜驰之沛公军，私见张良，具告以事，欲呼张良与俱去。"项伯立即连夜飞驰到刘邦部队，画面感多么强。一个人在自己的救命恩人陷入危险时，不顾一切去搭救他，这样的人起码不是一个坏人吧。而且，项伯想要搭救的是张良，不是刘邦，这与曹无伤直接派人向项羽透露军事机密性质完全不同。"欲呼张良与俱去"，应该不是和他去浪迹天涯，那么，是不是把张良一块拉拢到项羽部下也不得而知。可见，项伯应该是一个重情之人，刘邦在从张良的陈述中立即断定了这一点,也找到了突破目前困境的突破口。当然,项羽乌江自刎后,刘邦对待项伯也不薄,这是后话。

再看谋士。

作为刘邦的核心人才,历经了刺杀秦皇和圯上受书的历练后,张良早已练就了谋士所应具备的策略和韬略。所以,他和刘邦的对话,既有试探性也非常策略:"料大王士卒足以当项王乎?"既然不能正面抵挡,那么,我可不可以找人从中说和? 在刘邦离席后,张良则有礼有节,"沛公不胜杯杓,不能辞。谨使臣良奉白璧一双,再拜献大王足下,玉斗一双,再拜奉大将军足下。"活生生一个外交家。项羽问及刘邦去处时,则说,"闻大王有意督过之,脱身独去,已至军矣"。离开的原因很简单,您"有意督过之",既给刘邦找到了理由,也暗中指出项羽的不是;"已至军矣"则断了范增杀刘邦的念想。

范增则与张良迥异。项羽意欲攻打刘邦时,他火上浇油,"急击勿失";派项庄舞剑时,他步步相逼,"不者,若属皆且为所虏";得知刘邦脱身时,他则气急败坏,破口大骂:"唉! 竖子不足与谋! 夺项王天下者必沛公也。吾属今为之虏矣!"项羽本是刚劲有余、柔韧不足之人,他的谋士应该深谙谋士以退为进之道,像张良之于刘邦,触龙之于赵太后,这样才是天衣无缝的拍档。而范增贵为亚父,年事已高却血气方刚,和同样脾性的项羽在一起,两个人终究难以长久和睦。

还有武将。

樊哙是刘邦的带刀侍卫,他不仅具备武士的勇猛和胆识,更具有外交家的口才和韬略。在刘邦陷入危险时,他主动请缨,临危不惧;在项羽赐酒赐食时,他豪气冲天,从不推辞;让所有人都大吃一惊的是他接下来的一番言辞,对刘邦的极力维护和对项羽不留情面的指责,完全具备了一流外交官的水准。

项庄是项羽的堂弟,精于剑术,最后在乌江战死。贵族出身的他，史书上也鲜有记载。他也属于项羽那种刚猛有余、武力至上的武将，在心机智谋和语言智慧上乏善可陈。否则，在范增的强烈要求下，他完全可以像樊哙一样，用语言对项伯和刘邦进行批驳，从而完成使命。可惜他始终是一个单纯的武将，缺少了樊哙的机谋。

所以，项羽的人生剧本在鸿门宴上早已写好。他后来所做的一切，只不过是让自己的名字写得再大一些。

"天亡我，非战之罪也！"也许项羽的话是对的，他的失败是"天"注定。这个"天"不是难以解释的上天，而是他的性格和由性格决定的用人策略。他的悲剧之所以动人，是他身上所具有的那种阳刚和血性以及这种阳刚和血性终敌不过智谋和权术的悲怆。这悲怆引人深思。

青蒿素：为何只是"一小步"？

——屠呦呦的中国科学家精神和人文情怀探析

青蒿素的发现与提取，挽救了全世界尤其是发展中国家数百万疟疾患者的生命。屠呦呦也因此获得拉斯克奖、诺贝尔奖、国家最高科学技术奖等多项重量级奖项。青蒿素的发现，是足以载入世界医学史册乃至人类史册的重大事件，而在屠呦呦的口中，这不过是"人类征服疾病的一小步"。一个"小"字，与巨大的贡献形成了强烈的反差。为什么只是"一小步"？我们不妨细细品味《青蒿素：人类征服疾病的一小步》一文，一步步探究屠呦呦文字背后的中国科学家精神和人文情怀。

青蒿素的发现与发展：伟大的中国科学家精神结出的智慧之果

科学研究的成功大都经历重重困阻：青霉素从发现到应用历经了十几年，爱迪生试验了上千种材料才改良了电灯，雷管是诺贝尔几乎以生命为代价的发明。青蒿素也不例外。自中国政府 1967 年启动"523"项目开始,至 2002 年世界卫生组织推荐采用青蒿素作为一线药物治疗疟疾,35 年的风风雨雨,屠呦呦及其团队克服千难万险,展现出强大的精神力量。科研成果无论多么丰硕,与科学家战胜困难征服疾病的强大精神力量相比,都可说是"一小步"。

首先是不畏困难的勇气和直面挑战的担当。"疟疾威胁人类健康长达数千年。"换句话说,自从人类摆脱茹毛饮血的原始状态进入文明社会以来,疟疾就像一个挥之不去的幽灵,一直与人类相伴。历史上与疟疾斗争的记载屡见不鲜,人类抗击疟疾也曾取得一定的成果。但"20 世纪 50 年代,由于疟原虫抗药性的出现,疟疾重新开始肆虐,消灭疟疾的国际努力遭受重挫"。面对这个困扰人类数千年的医学难题,屠呦呦没有畏惧和退缩,自 1969 年担任抗疟药研究领导工作起,便将余生的精力全部投入到这一工作中来。在那个特别的年代接受特别的任务,自然会面临特别多的艰苦,需要克服特别大的困难。但屠呦呦没有犹豫,而是"带领由植物化学和药理学专业研究者组成的团队,开始从中草药中寻找并提取可能具有抗疟疗效的成分"。一句看似平淡的话语,饱含着屠呦呦作为一名中国科学家不畏困难、直面挑战的勇气与担当。

其次是百折不挠的毅力和勇于献身的奉献精神。在研究的第一阶段,"收集 2000 个方药""挑选出可能具有抗疟作用的 640 个""从其中的 200 个方药中提取了 380 余种提取物",一系列的数字背后,是屠呦呦看不到头的辛勤。然而,进展甚微。这仅仅是第一阶段的第一次大困难。发现青蒿的抗疟效果但实验结果却很难复制、查阅文献获得灵感启发、低温提取实现效果提升、对提取物分类终于找到突破口、做志愿者确保对人体的安全性、分离提纯得到无色晶体、寻找高含量青蒿终于在四川找到,一直到研发成胶囊并投入使用,这才真正打开了研发新抗疟药物的大门。这是一个不断发现的过程,也是一个十分艰难的过程,没有百折不挠的毅力,任何一次退缩都可能导致前功尽弃。更让人动容的是,屠呦呦和她的同事还勇敢地做了志愿者,以确保其对人体的安全性。这种献身精神,让人肃然起敬。

第三是一丝不苟的严谨和精益求精的匠人精神。屠呦呦及其团队在改通常的加热提取方式为低温提取之后,将提取物细分为酸性和中性两大部分,然后获得安全性高的中性提取物,获得对感染疟疾的小白鼠和猴子百分之百的抗疟疗效;在亲身做志愿者确保其对人体的安全性之后,才赴海南对病人进行临床治疗;此后,才走向分离提纯。这个过程,要不得半点马虎,容不得半点差错。在青蒿素研发成功以后,他们更上一层楼,研发出双氢青蒿素,大大提高了疗效、降低了复发率;还将双氢青蒿素发展成新的药物,并尝试用青蒿素和双氢青蒿素治疗其他的疾病。这个过程,是从一个高峰攀登另一新的高峰的过程,体现了永不满足、勇于创新的开拓进取精神。

当然,研发过程中有对传统方法的学习、继承、吸纳,也有质疑、否定、更新,体现了屠呦呦团队的质疑批判精神;他们始终凝神聚力、通力协作,是一个富于创造力的整体,体现了精诚合作的团队精神。

这些精神,铸成了屠呦呦团队的中国科学家精神,在这些伟大的精神支撑下,才有了青蒿素的发现与发展,有了人类抗疟的新方案和新突破。

成功后的坦然与清醒:虚怀若谷的君子品格和中国风度

在青蒿素的研发取得巨大成功之后,屠呦呦团队并没有居功自傲,而是始终保持低调谦逊的君子品格;也没有止步不前,而是把每一次的成功都当成一个新的起点,不断拓展全新的药物研发和应用领域,体现了中国科学家的品格和风度。

阅读文章时,可以处处感受到屠呦呦那颗谦虚淡泊的心:"我完全没有想到,我的生命会和这些神奇的中草药紧密地联系在一起;

我也从没梦想过有今天这样的隆重时刻,我的研究被国际科学界称颂。""完全没有想到""从没梦想过"就是这种品格的体现:她的一生与儿时的一次偶然经历紧密联系在一起;她的成功,更离不开童年耳濡目染的中国传统文化精神。不知多少人在取得一定成绩后变得不可一世,而屠呦呦始终保持对科学的热爱和对名利的淡泊,这种情怀让她不断攀登科学的巅峰。

正是这种情怀,让她在取得克服千难万险、取得巨大成就后格外地坦然:功劳不属于屠呦呦一人,而是属于她的团队,归功于中国科学院的全力支持和通力协作,造福于全世界疟疾患者及他们背后的千万个家庭。

也正是这种情怀,让她格外清醒:疾病是与人类共存的敌人,过去、现在、将来都有疾病与人类相伴,人类与疾病的斗争是长久的、艰苦的,因为有些疾病是突如其来和不可预知的。青蒿素的发现不过是解决了人类与疾病斗争中众多难题中的一个,成果固然可喜,但更应化作人类前进的动力。

这种坦然与清醒,是中国传统文化浸染的君子品格使然;这种品格,让屠呦呦坦率地认为,青蒿素不过是"人类征服疾病的一小步"。这既包含着对中医成就的自豪,又有人类战胜疾病面临巨大困难的理性判断。

中医药学智慧:取之不尽用之不竭的巨大宝库

纵览全文,屠呦呦并不是旨在说明青蒿素的发现历程,而是从中国中医药、中国传统哲学出发,明晰这些内容给予作者的灵感和启发,青蒿素的发现不过是一个具体的例子,最后再回归到中医药的智慧果实、用药形式等对中华民族乃至人类健康的巨大贡献上来。

作者与中草药的缘分,在学习中国传统医学的过程中"由好奇转化为热衷","发现了中医药学的丰富宝藏,领悟了中国传统哲学有关人体和宇宙的精妙思想"。青蒿素的发现与提取,当然离不开对中医药学的精髓的继承和发展,让其有了相对较快的研发历程:抗疟成分的寻找以中草方药为源头,一开始便树立了正确的方向;实验遇到困难时,东晋葛洪的《肘后备急方》给屠呦呦带来了深刻的启发;天然分子转换为药物的过程中,产于四川的青蒿提供了巨大的支持。

青蒿素不过是中医药学给予人类的珍贵礼物的代表:中药砒霜对于治疗白血病颇有疗效,从中草药"千层塔"中提取的石杉碱甲对治疗失忆有效,中药提取的芍药苷用于防止经皮冠状动脉介入治疗后的血管再狭窄,等等。千百年来,中医药智慧结出了丰硕的果实,实现了有效方药的丰厚积累,以上所举,不过是几个杰出的代表。

不仅如此,传统中医药的复方用药形式、辨证施治疗法、君臣佐使的处方、活血化瘀的治则对现代医学有巨大的启发,更是有益的补充。中医药与现代医学的有机结合,对于提高很多疑难杂症的临床疗效有巨大的帮助。

在屠呦呦看来,与传统中医药的巨大宝库相比,青蒿素只是"一份礼物";作者所举的实例与中医药对人类健康的贡献相比,也不过是"沧海一粟"。屠呦呦及其团队所取得的成就,为人类征服疾病打开了一扇新的窗户,提供了一种新的方案,也增强了我们对传统中医药乃至中华优秀传统文化的自信。

胸怀世界:屠呦呦的国际视野与人道精神

屠呦呦的研究工作从传统中医药开始,但也注重现代科学技术的运用和支撑;以救助中国患者为起点,逐步走向世界,这个过程没有终点。

"长久以来,中医药服务于中国和亚洲人民,毫无疑问,对传统医药的继续探索,会给这个世界带来更多的良药。我呼吁大力加强国际合作,推动中医以及其他传统医学的研究,使之最大程度地造福人类。"屠呦呦的科研,并不是仅限于中国传统中医的望闻问切,也不断地向化学、生物学等现代科学借力;她的视野,并没有局限于国内,而是指向全人类,挽救了很多非洲孩子的生命;她的胸怀,更是海纳以中医为代表的传统医学,呼吁推动对传统医学的研究,以期最大程度地造福人类。这种视野和精神已经跨越了国别和种族的差异,也超越了学科和地域的局限,以战胜疾病、造福人类为旨归,闪耀着人道主义光辉。

在人类面临疾病困难的时候,屠呦呦秉承中国科学家精神,以大爱无疆的国际视野和人道主义精神,向世界提供了一套完整而科学的中国方案。她们迈出的步子可能真的很小,但在人类文明史上留下的脚印一定很深。

基于文章体式的《谏太宗十思疏》教学内容的确定

《谏太宗十思疏》是高中语文必修下册第八单元的第一篇课文。文章脉络清晰,句式整齐,是魏征的名篇,也是"奏疏"的代表作品。查阅了几篇有关该文的教学设计,思路大同小异,归纳一下,大致有如下三大内容:

1. 熟读并背诵全文,梳理文中常见的文言现象;

2. 厘清作者的行文思路,学习对比论证、比喻论证等论证手法;

3. 认识"居安思危"在当时的作用和在今天的借鉴意义。

上述教学内容,注重了文言知识的积累和写作手法的学习,也比较注重单元学习任务——"倾听理性的声音"的落实,代表了当前教学的主流。但是,如果把这种"积累文言知识——学习论证手法——体悟文章意义"的"三步走"式教学步骤,迁移到本单元其他课文《答司马谏议书》《阿房宫赋》《六国论》的教学中,似乎也没有不妥。也就是说,此类教学方式,是把《谏太宗十思疏》作为一般的议论文来处理,而忽略了它作为"奏疏"的特殊性。

笔者在与学生交流的时候,让学生把阅读本文时遇到的问题写

下来,发现学生的问题与上述教学内容有交叉,但也有不同。学生问题大致归纳如下:

1.翻译不通顺; 2.注解不全面; 3.语言不简练;

4.语气不强硬; 5.内容不新鲜。

前两个问题属于文言文阅读中常见的一般性问题,通过查阅工具书不难解决;后面三个问题,虽表述不够精准,却恰恰是"奏疏"作为一种独立文体的特殊要求:"语言不简练"是使用骈句、排比带来的外在形制整齐的直观体验,"语气不强硬"是臣子对君主进谏规劝的应然要求,"内容不新鲜"则因劝谏站在君主的立场,为"君"着想,永葆江山稳固、社稷平安。

整齐的句式:"奏疏"的外在形式要求

魏征在本文想要表达的思想并不难理解,就是从君王当居安思危的前提出发,在厘清"创业与守成"关系的基础上,劝谏唐太宗既要"善始",更要"克终",具体的做法就是"总此十思,弘兹九德";思路也很清晰,第一节是"是什么",第二节是"为什么",第三节是"怎么做"。

但是在表达的时候,本文很少有独立的句子出现,多用两句形成骈句,或用三句、四句甚至十句形成排比,读起来朗朗上口。这与"疏"作为一种特殊的文体的要求密不可分。"疏"作为古代的一种文体,可以指书信,也可以指注疏,但更常见的是"奏疏",比如晁错的《论贵粟疏》、贾谊的《论积贮疏》。所谓"奏疏",是封建社会历代臣僚向帝王进言使用文书的统称,是非常正式的公文,讲究句式的整齐;其写作者和读者都比较固定,也比较特殊。正因这种特殊性,让《谏太宗十思疏》这篇文章呈现出"语言不简练"的外在表征;这种表征,让它读起来朗朗上口。

我们以第一节为例。

臣闻求木之长者,必固其根本;欲流之远者,必浚其泉源;思国之安者,必积其德义。源不深而望流之远,根不固而求木之长,德不厚而思国之理,臣虽下愚,知其不可,而况于明哲乎!人君当神器之重,居域中之大,将崇极天之峻,永保无疆之休。不念居安思危,戒奢以俭,德不处其厚,情不胜其欲,斯亦伐根以求木茂,塞源而欲流长也。

本节总共有四句话,可以切分成两大部分:前两句一正一反,分别论述"积其德义"的必要性;后两句亦是如此,正面阐述"人君"的重要地位,反面论述不能"居安思危"的危害。其中,第一部分"积其德义"的内容,由"欲木长,必固本""欲流远,必浚源""思国安,必积德"三个句子构成排比,让观点的提出既不显得突兀,又增加了合理性。第二部分更是两两相对,无论是从正面阐述的"当神器之重""居域中之大",还是反面假设的"德不处其厚""情不胜其欲",都构成了比较工整的骈句,形制整饬。

第二节与第三节也是如此,除了少数的散句之外,大都两两相对,朗朗上口。这种形式特点,应当带领学生反复朗读、品味。

渐进的说教:"奏疏"的特定阅读对象

魏征作为历史上著名的谏臣,前后向唐太宗进谏200多次,是直言劝谏、面折廷争的代表人物;在学生的印象里,他好像总是直言不讳,丝毫不给唐太宗留面子。文如其人,按说他的文章也应该充满了锐气,但读罢《谏太宗十思疏》,学生却普遍没有这种感觉。

但凡具有劝说性质的文章,为了能够达成目的,大都层层递进,娓娓道来,随着说理的深入,逐渐地表露最真实的想法,本册教材第一单元的《齐桓晋文之事》《烛之武退秦师》,概莫能外。"奏疏"是臣子写给君王的劝谏性文章,自然具备了这种特征。魏征固然敢于犯言直谏,但也颇懂为文之道、说理之要,写文章进谏与口头上仗义执言大不相同。《谏太宗十思疏》中态度是诚恳的,而不是激进的;语气是委婉的,而不是强硬的;说理是渐进的,而不是直接的。

我们以第二节为例。

与第一节从普遍的自然现象入手不同，本节从普遍存在的社会现象入手，追问"善始者繁而克终者寡"的问题。魏征从"凡百元首"说起，范围很大、镜头很远，能与唐太宗唯一挂上钩的就是贵为天子的身份。但问题提出后，魏征转换了写作的手法，不再进行比喻和类比，而是用一个反问、一个设问引出自己的分析："岂取之易而守之难乎？昔取之而有余，今守之而不足，何也？"这两个疑问是古往今来很多君王都没有越过的难关——开创了基业或盛世，却没能善始善终，秦皇汉武莫不如此。魏征给出了自己的答案："在殷忧，必竭诚以待下；既得志，则纵情以傲物。"意思很明显，并不是创业容易守成难，而是君王懈怠造成的；懈怠的表现很多，不再"竭诚待下"，变得"纵情傲物"等等；紧接着用鲜明的对比向唐太宗阐述好处和危害："竭诚则胡越为一体，傲物则骨肉为行路。"最后，说出了自己的民本思想："怨不在大，可畏惟人；载舟覆舟，所宜深慎；奔车朽索，其可忽乎！"先指出百姓人心的重要性，然后假设了"载舟""覆舟"两种可能，最后一句变成了直接的告诫。这几句已经不是语气舒缓的长句，而是铿锵有力的四字句；句子在变短，但语气在加重。

综观本节，从"凡百元首，承天景命"到"奔车朽索，其可忽乎"，从古往今来的帝王说起，一直到唐太宗为止，范围逐渐缩小，镜头逐渐拉近，语气逐渐强烈。从开始到结束，是一个范围由大到小、语势由弱到强的渐进过程，这与"奏疏"的阅读对象——皇帝是分不开的。毕竟，如果"狂飙突进"，非但劝谏的目的达不到，官职甚至性命都可能保不住。

对方的立场："奏疏"的特定行文目的

古代的很多读书人都有着"修身齐家"的个人追求与"治国平天下"的远大梦想。"修身齐家"可以通过"慎独"来自我约束，通过"刑于寡妻，至于兄弟"做到推己及人，唯独"治国平天下"需要考取功名来实现,也就是"学而优则仕"。仕途与梦想是息息相关的,而仕途顺畅与否又维系在君主(屈原笔下的"美人")这个最主要的人身上。这让中国古代的政治有了比较鲜明的"明君政治"的特点:君主圣明,百姓之福;君主昏聩,社稷遭殃。可惜,有文治武功的圣明君主毕竟是少数,所以文人骚客"望美人兮天一方"之后,常常发出"美人如花隔云端"的长叹;一旦受到重用,往往都"竭忠尽智以事其君"。

魏征是幸运的。他的履历与管仲非常类似:管仲原是公子纠的谋士,全力支持杀掉公子小白,后来公子小白不计前嫌重用管仲,才有了君臣相知的美谈;魏征原是李建成的部下,也曾建议尽早远戍李世民,后来李世民重用魏征,为"贞观之治"奠定了基础。因此,唐太宗对于魏征既有知遇之恩,也有重用之赏。作为一名谏臣,魏征直言不讳是在尽臣子之责。当然,他也要唐太宗明白,自己的进谏是为了大唐的基业。

本文写于公元 637 年,是贞观十一年。经历了十年的励精图治,大唐国力强盛,唐太宗也出现了懈怠思想。魏征作为有远见的政治家,已经看出了端倪,也懂得未雨绸缪的重要性。那么,及时的规劝就显得格外重要,规劝得越及时,跑偏的概率就越小。如果说前两节魏征还有所遮掩的话,第三节的"十思"就直言不讳了。一口气提十条建议,一般人并不容易接受,魏征深谙此道,"十思"陈述完毕后,他站在唐太宗的立场描绘了一幅美妙的场景:文武争驰,在君无事。"文武争驰"的表现就是"智者尽其谋,勇者竭其力,仁者播其惠,信者效其忠";君王呢,"可以尽豫游之乐,可以养松乔之寿,鸣琴垂拱,不言而化"。意思很明显,自己提出的所有建议都是为了保皇权之固,而且还能让皇上活得更轻松。最后的图景,已经不再有儒家积极入世的色彩,反而更契合道家的无为而治的思想,自然也更符合自称是李耳后代的李唐王朝的皇帝的口味。对方的立场阐述得越明晰,劝谏的效果也就越好。

教学过程中,不断给学生强化以上三项内容,学生对"奏疏"的体悟会更深切,也更能突出本文的特殊性。

(本文发表于《中学语文》2021年第5期)

《阿房宫赋》教学四问

一座并未建成的阿房宫,在杜牧的笔下成了声讨"狎昵群小、好治宫室"的唐敬宗李湛的利器。杜牧通过丰富的想象、合理的夸张,尽显"赋"这种文体的铺排效果,特别适合枚举好大喜功的统治者的斑斑劣迹;又通过散文化、议论化的处理,赋予该文体新的生命。《阿房宫赋》也便成了文赋的代表作品,历来是中学语文教材的重要篇目。

但教学中又常遇到几个问题,列举如下。

一问:"长桥卧波,未云何龙?复道行空,不霁何虹?"的语义逻辑

有参考资料对此句注释如下:"长长的桥卧在河上,就像飞龙,天上并没有云,怎么出现了龙?复道在空中穿过,就像彩虹,又不是雨后初晴,哪来的彩虹?"基本遵照原文的顺序进行了直译,表面上看似没有问题,但仔细一想,又不是这样。这两句都被界定成了疑问句,疑问句的语义重点明显要倾向于语句后半部分的设疑处,那么,这两句的语义重点自然就落在了"未云何龙"和"不霁何虹"上,明显背离了杜牧要把重点放在"长桥"和"复道"上的初衷。

怎么才能让语义更清晰呢?赋讲究铺采摘文,可以在上下文中寻找类似的句子进行比较阅读,进而找出答案。

在文章第二段,铺排宫女之众的时候,作者连续使用了四个排比句:"明星荧荧,开妆镜也;绿云扰扰,梳晓鬟也;渭流涨腻,弃脂水也;烟斜雾横,焚椒兰也。"这四句有一个共同的特点,就是把喻体放在前面,本体放在后面,有点先卖个关子再揭晓答案的设问效果。

我们不妨把"长桥"两句也进行这样的颠倒,会有助于语义的理解。

颠倒后是这样:"未云何龙?长桥卧波。不霁何虹?复道行空。"这样,句子就变成了两个设问句,语义重点自然就落在了后面的答案部分。就可以翻译为:为什么没看到云却有了龙?哦,那不是龙,是卧在河上的长桥看起来像龙;为什么没有雨过天晴却出现了彩虹?哦,那不是彩虹,是复道横在半空看起来像彩虹。

二问:为何是"有不见者,三十六年"?

杜牧在写众多宫女的命运时,先是用大胆的夸张进行预设:"一肌一容,尽态极妍,缦立远视,而望幸焉。"她们美丽至极,对秦皇的宠幸渴望至极;接着笔锋一转,"有不见者,三十六年",用来写其命运遭际之悲惨。有学者注释:秦始皇在位共36年。秦始皇二十六年统一中国,到三十七年死,做了12年皇帝,这里说三十六年,是举其在位年数,以表示时间之长。"对这一注解,笔者最同意最后一句"以表示时间之长",其余的有待商榷。

秦始皇于公元前247年十三岁时接替庄襄王即王位,于公元前221年统一六国自称始皇帝,于公元前210年东巡途中驾崩于邢台沙丘。这样算来,他做皇帝总年数为12年无误,在位总年数为三十八年而非三十六年。那么,杜牧在行文时为何不选用三十八年或十二年?

首先,从古人的认知和接受程度来说,三十六是一个表示很多且被普遍应用的数字,很多与三十六接近的数字,多以三十六代之。如三十六计,三十六宫,承德三十六景,武夷三十六峰,水浒三十六天罡,等等。所以,杜牧在选数字时,并没有选更大的嬴政在位年限三十八年,而是大众普遍接受的三十六年。

其次,如果从嬴政做皇帝的年限角度,为何不用十二而是三十六呢?除了用更大的数字表示时间长之外,用三十六更能通过暗示宫女命运之惨,来批判统治者的骄奢淫逸。古代女子大多十三四岁入宫,十二年后,她们二十五六岁,正值芳龄,还有争宠的资本;而三十六年后,她们年近半百,人老珠黄,绝无得幸之可能。

三问:句式选择有没有隐含情感?

《阿房宫赋》全篇四字句居多,兼用三字句、五字句、六字句、七字句,灵活多样,变化多端。多变的句式里,有没有杜牧的情感呢?仔细阅读不难发现,作者的句式选用大体可以分成四类:阿房宫的建设和毁灭用三字和四字短句,宫内建筑、美女、珍宝的铺排多用四字句,对秦皇的质问部分四字句、七字句对称交叉使用,末段的议论则采用散文化句式。

四字句简洁利落、语意连贯,有气势、有力量,字字珠玑又朗朗上口,特别适合铺排。所以,作者在铺叙阿房宫的建筑之奇、美女之众、珍宝之奢华时多用四字,如连珠炮一般,具有震撼人心的力量。而阿房宫的建设和毁灭,作者惜墨如金:"六王毕,四海一,蜀山兀,阿房出"和"戍卒叫,函谷举,楚人一炬,可怜焦土!"两个部分合起来不过26字,与对宫内生活的铺排相比极其简短。奢华无比的阿房宫,它建设时劳民伤财、宫殿纷繁豪奢、宫女浩浩荡荡、珍宝弃掷逦迤,但项羽一把火就化为灰烬,暗含着作者无尽的讽刺。

秦皇的质问部分四字句用来铺写阿房宫,七字句铺写百姓生活,两相比较,处处是控诉。末段的议论与前面的句式明显不同,开始采用散文化的句子,且多用感叹词、语气词、判断语气、反问语气。三个长句里,第一句"灭六国者六国也,非秦也;族秦者秦也,非天下也"用两个判断语气,斩钉截铁地摆明自己的观点;第二句"使六国各爱其人,则足以拒秦;使秦复爱六国之人,则递三世可至万世而为君,谁得而族灭也?"用假设和反问,为六国和秦的灭亡惋惜;末句"秦人不暇自哀,而后人哀之;后人哀之而不鉴之,亦使后人而复哀后人也"虽未明言,但对当朝统治者的批评、讽喻,甚至哀叹,都蕴含其中。

四问：末段对六国的批判突兀吗？

有学生问，文章主要是借阿房宫对秦皇的骄奢淫逸、不够爱民导致灭亡进行批判，怎么突然又有"灭六国者六国也，非秦也""使六国各爱其人，则足以拒秦"两句的出现？是不是为了对比？

这个问题比六国的出现还要突兀，把我打了个措手不及。重新读一遍文章，学生让我有了新的发现。

在铺叙阿房宫珍宝之奢华的时候，作者这样写道："燕赵之收藏，韩魏之经营，齐楚之精英，几世几年，剽掠其人，倚叠如山。"六国的金银珠宝，并非六国君主勤俭节约、合法经营而得，而是"几世几年，剽掠其人，倚叠如山"。作者选用了一个贬义色彩十足的词——剽掠。而且，剽掠了"几世几年"，剽掠得"倚叠如山"。

在下一段对秦皇的质问中，作者选取的例子分别是"南亩之农夫""机上之工女""在庾之粟粒""周身之帛缕""九土之城郭""市人之言语"，这六个例子十分生活化，与普通百姓的生产生活息息相关，体现出浓郁的爱民思想。而统治者只顾满足自己的欲望，从未考虑过百姓的感受，终于"使天下之人，不敢言而敢怒"。

可见，六国统治者对待自己的百姓，和秦皇对待六国百姓一样，都是极尽搜刮之能事，而没尽爱民之本分。他们与秦皇一样，都是"独夫"。这样，文章就有了双重批判色彩：不能爱民的秦皇和同样不能爱民的六国君主。但归根结底是一点，只要不能爱民，就可能成为"独夫"，在众叛亲离的路上走向灭亡。

悲不尽，悲难言

——鲁迅《记念刘和珍君》的四重悲歌

在《记念刘和珍君》里，鲁迅的话语逻辑看似前后矛盾，时而"实在无话可说"，时而"还有要说的话"，时而"说不出话"，这种话语逻辑的凌乱,实则源于内心不可遏制的"悲",这个"悲",又因面临不同的事实、经临不同的思考,呈现悲痛、悲愤、悲哀、悲凉四个不同的层次。

悲痛:进步行为被无情打压　进步青年被残忍虐杀

刘和珍是有追求、有责任感的进步青年。"凡我所编辑的期刊,大概是因为往往有始无终之故罢,销行一向就甚为寥落,然而在这样的生活艰难中,毅然预定了《莽原》全年的就有她。"鲁迅的期刊销行寥落,是由于他的期刊宣传的往往都是进步思想,会受到反动当局的查封,进而"往往有始无终";言论禁锢、思想封锁下的人们,大都不敢接受新事物、新思想;稍有不慎,便会遭到当局的追捕,这就是刘和珍所处的"生活艰难",但她"毅然预定了《莽原》全年",可见其对新思想的欣然接受和大胆追求。

这一处介绍,已经用简笔勾勒出了刘和珍作为进步女学生的大致轮廓,所以在下文她会"能够不为势利所屈,反抗一广有羽翼的校长";也会"虑及母校前途,黯然至于泣下";还会在请愿的大潮中,"欣然前往"。

但是,一心爱国救民的单纯的学生,怎会料到当局政治手段的残忍。在文章的第五部分,鲁迅特意用很多铿锵有力的短句和详尽的细节描摹来鞭挞当局的残忍,每一名女学生的创口都有开枪者残忍至极的铁证:刘和珍的伤口"从背部入,斜穿心肺",张静淑"中了四弹,其一是手枪",杨德群"弹从左肩入,穿胸偏右出",这几处需重读的细节描写饱含着鲁迅极大的悲痛,无情地揭露了反动执政者的鹰犬有组织、有密谋地近距离射杀进步学生的罪行。尤其需注意的一点是,刘和珍是学运领袖,她必须得死;任何出于同窗友爱之情搀扶她的人,也必须得死。他们的残忍不仅仅在于要虐杀生命,还要扼杀人与人之间最基本的友爱之情。

耳闻目睹这一切的鲁迅,为进步行为的被打压和进步青年的被虐杀,感到异常的悲痛。

悲愤:反动政府掩盖罪行　无良文人散布流言

反动政府为掩盖自己早有预谋的暴行,污蔑进步学生为"暴徒",进而进行无情地虐杀;之后面对重重压力,对死伤者进行抚恤,但并未主动担责和深刻反思,而是把脏水都泼给了国民党北京市党部负责人徐谦,借此为自己卸责:"因前徐谦等率领暴徒,实行扰乱,或恐累及无辜,曾令内务部查明抚恤在案。"

政府遮掩罪行,嫁祸于人,还不足以让鲁迅"出离愤怒"。这时候,反动文人却跳了出来,对学生的进步爱国行为指指点点,更是让鲁迅陷入了无言的悲愤。这些人在《记念刘和珍君》并不长的篇幅里反复出现了四次:"此后几个所谓学者文人的阴险的论调,尤使我觉得悲哀""但接着就有流言,说她们是受人利用的""有限的几个生命""给有恶意的闲人作'流言'的种子";"流言家竟至如此之下劣""出于我的意外",可见鲁迅对他们的无耻行径的极大的悲愤。

在反动政府杀人之后,"接着就有流言","接着"一词写出了流言家反应的迅速,并暗示出他们并不是受政府的指使才散布流言,而是主动跳出来充当他们的喉舌,更显出他们的可鄙和可恶。

几个所谓学者文人当然指陈西滢等人。陈西滢在 3 月 27 日出版的《现代评论》上发表一篇评论"三一八"惨案的《闲话》,污蔑遇害的爱国学生"莫名其妙""没有审判力",因而盲目地被人引入"死地",并且把这次惨案的责任推到他所说的"民众领袖"身上,说他们"犯了故意引人去死地的嫌疑"。陈西滢所说的"群众领袖",就是影射鲁迅等进步教师。

把一场正义的流血事件写进"闲话",本就把自己推上了道德的审判台;更何况又煽动民意,散布流言,指白为黑,他们和反动当局一起,让"衰亡民族"变得"默无声息",让嫉恶如仇的鲁迅怒至无言,愤至无声。

悲哀:庸人对革命行为麻木不仁　闲人对流血牺牲漠不关心

鲁迅在批判国民性时,往往通过多数国民对革命者的冷漠、麻木、不理解、后知后觉,来反衬先行者的悲哀。"叫喊于生人中,而生人并无反应,既非赞同,也无反对,如置身毫无边际的荒原,无可措手的了,这是怎样的悲哀呵,我于是以我所感到者为寂寞。"

本文中这些麻木的人不断地刺痛作者的神经,让他为先行者感到悲哀。在文章的第二部分和第七部分,作者着墨于"庸人"和"苟活者",写出这些人的麻木和健忘:"真的猛士"敢于战斗,甘于牺牲;他们却"在这淡红的血色和微漠的悲哀中,又给人暂得偷生,维持着这似人非人的世界"。这种境况常常让鲁迅为先驱们感到莫大的悲哀:"我不知道这样的世界何时是一个尽头!"而"闲人"呢,则是对这种牺牲漠不关心,他们"并无恶意",把流血牺牲当成了"饭后的谈资";也正是因为他们"并无恶意",又代表了国人中很大的一部分,更让作者为牺牲者感到深深的悲哀。

但是,鲁迅毕竟是一个斗士,"横眉冷对千夫指,俯首甘为孺子牛"。他的痛苦往往源于他的清醒;也正是由于清醒,他会深深地体味到先知先觉者的悲哀。但鲁迅的伟大在于,他并不会因为他所要唤醒的人不理解他的呐喊就停止战斗,而是虽然"寄意寒星荃不察",但仍"我以我血荐轩辕"。就像鲁迅自己所说:"然而几个人既然起来,你不能说决没有毁坏这铁屋的希望。"这是鲁迅的伟大,也是所有革命先行者的伟大:在斗争的路上,他们痛并快乐着,是让人感到悲哀又让人肃然起敬的"哀痛者和幸福者"。

悲凉:"请愿"作用非常寥寥　逝者生命永不再来

鲁迅的清醒和深刻不仅在于对愚弱国民性的批判上,还在于对高涨激昂的革命热情和如火如荼的学生运动也保持着清醒的头脑和冷静的分析。"左联"五烈士牺牲后,他不会作无谓的牺牲,而是保存有生力量,这样才能继续战斗,这才是对逝者最好的纪念;轰轰烈烈的学生运动,热情高涨的请愿游行,其精神固然可嘉,但是不是最好的斗争方式呢?

"人类的血战前行的历史,正如煤的形成,当时用大量的木材,结果却只是一小块,但请愿是不在其中的,更何况是徒手。"鲁迅的观点非常明确,徒手的"请愿"不属于"人类血战前行的历史",在反动政府的凶残面前,请愿的热情会瞬间被冷却、绞杀。"请愿"非但不是高效的斗争方式,就连有效恐怕都难以算得上。而"请愿"中牺牲的,又往往是中国青年学生中最果敢、最有责任心的一部分;而这些精英的生命,却永不再来。

想到这里,鲁迅为他们极其壮烈的牺牲和牺牲后极其微弱的影响感到深深的悲凉。陶渊明的《挽歌》后四句的引用,就是这种悲凉的体现。"亲戚或余悲,他人亦已歌,死去何所道,托体同山阿。"整首诗是陶渊明在想象亲人朋友为自己送葬的场面:亲人会因血缘的亲近而悲哀,他人或许早已忘却了痛苦开始放歌;死去的人还能有什么,只能与山陵同在。为"请愿"牺牲的精英们,之于他们的亲友,"会在微漠的悲哀中永存微笑的和蔼的旧影";之于多数人,他们的牺牲与自然山陵的存在或消失一样,无任何影响。这种优秀的个体生命的牺牲和牺牲后基本可以忽略的影响,让鲁迅倍感悲凉。

历经了悲歌四重奏的洗礼,"痛定之后",不尽又难言的"悲"终于得到抒怀,鲁迅重新审视这次"请愿"的意义,让他对"当局者"的凶残、"流言家"的下劣、中国女性的从容和勇毅都有了新的认识。因为"当局者"和"流言家"的白色恐怖让人窒息,所以更有推翻它的必要;因为中国女性的勇毅"终于没有消亡",则更给了奋进者前进的信心和希望。

美在和谐

——《荷花淀》的和谐美

《荷花淀》是孙犁先生著名的诗体小说。小说像诗一样美丽：人物纯洁善良，环境清新宁静，语言凝练抒情，处处蕴含着和谐之美。那么，如何去感受、去探究这种美呢？我们不妨从人与人之间的关系、人与自然之间的关系这两个角度出发，一步步深入文本，挖掘文本。

人与人：一首浑然一体的交响曲

小说主要出现了三种人物关系：夫妻之间、父子之间、军民之间。第一部分是夫妻话别，首先将一组和谐的夫妻关系呈现在我们眼前。多数老师授课时大都是从水生嫂的角度出发，体现她的温柔、善良以及对丈夫的关爱、理解和支持。那么，水生对水生嫂也是否有同样美好的情愫呢？我们来看文本：

她望着丈夫的脸，她看出他的脸有些红涨，说话也有些气喘。她问："他们几个哩？"

水生说："还在区上。爹哩？"

"睡了。"

"小华哩？"

"和他爷爷去收了半天虾篓，早就睡了。他们几个为什么还不回来？"

水生笑了一下。

这组对话，出现了四问四答。其中，第一次由水生嫂问，水生答。因为水生回来得晚，而且表情也不够正常，水生嫂不禁有些疑惑和担忧，所以想知道水生的几个同伴的境况；但是水生看出了妻子的担心，所以并没有做准确而彻底的回答，只是用"还在区上"四个字敷衍过去，并紧跟着转移了话题，转而就家庭琐事追问水生嫂，以舒缓她的紧张情绪。水生嫂再次追问时，水生不得不答，先是"笑了一下"，才逐渐

将参军打仗的事情告诉妻子,处处体现着对妻子的关爱。再看这里:

　　鸡叫的时候,水生才回来。女人还是呆呆地坐在院子里等他,她说:"你有什么话,嘱咐嘱咐我吧。"

　　"没有什么话了,我走了,你要不断进步,识字,生产。"

　　"嗯。"

　　"什么事也不要落在别人后面!"

　　"嗯。还有什么?"

　　"不要叫敌人汉奸捉活的。捉住了要和他拼命。"

　　参军前的水生,并没有过多的儿女情长,而是宽慰、信任和鼓励,这也为后来水生嫂的进步埋下了伏笔。

　　再来看父子之间:

　　水生指着父亲的小房,叫她小声一些,说:"家里,自然有别人照顾。可是咱的庄子小,这一次参军的就有七个。庄上青年人少了,也不能全靠别人,家里的事,你就多做些,爹老了,小华还不顶事。"

　　……

　　一家人送他出了门。父亲一手拉着小华,对他说:"水生,你干的是光荣事情,我不拦你,你放心走吧。大人孩子我给你照顾,什么也不要惦记。"

　　全庄的男女老少也送他出来,水生对大家笑一笑,上船走了。

　　水生体谅父亲、关爱父亲。而父亲对一位即将奔赴前线的儿子说的是"水生,你干的是光荣事情",这体现父亲对水生的赞赏以及对水生所从事的事业感到光荣和自豪。"我不拦你,你放心走吧。大人孩子我给你照顾,什么也不要惦记。"这不仅是理解,更是无声的支持。尤其是"父亲拉着小华的手"这一细节,更是告诉水生孩子有人照顾,让水生没有后顾之忧。父子之间相互理解,相互支持。

　　还有军民之间:水生即将奔赴前线,"全庄的男女老少也送他出来";"水生"们参军后,也没有军营,而是住在马庄的乡亲们家里。

水生前去参军,已经成为一名战士;全村的男女老少是百姓,他们之间的关系不仅仅是乡亲之间的关系,也是军民之间的关系。军爱民、民拥军,互相理解,互相支持。

可见,在白洋淀,人与人之间(夫妻之间、父子之间、军民之间)相互关爱,相互理解,相互支持,相互鼓励,就像一首浑然一体的交响曲。

人与自然:一部完美和谐的田园诗

一方水土养一方人。白洋淀的水美、花美、席子美,自然也有一个个一样美丽的百姓。首先来看小说的开头部分:

月亮升起来,院子里凉爽得很,干净得很。白天破好的苇眉子潮润润的,正好编席。女人坐在小院当中,手指上缠绞着柔滑修长的苇眉子。苇眉子又薄又细,在她怀里跳跃着。

……

不久,各地的城市村庄就全有了花纹又密又精致的席子用了。大家争着买:"好席子,白洋淀席!"

白洋淀的席子一上市,便会引来大家争相购买,因为这里有着无数个像水生嫂一样勤劳的人民。"女人坐在小院当中,手指上缠绞着柔滑修长的苇眉子。苇眉子又薄又细,在她怀里跳跃着。"作者在修饰苇眉子时,用的是"柔滑修长""又薄又细"这几个词语,恰恰也可以用来形容水生嫂的双手,潮润润的苇眉子和那双美丽的手难分彼此,融为一体,一起"在她怀里跳跃着"。

再看这里:

她们轻轻划着船,船两边的水,哗,哗,哗。顺手从水里捞上一棵菱角来,菱角还很嫩很小,乳白色,顺手又丢到水里去。那棵菱角就又安安稳稳浮在水面上生长去了。

女人们"顺手"捞上菱角,"顺手"丢到水里,菱角继续"安安稳稳"地生长。这不是揠苗助长,更不是蓄意破坏,菱角丢进水里后安然无恙。这是白洋淀人一个下意识的动作,这一动作不会对这个生命造成任何损害,白洋淀人捞起菱角,就像举起自己的手去捋一捋自己的头发那样自然。这就是人与自然环境的完美融合。

再如:

她们奔着那不知道有几亩大小的荷花淀去,那一望无边际的密密层层的大荷叶迎着阳光舒展开,就像铜墙铁壁一样。粉色荷花箭高高地挺出来,是监视白洋淀的哨兵吧。

白洋淀人热爱着这里的荷花,荷花也在保护着白洋淀人。人爱荷,荷爱人,人像荷花一样美丽,荷花也在时时刻刻保护这里的百姓,人与荷完美地交融在一起。

再看白洋淀人与这里的水:

整个荷花淀全震荡起来。她们想,陷在敌人的埋伏里了,一准要死了,一齐翻身跳到水里去。渐渐听清楚枪声只是向着外面,她们才又扒着船帮露出头来。她们看见不远的地方,那宽厚肥大的荷叶下面,有一个人的脸,下半截身子长在水里。荷花变成人了?

……

战士们就在那里大声欢笑着,打捞战利品。他们又开始了沉到水底捞出大鱼来的拿手戏。

……

说完,把纸盒顺手丢在女人们船上,一泅,又沉到水底下去了,到很远的地方才钻出来。

妇女们探夫途中遇到危险时,首先想到的就是跳进水里,让水保护自己;战士们更是谙习水性,水中作战、打捞战利品,就像漫步在自家的后花园。人熟悉水性,水也在保护这里的人。白洋淀人与白洋淀里的水,就像人与这里的荷花一样完美地融合:人就像水一样纯净,水也像人一样通灵,人与水完美统一。

以水生和水生嫂为代表的荷花淀人,与清新、宁静的白洋淀的水、荷、苇眉子完美融合,很难将他们一分为二,这是人与自然的完美统一。白洋淀人与白洋淀,水乳交融、互惠互利、物我两和、完美统一,就像一部完美和谐的田园诗。

总之,小说中和谐无处不在,夫妻之间、父子之间、军民之间和谐共存,白洋淀人与白洋淀的水、白洋淀的荷、白洋淀的苇眉子和谐共生,为我们描绘了一幅美不胜收的和谐画卷。

虽有振兴楚国之雄心,却不知忠臣之职分

——楚怀王形象再探析

读《屈原列传》,我们会为屈原的不幸遭际叹惋不已,会为楚国朝中群小的无耻行径悲愤不已,也会为楚怀王的昏庸痛惜不已。虽然屈原"竭忠尽智以事其君",但仍然难敌上官大夫等人的谗言,楚怀王将其疏远、罢黜;再加上"兵挫地削,亡其六郡,身客死于秦,为天下笑"的悲惨结局,楚怀王的名字已经几乎与昏君画了等号。如果不细究文本,楚怀王的形象就流于"昏庸""无能"的肤浅层面。

但事实远非如此。楚怀王执政前期,对内任用屈原为左徒致力改革,对外全力主张合纵抗秦,让楚国实力达到巅峰;他个人曾担任第一次合纵联盟的合纵长,这是他也是楚国臣民的高光时刻。后期,他因"不知忠臣之分",轻信了上官大夫、令尹子兰,才让自己和楚国一步步地陷入泥潭。楚怀王人物形象的分析是教学《屈原列传》必不可少部分,我们有必要作细致地梳理和探究。

纵览全文,全景勾勒怀王形象

若想全面客观地了解一个人物,最忌讳的就是先入为主、以偏概全。为了全景勾勒楚怀王形象,我们基于《屈原列传》一文,可以先把有关楚怀王的记述摘录出来。摘录后不难发现,怀王在本文出现频率非常高,在屈原第一次被罢黜后,有关他的记述甚至远远超过了屈原。按照司马迁的写作角度,我们可以根据其交往对象大致分成三类:对

国内群臣的亲近与疏远,与国外势力的斗争,司马迁的评价。

对国内群臣的亲近与疏远,可以分为"亲贤臣,远小人"与"亲小人,远贤臣"两个部分。一开始,屈原能够"入则与王图议国事,以出号令;出则接遇宾客,应对诸侯",与"王甚任之"是密切相关的;此时怀王与屈原君臣相得,为楚国在内政外交取得成就打下了良好的基础。可惜好景不长。与屈原同在朝列的上官大夫、靳尚、子兰等一群宵小之辈"争宠而心害其能",极力向怀王进谗言,导致屈原迅速远离了楚国权利中心,楚国、怀王和屈原的命运也急转直下。靳尚成了"用事者臣",顷襄王重用子兰,上官大夫依然能够在顷襄王面前"短屈原",这一切皆源于怀王"亲小人,远贤臣"。

与外部势力的斗争主要是齐楚关系和秦楚关系。《史记·楚世家》这样记载:"(楚怀王)十一年,苏秦约从山东六国共攻秦,楚怀王为从长。至函谷关,秦出兵击六国,六国兵皆引而归,齐独后。十二年,齐愍王伐败赵、魏军,秦亦伐败韩,与齐争长。"可见,当时秦、楚、齐三国关系很大程度上影响着战国七雄的走势,志在吞并天下的秦国尚不具备彻底击败齐楚联盟的绝对实力,就根据地域关系拉拢楚国,把楚国作为撕开东进通道的突破口。齐国和楚国作为战国中后期的两个大国,如果能够坚守联盟,秦国很难短时间攻克。但当秦惠王派遣张仪作为间谍引诱怀王的时候,怀王在外交方面的幼稚便一步步被放大:先是"贪而信张仪",断绝了与齐国的联盟关系;张仪出尔反尔的时候,他意气用事,罔顾本国实力一再发动战争,又一败再败;最后成了东方各国共同欺侮的对象。读到这里,我们大都会觉得怀王昏庸糊涂、可怜又可恨。但当被扣押在秦国要求割地的时候,"怀王怒,不听"。这里的"怒",不同于听信上官大夫的谗言疏远屈原的"怒",也不同于被张仪无赖式的欺诈后穷兵黩武的"怒",他在国家利益和个人安危之间选择了前者,保持了一个君主最后的一丝尊严。

司马迁对楚怀王的评价独树一帜。他尽力压制自己的主观情感,以一个旁观者的角度冷静地分析一国之君应该具备的基本素质:"人君无愚、智、贤、不肖,莫不欲求忠以自为,举贤以自佐。"从国君的主观意愿来说,他们都希望出现"圣君治国"的局面,而不是"亡国破家"的局面;但是,再圣明的君主仅凭一己之力也无法完成内政外交的所有工作,那么,得力的左膀右臂便显得尤为重要。君主的左膀右臂是一心为国的股肱之臣,还是投机钻营的势利小人,关乎国家未来和百姓命运,那么君主的用人能力就显得尤为重要。恰恰在这一点上,楚怀王"以不知忠臣之分",终招致"不知人之祸"。

刘邦曾言:"夫运筹策帷帐之中,决胜于千里之外,吾不如子房。镇国家,抚百姓,给馈饷,不绝粮道,吾不如萧何。连百万之军,战必胜,攻必取,吾不如韩信。此三者,皆人杰也,吾能用之,此吾所以取天下也。项羽有一范增而不能用,此其所以为我擒也。"刘邦能够在楚汉之争中胜出,可谓深得其中堂奥。

联系《鸿门宴》,给楚怀王一个该有的名分

楚怀王的名字,对学生来说并不陌生,统编教材中《鸿门宴》一文曾有涉猎。在项庄拔剑起舞直接剑指刘邦的危急时刻,樊哙勇闯宴席、披帷而入,并开始了有理有据的辩白:"怀王与诸将约曰:'先破秦入咸阳者王之'。"这里的"怀王"并不是本文中的楚怀王熊槐,而是他的孙子熊心。《史记·项羽本纪》曾记载:"夫秦灭六国,楚最无罪。自怀王入秦不反,楚人怜之至今,故楚南公曰'楚虽三户,亡秦必楚'也。"所以范增力劝项梁立楚怀王的孙子熊心为"楚怀王",得到人民的拥护而迅速壮大实力。这就说明楚怀王曾经深得楚国人的拥戴,毕竟他在位期间曾经有过楚国的辉煌;而且他客死秦国是楚国之耻,除了急于继位的顷襄王及其党羽外,楚国上下无不愤恨不已。当秦国把遗体送还楚国的时候,"楚人皆怜之,如悲亲戚"。

楚人的这种情感在本文中也有证明:"长子顷襄王立,以其弟子兰为令尹。楚人既咎子兰以劝怀王入秦而不反也。屈平既嫉之……"屈原对怀王的忠心日月可鉴,他当然对子兰劝父入秦极为不满(当时顷襄王在齐国做人质,子兰劝父入秦实则想谋权篡位);楚国百姓也是义愤填膺,把怀王客死他国的奇耻大辱归结在子兰身上。这就从一个侧面印证了怀王在楚国较得民心:他若是周厉王那样使"国人莫敢言,道路以目"的暴君,楚国人恨不得像西周子民那样将其撵出楚国,他的死可能是楚国上下举国欢庆的幸事。事实恰恰相反,楚怀王客死秦国,让楚国百姓怀念不已,证明了他在百姓心中的位置。

查阅史料,还原一个真实的楚怀王

《史记·楚世家》有对楚怀王生平相对详细的记载,从怀王元年(前329年)熊槐即位至顷襄王三年(前296年)客死于秦三十多年的历史,司马迁用了3000多字,几乎是《楚世家》中最详细的部分。他在位三十年,历经了楚国由盛转衰的巨大转折:前期,他继承楚威王的强国之势,重视法治、革除积弊,让楚国军事经济实力均达到巅峰,在诸侯国中树立了较高的威望;后期,他不能妥善处理朝中党争,疏远了屈原、陈轸、召滑等谋士,而听信上官大夫等一众投机钻营的小人的谗言,也就在内政外交中逐步陷于困窘。

从外部环境来说,楚怀王在位期间,西方的秦国正历经秦惠王、秦武王和秦昭王三位君主,他们在秦孝公创立的基业上开拓进取,"南取汉中,西举巴、蜀,东割膏腴之地,北收要害之郡",时而威慑,时而亲近;东方的齐国正处于齐威王、齐宣王和齐愍王的鼎盛时代,不时发动与秦国争霸的战争。楚国作为夹在两国中间的大国,的确在外交政策上容易摇摆不定。这种时候,最需要的是一位意志坚定、坚持己见、眼光长远的国君,而楚怀王恰恰是一个目光短浅、容易冲动、耳朵根软的人,合纵不成,连横未果,结果成了各国争相打击的对象,落得"为天下笑"的结局也就不足为奇了。

纵观楚怀王的一生,有过辉煌,有过屈辱,有过决绝,也有过举棋不定。或许潘啸龙先生的观点较为中肯:"楚怀王虽骄横但不乏振兴楚国之雄心,虽时有利令智昏之举而不失悔过之意,虽昧于群小之弊却也终究维护了楚国之尊严。这是一位处于明、暗之间的国君,而并非是狂暴无道、专事虐杀的独夫。"在这个层面上再去理解屈原的选择,就不会给他定一个"愚忠"的结论了。

《屈原列传》作为中学语文的经典篇目,我们的教学不应满足于文言知识的积累,人物理解也不应停留在肤浅层次,而应抓住一个或多个问题全面查证、深入探究,这样才能助力学生思维全面性、深刻性的提升,真正在文言文教学中落实语文核心素养。

(本文发表于《教学考试》2022 年第 6 期)

它是独特的"这一个"
——作为传记的《屈原列传》的独特性

屈原是司马迁极其崇敬佩服的人,他在屈原的遭际里看到了自己的影子,所以《屈原列传》是司马迁抒发政治幽愤的作品,抒情色彩浓郁,有别于一般的人物传记,是黑格尔所言的独特的"这一个"。

外显与内隐:炽热的主观情感与隐去的客观生平

人物传记的一般写作思路都是以时间为序记述人物生平,在篇末附上品评人物品德行为或功过得失的论赞部分,而人物生平一般要占去传记的绝大多部分篇幅。

而《屈原列传》则有明显的不同。选文共 12 个自然段,可以独立算作屈原生平介绍的只有第 1、11 两段,第 2 段、第 5 段、第 7 段简要地描述屈原的言行,其他多是司马迁的推断、议论和抒情。人物传记里,传主生平并没有占去很大篇幅,立传者的感情却一直在炽烈燃烧和迸发,这是为什么?

　　先秦史料里，没有对屈原的详细记载，司马迁缺少为屈原立传的客观详实的第一手资料，他也只能通过屈原的作品来推断他的生平，这是一个原因，但不是最主要的原因。司马迁在阅览屈原作品时，为屈原身上发散出来的人性光辉所深深感染：为官，他忠君爱民，直言敢谏；为人，他清高自守，嫉恶如仇；为文，他激昂慷慨，开宗立派。这一切，与年轻时便胸怀天下、立志成书的司马迁心有灵犀。更何况，屈原"信而见疑，忠而被谤"，"虽放流，眷顾楚国，系心怀王，不忘欲反，冀幸君之一悟，俗之一改也"。这与因替李陵说了句公道话而遭遇奇耻大辱的司马迁何其的相似；尤其是为完成父亲遗愿并"成一家之言"，在世人的嘲笑中坚强地活着，能与之心灵相通的，恐怕只有"忧愁幽思而作《离骚》"的屈原。

　　屈原把他的对理想的追求和对现实的不满借楚地的方言和"香草美人"的譬喻都写在了《楚辞》里；司马迁则有自己独立的史学观点，在遵循信史的基本创作前提下，把自己的主观倾向都渗透在了《史记》中：项羽没做皇帝，他会把他列在本纪里；三教九流，他都为他们立传。

　　所以，在为屈原立传时，司马迁隐去了很多屈原的生平，通过文本我们大致可以看到他"任——疏——绌——迁——死"的人生轨迹，每一段轨迹里并没有详细的人生细节，只有在怀石投江前，借与渔父的对话再次标明自己高洁的人生追求。而很多的篇幅是司马迁的议论抒情：屈原被疏远后，他借屈原的《离骚》的成因和内容称赞屈原的志向和品行；屈原被放逐后，他又借屈原的不变忠心和兵挫地削的衰颓国运对怀王的不辨忠奸进行批评。

　　议论抒情清晰可见，人物生平多有删隐，这是《屈原列传》构思行文的独特的"这一个"。

对比与烘托：小人的谗佞行为和屈原的光明正大

　　屈原作为传主，并未占用多数篇幅，除了屈原之外，文本还塑造了很多与屈原相对应或相对立的人物形象：相对应的有"不知忠臣之分"的怀王、超脱尘世的渔父以及宋玉、唐勒、景差等楚辞体作家群；相对立的则有巧言善辩的张仪和以上官大夫、令尹子兰、用事者臣靳尚、宠姬郑袖等朝中群小形象。

与屈原相对应的人物，他们不是屈原的政治敌人，他们的塑造是为了烘托屈原的赤诚爱国忠心和直言敢谏的耿直精神。怀王开始时非常信任并重用屈原，"入则与王图议国事，以出号令；出则接遇宾客，应对诸侯"；但争宠的上官大夫一番谗言之后，便"怒而疏平"，把这个最忠心最有才华的臣子由左徒贬至三闾大夫的虚职。不复在位、出使齐国的屈原，对怀王错释张仪心急如焚，一路赶来，呈上忠心；遭人嫉妒、放逐在外的屈原，仍然"冀幸君之一悟，俗之一改"，"存君兴国而欲反覆之，一篇之中三致志焉"。怀王的始终不悟，烘托出屈原的始终清醒。

与渔父的对话可以看作屈原临终前的内心矛盾独白，在出世和入世之间、在与世俯仰和保持高洁之间，如何让后者战胜前者，从而烘托出一个伟岸的诗人形象。以宋玉为代表的楚辞体作家群，"皆祖屈原之从容辞令，终莫敢直谏"，更能烘托屈原敢于犯言直谏的可贵精神。

与屈原相对立的人物，他们是屈原的政治敌人，屈原的蹭蹬人生就是缘于这帮朝中群小。塑造他们，则是为了通过对比，凸显屈原一心为国的无私和正道直行的伟岸。张仪巧舌如簧，不择手段，出尔反尔，站在屈原和楚国的角度，他是人民公敌；上官大夫等朝中群小则一心为己，嫉贤妒能，谗害忠良，是他们一手把屈原和楚国赶入深渊。这些人长袖善舞，翻云覆雨；而屈原坦荡无私，忠心耿耿，为国为民。两相对比，更凸显出后一种品质的高贵和伟大。

通过对应人物的烘托和对立人物的对比来塑造屈原形象，这是《屈原列传》艺术手法的独特的"这一个"。

我运与国运：屈原的命运起伏和楚国的国家兴衰

在面对政敌的攻击时，多数人会选择反击；即使不反击，起码也会为自己辩驳。但屈原没有，他是楚国贵族、王室同姓，高贵的出身让他对政治权谋极为不屑，所以上官大夫、令尹子兰等人的昭昭劣迹让我们恨得牙痒痒，但并没看到屈原的一次哪怕是微弱的回击或辩解。试想，如果屈原卷入和他们的斗争漩涡里，他的形象也会随他们变得矮小，也不会"虽与日月争光可也"。这是第一处详略处理，详细描绘小人的丑态和劣迹，略去屈原的反击，来衬托屈原品格的高贵。

屈原的高贵让他不屑与小人争斗，因为他的政治追求不是争宠后获得荣华富贵，而是整个楚国的兴盛。中国古代的政治是明君政治，屈原也只能把自己的理想完全托付在楚王的身上。楚王贤明，忠良重用，则楚国振兴；楚王昏庸，忠良遭弃，则楚国衰微。其实楚怀王即位之初是大有作为的贤君，他重用屈原，大败魏国，灭掉越国，成为东方五国合纵长，让楚国一度成为当时世界上最强大的国家；可惜后来错信谗佞，不辨忠奸，三为秦欺，客死他乡，为天下笑，楚国也"兵挫地削，亡其六郡"，"数十年竟为秦所灭"。司马迁在处理这些材料时，屈原被重用、楚国的强盛仅仅在开头写了一段，后面的绝大多数篇幅都在写屈原遭谗害、楚国成为万人乱捶的破鼓。屈原的重用与否与楚国的命运紧紧维系在一起：屈原用则楚国兴，屈原弃则楚国衰。详写楚国的衰落，略写它的兴盛，是为了衬托屈原出色的政治才干。

详写小人的得意和屈原的失意，略写屈原的重用和楚国的兴盛，从而凸显屈原之于国家民族的重要性，这是《屈原列传》材料剪辑使用方面独特的"这一个"。

屈原在战国时代特立独行，"举世混浊而我独清"；司马迁在西汉时期忍辱负重，其心"可为智者道，难为俗人言也"。在穿越时空的心灵碰撞中,司马迁在屈原的作品和人生里,找到了知音、产生了共鸣,让这篇《屈原列传》也成了独特的"这一个"。

"平"与"原"迥异,情感亦不同

——从《屈原列传》的一处误读谈起

《屈原列传》的教学过程中,笔者给学生朗读课文。读到第二段结束的时候,学生打断了我的朗读:老师,您把"王怒而疏屈平"读成了"王怒而疏平"。定睛一看,果不其然,"屈平"二字一个不差。但是,我在个人的阅读习惯中,却一直错误地与本句的"王"相对应,把屈平的"屈"字漏掉了。于是,我顺势发问:有"屈"字比没有"屈"字好在哪里?

课堂顿时活跃了起来。

经过激烈的讨论,最后达成了一致:屈原作为楚国贵族,始终把个人选择与楚国命运紧密联系在一起,把一片赤诚交付给楚国君主;有了"屈"字,能够标识出屈原的贵族身份,暗示与楚王室的血脉亲情(课前已补充"楚之同姓"的相关知识,明确了"屈、景、昭"为楚国三大贵族,"三闾大夫"即是掌管三大氏子孙教育事务的特设官职)。楚怀王"怒而疏屈平"是不分亲疏远近的昏庸之举,也印证了下文的"不知忠臣之分",所以有了"兵挫地削,亡其六郡,身客死于秦,为天下笑"的可悲结局。"屈"字的有无,直接影响对屈原的忠诚与才学的敬佩、对怀王的昏庸与短视的痛惜,以及司马迁的愤恨与不平诸多方面情感的表达。

但通读本文又不难发现:在文章的前半部分,也就是屈原被放逐之前,除第一句对屈原的基本介绍和"怀王使屈原造为宪令"一句外,皆称其为"屈平",共十二处之多;放逐之后,无论是与渔父的对话还是全文结束时"太史公曰"的论赞部分,皆称其为"屈原",共有八次。为什么会有这种变化?屈原"名平字原","名以正体,字以表德",司马迁是不是有意为之？带着这个问题深究文本,为《屈原列传》的教学打开了另一扇窗。

"屈平":忠君爱国者与一群朝中宵小的斗争

司马迁使用"屈平"这一称谓,主要集中在教材选文的2～8自然段。这7个段落夹叙夹议,有对屈原被疏远、罢黜、重新启用、最终放逐的人生轨迹的概述,也有对其作品《离骚》的评价,并且与楚怀王的人生起落紧密交织在一起。屈原对振兴楚国、革除积弊有深深的使命感,始终对怀王忠心耿耿。屈原用则楚国兴,屈原疏则楚国衰,这一点在文中多有体现,也已经基本得到史家公认。

细读文章又不难发现,司马迁虽然是在为屈原作传,但在这一部分中,直接描述屈原生平履历的内容很少,司马迁把笔主要落在了对《离骚》的评价、屈原的政敌们的表演,以及对怀王的评价上。这种人物传记的写法,是比较少见的。这是为什么?

首先,在先秦典籍中,无人为屈原作传,司马迁缺少为其作传的第一手资料,这是最直接的原因。作为一位有着史家操守的人,司马迁不能凭空臆断屈原的履历,而是另辟蹊径,通过阅读屈原的作品、亲临投江的地点以及阅读贾谊的《吊屈原赋》来逆推。所以,"屈平之作《离骚》,盖自怨生也",离不开一个"盖"字;"推此志也,虽与日月争光可也",也少不了一个"推"字。虽是逆推,终有客观的作品可作参证,所以作者选用的是尽量隐去主观情感的屈原的称谓——"屈平",而不是"屈原"。

其次,基于史实,与一群朝中宵小的表演形成鲜明对比。屈原生活的年代,是纵横家呼风唤雨的时代。无论是公孙衍、苏秦为代表的合纵派,还是张仪、范雎为代表的连横派,你方唱罢我登场,在当时兴风作浪,很大程度上决定了各国的命运走势。他们没有什么政治操守,"有奶便是娘",这恰恰能与各国的政治投机分子达成天然的默契。所以,楚国人虽然恨透了张仪,但张仪却能在楚国混得风生水起,与靳尚、郑袖、子兰等达成利益联盟,将楚国一步步拖入深渊。秦国的张仪也罢(张仪是魏国人,却为秦国效力),楚国的上官大夫、靳尚、郑袖、子兰也罢,他们皆为了一己之私罔顾国家大义,更衬托出屈原忠君爱国的可贵。即便是直呼屈平之名,也高下立判。

再次,把屈原的遭际放在楚国乃至六国日趋衰亡的大背景下展现,深刻揭示屈原的个人命运与国家乃至六国生死存亡的内在关系,更能塑造出一个大写的人。沧海横流方显英雄本色,屈原心里装着楚国,唯独没有他自己;这个人,勇敢地站在战国汹涌澎湃的时代潮头,不惧任何政治风浪的裹挟,更显得孤高、伟岸。这样的高大形象,无须名字的点缀。

可见,在这一部分中,屈原所面对的是怀王的执迷不悟、宵小们的无耻行径和楚国日益衰落的事实;司马迁或多或少都能找到与之相关的作品或史料,他要塑造的是"虽千万人吾往矣"的忠君爱国形象。为了让表达更冷静、更客观,司马迁在尽力压制自己的主观情感,所以选用了相对客观的"屈平";而且,这个伟大的人物不需要尊称其字,也丝毫不损其光彩。

"屈原":洁身自好者与另一种人生选择的斗争

与渔父的对话在教材选文第 10 段,全是采用的"屈原"称谓。固然此处与《楚辞·渔父》篇大致相同(该篇选用的"屈原"的称谓),但与后文省去的《怀沙》完全照录原文不同,司马迁是在转述《渔父》,并且做了些许的修改和删减。按照前文的行文习惯,他完全可以把"屈原"改为"屈平",但他并未如此,且在后文的论赞部分依然沿用了"屈原"这一称谓。这又是为什么?

要回答这个问题,首先要明确《渔父》所要表达的思想。学生学过苏轼的《赤壁赋》,文中苏轼首先假托了一位"客"来呈现内心的另一个自我,然后借苏子与"客"的对话来表明心迹、记录挣扎、获得救赎,是苏轼从矛盾痛苦到圆融通达的心路历程。

　　《渔父》完全可以用这样的方式理解：屈原"颜色憔悴,形容枯槁",不仅仅是被放逐之后的政治打击所致,他的"行吟",在吟哦怀王和楚国的不幸,在呼告自己的不幸,在鞭挞群小的无耻,也实际上陷入了痛苦的挣扎："举世混浊,何不随其流而扬其波？众人皆醉,何不餔其糟而啜其醨？何故怀瑾握瑜,而自令见放为？"也就是说,屈原完全可以"与世推移",做一个看透世俗纷扰的隐者;甚至若要施展自己的才华,也可以到别国的政治舞台恣意挥洒。但来自心灵深处的声音告诉他："人又谁能以身之察察,受物之汶汶者乎？宁赴常流而葬乎江鱼腹中耳,又安能以皓皓之白,而蒙世俗之温蠖乎？"宁可在孤高中死去,也决不能与世俗为伍,决不能向群小低头,决不能背叛楚国,决不能做有悖自己理想的任何事！所以,"人穷则返本",他来到楚先王始封之地——长沙,遍览山川形势,顿起宗国之情,于是作了《怀沙》之赋。放下了一切包袱,作了一生最有仪式感的告别。

　　与前文不同,这里屈原面对的不是外部世界的冲击,而是内心世界的震荡。在遭遇了接踵而至、连续不断的打击后,屈原内心也曾摇摆、犹豫、彷徨,但那个心灵最深处的声音告诉他,身为楚国贵族,心系楚国命运,这种使命感是生不可改、至死不渝的。当无路可走的时候,宁可高贵地死去,也绝不苟且偷生。这种挣扎不同于与外部世界的斗争,而是内心世界的独白。

　　行文至此,屈原作为一个文化坐标的两种伟大人格都已跃然纸上：忠君爱国与洁身自好。司马迁与屈原有类似的遭际,在屈原的身上看到了自己的影子,产生了深深的共鸣。他也丝毫不再掩饰自己的尊敬之情,借"屈原"这一有感情倾向的称谓,在与同为"楚辞体"作家的对比中,结束了对屈原伟大一生的记述。

　　余论："爽然自失"究竟何解？

　　文章末段的论赞部分共有四句话,可以概括为"读屈原作品——悲其志向""察投江地点——想其为人""读《吊屈原赋》——

怪其选择""读《服鸟赋》——爽然自失"。前两句话不难理解,依然承续了对屈原伟岸人格的抒写。但"怪"字很难理解,是"惊讶""奇怪"还是"责怪""怪罪"?似乎都很难讲得通。其实,这里理解为"嗔怪"最为合理。司马迁知晓屈原的政治才华,无论到了哪个诸侯国的舞台上都能大施拳脚;但他同时深深理解屈原的操守品格,屈原是绝不会背叛楚国来延长自己的政治生命的。这句话看似在责怪屈原没有离开楚国另寻他路,实则是对偌大一个楚国却容不下一个忠诚正直的灵魂扼腕长叹。

这就打通了理解"爽然自失"的路径。有人认为"爽然自失"应为"开场舒朗,消失得无影无踪",意思是屈原、贾谊早已"同死生""轻去就",看透了红尘,彻悟了生死。这种说法是值得商榷的。屈原怀石投江,贾谊英年早逝,二人皆是抑郁而终,没有超脱世俗之意;这种人生观,也与二人的追求格格不入。

其实,从司马迁个人情感的角度,他是希望才华满腹又忠心耿耿的二人能够施展政治抱负,且能长寿的。选择了别国的政治舞台,或者看淡了生死去就的区别,就有很大可能延长政治生命和自然寿命。然而,屈原之所以是屈原,贾谊之所以是贾谊,不正是因为他们坚定的操守和孤高的选择吗?苟且偷生于世,两个人的形象也将不再高大,两个人的名字也将不再不朽。

所以,司马迁陷入了深深的矛盾:从个人情感的角度,他理解屈原、同情贾谊,希望他们抱负得以施展、生命活得长久;从价值取向的角度,这种希望一旦达成,又会有损二人的光辉形象。再联系自己的切身遭遇,司马迁也陷入了痛苦的纠结之中。所以,"爽然自失"就是这种矛盾的隐晦表达,是自身真实的情感取向与正确的价值取向相背离带来的无所适从。

司马迁把自己的真情实感和生命体验融入历史人物的记述之中,才让他的文字穿越千年,依然感人至深。

《燕歌行并序》的选文及注释商榷

统编高中语文教材选择性必修（中册）"古诗词诵读"部分第一首诗歌是高适的《燕歌行并序》。该诗是高适广为传诵的作品，也是唐代边塞诗的代表作。全诗用真实的笔触勾勒出唐代边疆战事的概貌，批判了出征将领的恃宠而骄、轻敌致败，歌颂了战士们全情战斗、视死如归的豪情，也写出了边塞的荒凉孤旷、战士的内心世界，慷慨悲壮、感人至深。

该诗目前较常见的版本有两种，一种选自《高适集校注》（上海古籍出版社 1984 年版），另一种选自《全唐诗》（上海古籍出版社 1986 年影印版）卷二一三，教材选用的是前者。两个版本除去"拟金伐鼓"的"拟"和"玉箸"的"箸"写法有别外，主要有三处不同：序文中"元戎"与"御史大夫张公"的称谓不同，以及"作《燕歌行》以示，适感征戍之事"的断句迥异，"绝域苍茫无所有"与"绝域苍茫更何有"的不同，"李将军"后面的标点不同，以及由此牵涉到究竟是李广还是李牧的问题。从便于学生理解的角度，选用哪一个版本更好，试逐一论述，以求就教于方家。

序文：宜选用更通俗也更有讽喻性的"御史大夫张公"

教材所用版本的序文如下：

开元二十六年，客有从元戎出塞而还者，作《燕歌行》以示，适感征戍之事，因而和焉。

《全唐诗》的序文如下：

开元二十六年，客有从御史大夫张公出塞而还者，作《燕歌行》以示适，感征戍之事，因而和焉。

不难看出，两则序文均介绍了作者写《燕歌行》的时间和缘由，即于"开元二十六年""感征戍之事，因而和焉"。豪爽正直、颇有游侠之气的高适此时漫游于梁宋之间，他早年也曾欲投幽州节度使张守珪幕府,对于朔方战事、将领得失颇有言也颇敢言。于是,当"客"将一首写边塞战事的《燕歌行》呈现给他时,便结合自己的见识和感慨,作了这首流传千古的和诗。

两则序文共有两处不同,一处是"元戎"与"御史大夫张公"的称谓不同,另一处是后半句的断句不同。

"元戎",教材给的注释是"主将。指辅国大将军、右羽林大将军兼御史大夫张守珪"。固然"元戎"有"主将,统帅"之义,但同时也可以指"大型战车"(元戎十乘,以先启行)"大军,众兵"(往悉尔心,统辟元戎)"兵器,弩的一种"(又损益连弩,谓之元戎)等等,意义的丰富性带来了理解的不确定性。如果没有相关背景知识,此处的"元戎"理解为"大军,众兵"也能讲得通;这种误解容易对诗歌含义产生误读。

而采用《全唐诗》版本,直接替换成"御史大夫张公"则有效规避了这一问题。"御史大夫张公"即张守珪,指向性明显,此时他还兼任辅国大将军、右羽林大将军、幽州节度使等,真可谓"天子非常赐颜色"。上文提到高适早年曾欲投幽州节度使张守珪幕府,当时的张守珪足智多谋,胆略过人,击退突厥,累败吐蕃,平定契丹,功勋卓著,为"开元盛世"立下了汗马功劳。所以他的部队浩浩荡荡出兵,"摐金伐鼓下榆关""身当恩遇常轻敌"也是自然之理。

可惜的是张守珪晚节不保:他的部将于开元二十六年与悉人(唐朝东北的游牧民族)作战先胜后败,张守珪却谎报军情,且贿赂前来调查此事的内常侍牛仙童,逼死自己部下,事情败露后被贬为括州刺史。诗歌所写的战事便是此次与悉人的作战经过。此时的张守珪担任御史大夫一职,是当时的最高检察官,本应监察百官,却欺下瞒上、私自行贿,用"御史大夫张公"自然就有了讽喻之义,与诗歌表达的主题恰相一致。而"元戎"是一个中性词,不具备这种感情倾向。

再看后半部分的断句。

两种断句方式,主要区别就是高适的"适"作"示"的宾语还是作"感征戍之事"的主语。"示"字在古汉语中作动词时,主要有"给……看"(璧有瑕,请指示王)"显示"(王不行,示赵弱且怯也)"暗示"(举所佩玉玦以示之者三)等义项。显而易见,按照古汉语的行文习惯,"示"作动词时后面一般都带一个表示人称的宾语;也就是说,"适"作"示"的宾语,后面一句承前省略,所以"作《燕歌行》以示适,感征戍之事,因而和焉"这种断句方式更合理。

较之"无所有","更何有"气脉更加贯注,语义更加流畅

全诗写了出征戍守的全过程,从浩浩荡荡的大军高调出征,到失利被围后的殊死抵抗,再到走进战士们的生活和内心,为他们的不平呐喊,也歌颂他们保家卫国的高尚气节。简单概括,即出师——失利——被围——死斗。

盛唐气象之所以浑厚雄壮、与众不同,很大程度上源于当时文治武功的盛极一时;反映在文人墨客的笔端,他们纷纷想走出书斋、建立边功,"宁为百夫长,胜作一书生"。所以,依托于大唐盛世的自信,很多文人对于边疆战事有着热切的关注和向往,"男儿本自重横行";又兼之张守珪是战功赫赫的唐代名将,"天子非常赐颜色",更增添了出战必胜的信心。可见,此次出征,自上而下,信心满满,志在必得。

但战事的进行并不顺利。"山川萧条极边土,胡骑凭陵杂风雨。战士军前半死生,美人帐下犹歌舞。"来到边塞,满目萧条;敌人进犯,来势汹汹;战士在前线浴血奋战,主将在后方歌舞享乐:直接后果便是"孤城落日斗兵稀""力尽关山未解围"。这种遭际和不公,带给战士们极大的心理落差:战争,并不是想象的那样简单;军功,也并非唾手可得。此时的他们想起了家乡,想起了亲人。"少妇城南欲断肠,征人蓟北空回首",一个"空"字,写尽了有家难回的无奈。

于是，战士们便有了发自内心的真诚呼喊："边庭飘飖那可度，绝域苍茫无所有。""无所有"，即"一无所有"，在绝远之地，一片苍茫，一无所有！这是对残酷战争有力的悲情控告，也是对城南少妇无助的隔空呼喊。"无所有"三字所传达的情感也仅止于此，但《全唐诗》版本作"绝域苍茫更何有"，则意蕴更丰富。

首先，从语势来看，"更何有"承袭上句的"那可度"而来，气脉更加一致。"那可度"是"难以度过"的意思，既可以指当前生活的不易，也可以指家乡的遥不可及。此外，"那"同"哪"，既有感叹的意味，更有反问的语气。"更何有"也可作"如是"解，可以理解为感叹一无所有的境遇，也可以理解为反问"为什么会落到如此境地"，有了控诉和批判的味道。"无所有"则没有反问的语气。

其次，从语义的连贯来看，"无所有"已经对当前的悲苦遭际作结，而"更何有"则有效联结起后面的内容。"绝域苍茫更何有"，除了对家乡的思念，还能有什么？"杀气三时作阵云，寒声一夜传刁斗"，还有白日里连续不断的战斗和牺牲，还有寒夜里凄凉孤寂的巡更与不眠；"死节从来岂顾勋""至今犹忆李将军"，还有为国献身的牺牲精神，还有对关爱战士的良将的祈盼和呼唤！这样，有了"更何有"三字的联结，一名戍边战士的内心世界就变得真实起来，丰满起来。

这样，"更何有"三字就有效地联结起戍边战士的战斗生活和他们的内心世界，让诗歌有了丰富的层次，也更有了人文关怀的温度。

"李将军"究竟何人？

唐人写实事，常托之于汉代，这几乎是唐人写实事诗的惯例，本诗也不例外。开篇"汉家烟尘在东北，汉将辞家破残贼"，"汉家"即唐朝，"汉将"即唐将。"校尉羽书飞瀚海，单于猎火照狼山"，"校尉"作为武官官职，在汉朝时权力达到顶峰，地位甚至不亚于将军，西汉名将霍去病就曾因战功十七岁时被封为剽姚校尉；而到了唐朝，当时的校尉已被定位为武散官低品官号,在六品以下,可见此处依然是借汉代官职代指唐朝将领。"单于"是匈奴首领的专称,汉朝与匈奴的战争几乎贯穿东西两汉;匈奴在魏晋时期渐渐被汉族同化,此处亦是借汉朝匈奴首领托指唐朝的北方奚人首领。

由此不难推断,"李将军"也是借汉朝的优秀将领来代指唐朝良将。教材注释给了两种解释,一是指西汉名将李广,另一说是指战国时期赵国名将李牧。遵照上述习惯,应理解为"飞将军"李广更加合理。

其次,从二人的生平履历来看,虽然二人都关爱战士,抗击匈奴战功赫赫,位列"古今六十四名将"之列,但李牧是"日击数牛飨士",多是犒劳厚待战士。李广则不然。"广廉,得赏赐辄分其麾下,饮食与士共之""广之将兵,乏绝之处,见水,士卒不尽饮,广不近水,士卒不尽食,广不尝食"。李广对战士的关爱,更多的是患难与共、同甘共苦,所以才深得人心,"及死之日,天下知与不知,皆为尽哀",并得到司马迁"桃李不言,下自成蹊"的高度称赞。结合本诗对"美人帐下犹歌舞"的批判,战士们呼唤的是李广那样的与士兵休戚与共、把士兵的生命时刻放在心上的良将。

依照《全唐诗》的标点标注方法,"死节从来岂顾勋"句用问号更能抒发战士们赴汤蹈火在所不辞的悲壮情感;"君不见沙场征战苦,至今犹忆李将军"句亦然,用叹号作结,更能凸显体恤战士的良将之难得,以及战士们对良将的强烈而真诚的呼唤。

(本文发表于《语文月刊》2022 年第 9 期)

话语失当,让婚姻成为悲剧

——《孔雀东南飞》再探析

读《孔雀东南飞》,最扎心的地方就是兰芝被迫再嫁时,匆匆赶来的焦仲卿劈头盖脸的"贺卿得高迁"这句话。一个女子在百般无奈、无人可解的情况下,终于等到了可以倾诉衷肠之人,不曾想他却不问情由、不分青红皂白,无情地往伤口上撒了一大把盐,催化了二人殉情的悲剧。也许如果没有焦仲卿的话语失当,故事就会朝着另一个方向发展了。

重读本诗,我们发现,不仅焦仲卿,包括刘兰芝、焦母、刘母、刘兄等人,皆有话语失当。这些话语犹如一把把锋利的剑,把维系焦仲卿、刘兰芝婚姻幸福的情丝,一根根地无情斩断。

焦仲卿:进与退的失当

在诗歌中,焦仲卿的语言描写着墨很多。与他的忠于感情、勤于工作、孝敬恭谨相比,生活中的他显得戆直愚拙。自然,他的语言也缺少艺术性和灵活性,总是在不合时宜地激化矛盾,没能做到进退有度。

诗歌的开头从刘兰芝的倾诉埋怨写起,她的"苦悲",无非就是表达对见少离多的不满和媳妇难做的牢骚。这种抱怨放在现代社会依然很常见,也可以理解成一个独守空房、日夜劳作的女性的正常诉求。面对此种境况,作为一个丈夫主要应该是倾听和安抚。通情达理的刘兰芝不会无理取闹,矛盾可能就此化解。也就是说,焦仲卿的语言策略,应该以退为主。

可是,愚拙的他居然立即跑到多事的母亲面前,先是秀了一番恩爱,"结发同枕席,黄泉共为友";然后开始质问,"女行无偏斜,何意致不厚?"遭到母亲的拒绝后,又发下誓言:"今若遣此妇,终老不复取!"结果,被槌床大怒的母亲大喝一声,训斥一顿,灰头土脸地狼狈而归。回房后,他乖乖地顺从了母亲的意志,"府吏默无声""哽咽不能语",把刘兰芝遭遣的消息告诉了她。

作为强势母亲一手带大的儿子,他应该知道针锋相对,自己不是老人家的对手;那么,此时,已经在刘兰芝处没做好安抚,就应该在母亲处策略一些,迂回一些,这样才有利于矛盾的化解。而戆直的焦仲卿,不知问题的根源在于自己母亲的不满和刁难,在风口浪尖上跑去对质,这番对质无异于火上浇油,让兰芝遭遣成为不可避免的结局。

在告诉兰芝遭遣的消息和告别兰芝的时候,他一直在强调"吾今且赴府"。殊不知兰芝的不满就源于他长期的不在家;妻子落得如此下场之后,他还在强调自己对工作的"守节不移",给原本尴尬的夫妻关系又浇上一盆冷水。尤其是兰芝被迫答应婚事之后,匆匆赶来的焦仲卿应该问清情由,而不是直接咣当一句寒透人心的"贺卿得高迁",他们婚姻虽然不算很长,但他应该有对刘兰芝最基本的信任以及对这段感情的自信。

焦仲卿的语言策略总是缺少进退有度的艺术性,因此原本并非不可调和的矛盾,在他失当的言语激化下,一步步地走向了不可调和。

刘兰芝:多与少的失当

作为诗歌的女主人公,刘兰芝是浓墨重彩刻画的形象,她的语言描写占了诗歌的很大比重。在诗歌的叙事和刘兰芝的话语描写中,我们可以对这一形象做一个比较完整的解读:秀外慧中、知书识礼、勤苦能干、用情专一、自尊自爱,等等。站在我们现代人的立场来看,她的遭遇是对美的毁灭。

从兰芝的语言描写来看,她是一个专情的人,一个真情的人,一个长情的人。在诗歌的开头部分,她毫不遮掩地向丈夫倾诉自己的苦悲;在作别小姑时,她涕泪纵横地追忆往事、殷切嘱托;在告别焦仲卿时,她以磐石蒲苇为喻,许下了铮铮誓言。

从这些描写来看,刘兰芝虽不是一个伶牙俐齿之人,但也绝不讷于言辞、拙于言语。这一点在告别婆婆时表现得最为明显:"昔作女儿时,生小出野里,本自无教训,兼愧贵家子。受母钱帛多,不堪母驱使。今日还家去,念母劳家里。""昔作女儿时,生小出野里"与"十五弹箜箧,十六诵诗书"明显龃龉;"今日还家去,念母劳家里"与"君家妇难为"的抱怨相左。这些话看似在礼节性地告别,实则是有声的宣战,字字含锋,句句带刺,让早已"怒不止"的焦母怒不可遏。

离开焦家前,兰芝一直在用比较丰富的语言流露着真性情。但是遣遣返家后,原本并不讷于言辞的她却变得少言寡语起来。面对惊讶不已的母亲,兰芝却只惭愧地说了五个字:"儿实无罪过。"按常理来讲,一个优秀的女子无缘无故遭遣返家,她最可信赖、最可倾诉的人当然是她的母亲。虽然"进退无颜仪",但在亲生母亲面前,她可以尽情倾诉自己的不幸,尽情抛洒自己的哀怨;但她只用五个字一带而过,让母亲很难理解她的心境,也很难坚定地支持她的决定,所以面对县令遣来的媒人,她还站在兰芝的立场说:"不堪吏人妇,岂合令郎君?"后来面对太守派来的媒人,却略有微词地说:"女子先有誓,老姥岂敢言!"

缺少了母亲的坚定支持,兰芝也就基本失去了主动选择的权利,所以就有了刘兄的"怅然心中烦",加速了悲剧的上演。

作别焦母时,她原本可以沉默,因为无声才是最高的蔑视;面对亲人时,她原本可以尽情倾诉,获得的支持越多,悲剧的可能性才会越小。可见,刘兰芝的悲剧结局,与她个人话语多与少的失当也有莫大的关系。

焦母:自私与理解的失当

很多时候提起焦仲卿的母亲,我们都恨得咬牙切齿。的确,无论站在怎样的立场,好像都不应该对刘兰芝这样接近完美的儿媳总是心怀不满。抛开"门阀说""无后说""恋子说"等难以形成定论的说法,我们站在焦母对焦仲卿的关爱角度,或许能打开走近这个人物的另一扇门。

作为一名母亲,恐怕没人不疼爱自己的孩子。焦母当然也不例外。不仅如此,焦母不仅一手把焦仲卿拉扯成人,还为他谋得了一份体面的"仕宦于台阁"的工作。在依靠察举制选拔人才的年代，能为儿子谋得一官半职，肯定受了不少周折。她自然也对焦仲卿寄予了比较高的期望，希望他在事业上飞黄腾达。但儿子却认为自己"薄禄相"，让她开始觉得刘兰芝可能是儿子青云直上的绊脚石。所以，她心中可能早已暗暗打算，找一个"旺夫"的来替代刘兰芝。于是"东家贤女"秦罗敷便被摆上台面，因为她"可怜体无比""窈窕艳城郭"。在刘兰芝遭遣期间，焦母应该一直在忙于这件事情，开始时是"阿母为汝求"，后来则"便复在旦夕"。

焦母对刘兰芝，除了"吾意久怀忿"之外，还有"吾已失恩义"，意即已经完全没有了恩情。我们可以推测，焦母曾对刘兰芝是有恩情的，或者说，焦母在焦刘两家的交往上，是占有财力和心理优势的。两家的交往一开始就不对等，这才给了她敢于"便可速遣之"的底气。这一点从刘兰芝的语言里可以印证："谓言无罪过，供养卒大恩。"她的辛勤劳作不仅是为了家庭，也是为了自己：不犯错，报大恩。当把这个处于家庭弱势的儿媳和自己儿子的前程联系起来的时候，自然看她哪里都不顺眼。

站在焦母的角度，焦母所为皆是为了儿子的前程、为了焦家的未来，好像她的出发点并没有什么错。但是，她的做法从没有考虑过儿子的真实需要，更没有考虑过儿媳的切身感受。也就是说，她非常自私。儿子仕途蹭蹬，需要的是家庭的温馨，而不是分崩离析；儿媳独守空房，需要的是老人的呵护、理解，而不是处处为难。而焦母从没有站在别人的角度思考问题，完全按照个人意志把持一切。以至于焦仲卿已经下定殉情的决心后，她还自私又不合时宜地说"慎勿为妇死，贵贱情何薄"这类的话。

这个自私的母亲，一直想让儿子活在自己设定的轨迹里，自始至终她也没理解儿子，更谈不上理解别人。

刘母刘兄：软与硬的失当

整首长诗里面，让人能感到温暖的就是兰芝母亲对女儿的顺从和疼爱。女儿不幸遭遣后，作为母亲，她非常悲痛，所以面对县令的媒人，在已知女儿和焦仲卿有约的前提下，她有礼有节地拒绝了对方的美意。"贫贱有此女，始适还家门。不堪吏人妇，岂合令郎君？幸可广问讯，不得便相许。"说辞非常谦虚，非常委婉，但又比较坚决。此时，她站在女儿这边，用比较坚定的拒绝给了女儿最柔软的关怀。

但后来面对太守的媒人，她则有些无奈的微词："女子先有誓，老姥岂敢言！"甚至在兰芝答应婚事之后，还催促"莫令事不举"。软弱的刘母在现实面前动摇了，她始终不会像焦母那样，是强势的长者。

长期以来，刘兄一直被定义为一个暴躁、世俗、不近人情的冷酷之人，即便是面对自己遭遣返家的亲妹妹，他仍然本性不改。面对太守的求亲，刘兄站在一个哥哥的立场，也站在世俗的立场，对兰芝的选择进行了批评："先嫁得府吏，后嫁得郎君，否泰如天地，足以荣汝身。不嫁义郎体，其往欲何云？"表面看来，他逼迫妹妹改嫁，的确有些蛮横世故。但仔细想想，兰芝如果不改嫁，将会面对怎样的命运呢？

如果顺从刘兰芝和焦仲卿的约定，焦仲卿能不能说服母亲允许他把兰芝接回去尚且不论，即便是接了回去，焦母会有大的改变吗？何况她一直念念不忘的是秦罗敷。从焦仲卿在母亲面前毕恭毕敬的表现以及对工作的"守节情不移"来看，他比较软弱，比较中规中矩，很难做出私奔的惊人举动。

如果返回焦家，就等于把妹妹再推回火坑，做哥哥的不会这样去做；作为封建礼教习俗的自觉维护者，他也绝不可能允许二人再私定终身。那么焦、刘二人已经基本没有在一起的可能了。刘兰芝唯一可能的出路，就是再嫁，更何况，"先嫁得府吏，后嫁得郎君，否泰如天地，足以荣汝身"。只不过，刘兰芝哥哥对妹妹的关爱，爱的比较急躁，这是他本人的性格缺陷。如果他的表达不是如此的刚硬，而是再柔软一些，故事的结局也可能会有不同。

走近每一个人物，我们发现他们皆有言语失当之处，让这个本该美满幸福的婚姻一步步地走向了悲剧的结局。

事看似很"小"，情实则很"大"
——从另一个角度解读《陈情表》

《陈情表》又名《陈情事表》，作为西晋名篇，历来是中学语文教材的必选篇目。"读李令伯《陈情表》而不堕泪者，其人必不孝。"作者李密通过对自己与祖母刘氏相依为命的拳拳亲情的陈述，以求达到"乌鸟私情，愿乞终养"的直接目的，并暂时远离西晋刚刚建国并不稳定的政治漩涡。

李密在行文时，为了感动晋武帝司马炎，投其所好，抓住一个"孝"字大做文章，也就是从亲情的角度入手。写亲情，自然最宜从"小"处落笔；这看似很细微的"小"琐事，往往饱含着深厚的"大"感情。我们不妨从"小"和"大"两个角度入手，去探析文章"曲致至深"的情感。

年龄很"小"，祸患很"大"

李密开篇便用了四个语义很重的词语来描述自己的不幸："险""衅""闵""凶"。这四个词语的意思分别是："坎坷""祸患""忧患""凶丧"，一下子就把读者当然包含晋武帝带到一个令人哀伤、让人怜悯的情境中。"生孩六月，慈父见背；行年四岁，舅夺母志……臣少多疾病，九岁不行，零丁孤苦，至于成立。"六个月大的时候，便成了孤儿；四岁的时候，母亲又被迫改嫁；从小便疾病缠身，九岁还不会走路；孤苦伶仃，一直到长大成人。又孤又弱，一个孩童实在难堪其重。

一个人的一生,大都从幸福的童年开始:父亲严格要求,母亲无微不至,兄弟姐妹一起玩耍,亲朋好友呵护关怀,身心健康,快乐成长。而李密却没有获得其中的任何幸福,哪怕只有一个:早逝的父亲,改嫁的母亲,无情的舅父,多病的身体。越是缺失,则越是渴望。所以,李密在写父亲时,没有把他塑造成自古以来的严父形象,而是用"慈父"一语概括;舅父逼迫母亲改嫁,并没有把这个四岁的孩子一块带走,而是把他留在了家中;从小到大,都没有一起成长的兄弟姊妹,一个人孤孤单单,拖着多病的身体,在祖母刘氏的抚养下长大。而刘氏在作者出生时就已 52 岁,且也是多病之躯。更何况作者还生活在时局动荡、战火频仍的三国时期。

这一切不幸,像一个个巨大的陨石,都砸在了这个年幼的孩子身上。

门族很"小",责任很"大"

在宗法观念强烈的封建社会,人丁兴旺、家大业大一直是一个家族兴旺的重要标准。家族兴旺才能形成一棵大树,让跟自己有血缘关系的亲族都得以受到荫庇。而李密少内亲又缺外戚:"既无伯叔,终鲜兄弟,门衰祚薄,晚有儿息。外无期功强近之亲,内无应门五尺之僮,茕茕孑立,形影相吊。"父辈缺少兄弟,李密也缺少兄弟;而他却又很晚才有儿子:振兴家族的重担,他没能很好地完成。又缺少哪怕是勉强算是亲近的亲戚,也没有照应门户的童仆:显耀亲族的重担,他也没能挑起。

本来,李密是有期功至亲的,那就是他外祖母家的亲人。但无情的舅父逼迫母亲改嫁,并放弃了这个四岁的孩子,那么两家的关系应该基本断绝了来往。一个幼年丧父、童年失母的孩童,家族男丁稀少,亲族少有往来,他的家庭在社会上自然不会得到尊敬和认可,甚至会遭到比常人更多的冷眼和嘲讽。那么,祖母刘氏振兴家族、显耀亲族的欲望自然更加强烈。这一重担就落在了李密的身上。而唯一的出路,就是考取功名。

所以,李密定会学而优则仕。作者在下文作过交代:"且臣少仕伪朝,历职郎署,本图宦达,不矜名节。"因为这个小门族的大责任都压在李密的肩上。

抚养事"小",恩情很"大"

李密自幼便承受如此多的不幸,让他的家中至亲——祖母刘氏倍加怜爱:"祖母刘愍臣孤弱,躬亲抚养。"李密的祖父李光曾任朱提太守,所以在他的叮嘱下,刘氏自然会重视对李密的文化教育。这为李密后来学术有成打下了功底,也给他幼小的心灵种下了一颗感恩的种子。可惜的是,在李密初谙世事时他的祖父也撒手人寰;祖母刘氏也疾病缠身,需要人照顾。

祖母抚养孙子,在一个社会看来,是一件微不足道的家庭小事;但之于李密不同,因为他承受了太多常人没承受过的不幸,肩负着别人无须担负的重责。

这时候,感恩的种子开始在李密心里生根发芽,自幼的文化熏陶渐染就像阳光雨露,呵护着这颗种子长大。所以,"刘氏有疾,则涕泣侧息,未尝解衣,饮膳汤药必先尝后进",李密长成了闻名遐迩的大孝子;对于知识,他也没有丝毫的懈怠,还有"牛角挂书"的美谈。这样,我们更容易理解李密所言的"母、孙二人,更相为命,是以区区不能废远"的深刻含义了。

身份很"小",皇恩很"大"

晋武帝司马炎登基后,为安抚天下,笼络民心,打出了"以孝治天下"的大旗,并对前朝旧臣大加重用。李密为人内敛,满腹经纶,早年就凭孝敬祖母名闻天下,又在蜀汉"历职郎署",自然是司马炎的重要启用人选。

所以,在西晋政权建立后,对于李密"诏书特下,拜臣郎中,寻蒙国恩,除臣洗马"。对于朝廷的重用,李密曾拒绝过一次,并且给司马氏政权上表："猥以微贱，当侍东宫，非臣陨首所能上报。臣具以表闻，辞不就职。"由本文可见，他仅仅抓住了身份低微和朝廷重用之间的对比，一再对朝廷感恩戴德，很明显没有让司马氏政权满意："诏书切峻，责臣逋慢。"

《陈情表》应该是李密在进退两难的境遇里的第二次上表。这一次，他不仅抓住了自己身份低微这一要点，还把自己少失怙恃、孤苦伶仃的早年遭遇，曾是前朝旧臣、今为亡国贱俘的现状，以及对朝廷忠心耿耿、没有二心的一片赤诚，一股脑地和盘托出。更重要的是，李密这个特殊的小家庭，特别需要他这位大孝子；而晋朝的治国口号，恰恰是"以孝治天下"。那么，成全这样一个小家庭，更能彰显国君的大胸怀。晋武帝看完"表"后，大加赞赏："士之有名，不虚然哉！"为了旌表他的孝行，还特地"赐奴婢二人，使郡县供其祖母奉膳"。

王勃曾云："无小而不大。"李密的《陈情表》就是这样，从"小"细节入笔，达到"大"目的；由"小"情怀入手，实现"大"意义。

时间词，《项脊轩志》里岁月和深情的积淀

归有光是明代"唐宋派"的代表作家，被时人称为"今之欧阳修"，被后人推为"明文第一"。《项脊轩志》是他的代表作，通过一间书屋的沧桑变化，承载着对三代人的追忆和深情。这篇文章从家庭琐事入手，文字明白如话又耐人寻味，事小情真，言短意长，一直以来，是很多学生和老师的最爱。

经典作品经得起时间的淘洗，历久弥新，真正的感情亦是如此。所以归有光在表达自己真情实感的时候，让文笔和思绪在时间的隧道里穿梭来去，运用了非常多的时间词。我们不妨从作者运用的时间词这个角度入手，去一扇一扇地推开作者情感的大门。

看得见的时光:修葺一新"多可喜"

与韩愈自称"郡望昌黎"并以"昌黎"为号类似,归有光因其远祖曾在太仓县的项脊泾居住,加之"项"和"脊"对支撑人体十分重要,与作者振兴家族、充当家族顶梁柱的志向相通,故把这个"南阁子"以此命名。

作者十分珍爱这所房子。当它破旧漏雨时,作者作为一介书生,也肯亲自动手,"稍为修葺"。

修葺前的项脊轩,作者用了"旧""百年""每""过午"等四个时间词语来描述,分别写出了它的陈旧、残破、局促和昏暗。"旧",既可以指南阁子的陈旧,也可以指项脊轩的前身。"百年老屋",特别有历史感:一座有百年历史的老房子,每当下雨的时候,就有泥巴顺着雨水向下流淌,就像一位浑身皱褶的百岁老人,全身都是岁月的痕迹。"每移案,顾视无可置者。"可以想象,因为它的逼仄和局促,让作者总有重新收拾布局的冲动;但每次收拾,向整间屋子的四周望去,都发现只有当前的位置才容得下这书桌:真是恼人又笑人。"日过午已昏",中午刚过,正是一天中阳光最好的时候,这间屋子却因北向不得日光而变得昏暗。一间象征着家族荣耀的书屋如此昏暗,也在暗中激励着在里面读书的人要冲出昏暗,给家族带来光明和希望。

修葺后的项脊轩,作者又运用了"旧时""时""三五之夜"等三个时间词来展现作者亲手劳作的成果。"又杂植兰桂竹木于庭,旧时栏楯,亦遂增胜",作者不会仅仅满足于屋子变得结实和明亮,而是更有读书人的意趣,种植的全是有君子之风和士人之节的植物,给整个屋子甚至院子都带来了雅趣。所以,作者不无得意地拿"旧时栏楯"与现在的优美胜景两相对比,突出自己亲手劳作后获得的满足。"而庭阶寂寂,小鸟时来啄食,人至不去。""时"是"经常"的意思,小鸟经常来吃东西,即便人来了也不再害怕,表明已经对这里很熟悉，这里的人也很有爱，用一"时"字，增添了生机。"三五之夜，明月半墙"，作者特地选取每月十五的晚上，因为这是每月月亮最圆的一天，明亮的月光与桂树的影子相得益彰，既与前文的"日过午已昏"对比明显，也凸显夜晚妙趣横生，美丽可爱。

经过自己的亲手劳作，作者感觉特别满足、惬意，可以在这里"偃仰啸歌，冥然兀坐"，尽情地放飞自己的心情。作者让项脊轩的外观得以改变，自己的爱好也在项脊轩里得以施展，眼前可见，心中可感，是一段看得见、摸得着的快乐时光。

留不住的过去：家道中落"多可悲"

项脊轩不仅见证了作者的欢乐，更见证了家族的衰落和人事的变迁。

"多可悲"部分主要写了"诸父异爨""老妪怀母""大母探望"三件事情，饱含着家道中落的痛心、亲人离去的无奈。为了表达这种纷繁复杂又难以言表的情感，作者在每一个故事里运用了多个最能体现这种感情的时间词。

"先是庭中通南北为一。""先是"是"在此以前"的意思，在这以前庭院相通，一大家人其乐融融；现在分崩离析，各走各的路，各过各的生活，两相对比，让作者倍加怀念从前的热闹和团结。还有"东犬西吠，客逾庖而宴"，原来在一起聚餐的亲戚，因为分家的缘故，见了面都不能在一起，甚至狗都变得不懂人事，更增加了人情不再的尴尬。"庭中始为篱，已为墙，凡再变矣"中"已"用得极妙：本来一大家人在一起吃饭非常热闹，到了后来家道中落，矛盾渐生，从分家到建起篱笆，再到建起高墙，人与人之间的隔膜越来越深，甚至到了老死不相往来的程度。

"老妪怀母"部分，"妪每谓余曰：'某所，而母立于兹。'"这个"每"是"常常"的意思，老妪经常提起作者的母亲，她对作者的母亲一直念念不忘,说明作者的母亲生前对她很好,也印证了"先妣抚之甚厚"这句话。"语未毕,余泣,妪亦泣。"话还没说完,作者和老妪就都哭了,说明他们对母亲怀念之深、追忆之切,也侧面印证了母亲的慈爱。对母亲的深情,作者在《先妣事略》里多有提及,作者的母亲是大家闺秀,勤劳又善良,而且他的眼睛和鼻子长得特别像他的母亲,可惜作者八岁时母亲就去世了,让作者和他家里的人都格外感念。

"大母探望"部分,"久"字出现了两次:一处是"吾儿,久不见若影",一处是"吾家读书久不效"。前一个"久"说明作者刻苦用功之久,后一个"久"说明家道中落衰败之久。两处又相互关联,正是因为家道中落,所以作者作为家中长子才倍加努力,刻苦攻读,以求重振家族声望。大母发现作者刻苦攻读的时候,就自言自语说"我"家科举考试多年没有成就,对作者充满了期望;其实她内心非常高兴,所以,"顷之",也就是不一会的功夫,就把象征着家族荣耀的象笏拿来交给他,表现了对作者的殷切期待。

家族的期望和自身的自觉,让作者更加坚定了要科考成功、重振家族声望的志向。这一志向在文章删去的论赞部分表现得最为明显:

项脊生曰:"蜀清守丹穴,利甲天下,其后秦皇帝筑女怀清台;刘玄德与曹操争天下,诸葛孔明起陇中。方二人之昧昧于一隅也,世何足以知之? 余区区处败屋中,方扬眉瞬目,谓有奇景。人知之者,其谓与坎井之蛙何异?"

字里行间充满了一个十八岁青年的自信。

可惜,舞弊之风盛行的明朝科举很难容下一个正直又清高的真学士。他从二十岁开始参加乡试,三十五岁才被慧眼识珠的张治拔为举人,然后"八上公车而不遇",三年一考,考了二十四年,在第九次参加会试时终于中了个三甲进士,这时他年已六十。而他寿命只有六十六岁。

《项脊轩志》是作者十八岁时所作,那时他深感家道中落、人事变迁,立志要靠自己的肩膀扛起家族的重任,这种精神多么可敬;再看他的志向在现实中受到的打击,我们又不禁为归有光的遭际感到可悲。

挥不去的流年:枇杷如盖"多可忆"

本文的补记部分,仍然运用了很多时间词,但与前面的有所不同,这一部分的时间词都比较精确,不像前面的时间词那样模糊,比如"后五年""其后六年""其后二年",等等。

这部分写的是自己的发妻,用词精确表明作者特别珍爱和妻子曾经的生活,一切都记忆犹新、历历在目,如数家珍;除了珍爱之外,还有深深的缅怀:作者与妻子的每一件事都能准确地记着,现在二人阴阳两隔,不得相见,更给这份缅怀增添了悲情色彩。

此外,还有一些不够精确但表示频率很多的时间词,比如"时至轩中,从余问古事,或凭几学书"中的"时"和"或"。古代女子无才便是德,而作者的妻子却经常到他的书斋来问历史典故、学习写字,更说明二人情投意合,心有灵犀,心心相印。

文章的结尾更是历来为人称道:"庭有枇杷树,吾妻死之年所手植也,今已亭亭如盖矣。"

首先是准确的时间词的运用。妻子去世的那一年,家里种植了一棵枇杷树,几年过去了,这棵树如今已经枝繁叶茂、状如车盖,物在人非,睹物更加思人;又放在了文章结尾处,余韵悠长,令人回味。

其次是"枇杷树"的选取。枇杷,容易让人想到"琵琶",而琵琶是一种乐器,有"琴瑟和鸣"之感,表明夫妻之间非常恩爱;而且琵琶是一种表达悲凉哀伤之情的乐器,与病重的妻子、家庭的哀伤氛围比较协调;另外,枇杷与大部分果树不同,在秋天或初冬开花,果子在春天至初夏成熟,比其他水果都早,因此被称为"果木中独备四时之气者"。在妻子去世那一年种上枇杷树,表明夫妻之情四季不断,作者的怀念之情也绵绵不绝。

另外,作者在叙述枇杷树的种植者的时候,故意隐去了种树人,给人极大的想象空间:是作者,是妻子,还是二人共同种植? 如果是作者,则是一种寄托,把对病重的妻子的关怀和将来的思念都植进这棵树,让它伴着岁月的延展越来越浓郁持久;如果是妻子,则是留下一个念想,看到树就像看到了自己,甚至自己可以化身为树,继续见证这里的一切;如果是二人一块种植,则是伤心的作者给病重的妻子一个关怀,病重的妻子给伤心的作者一个安慰,虽人已离开,但他们的情感就像这棵枇杷树,亭亭如盖,绵绵不绝。

时间最无情,让一切拥有最终变作失去;时间也最有爱,让作者的片片深情穿过岁月,落到每一个人的心里。

(本文发表于《语文建设》2018 年第 3 期)

不可忽视的"乡人"和"问者"

——《种树郭橐驼传》文本再探究

《种树郭橐驼传》是柳宗元别具一格的作品。作者既塑造了郭橐驼这样一位技高智深的传主形象,又通过种树之术得出为官之理,以小见大,由浅入深。我们在解读文本时,大都从传主郭橐驼出发,看其形,赏其技,悟其理,而忽略了其"乡人"和"问者"对文章的助推作用。在文章的推进过程中,这两者是不可或缺的重要组成部分,没有了他们的比对和发问,郭橐驼的形象将会黯淡许多,文章的深义也会肤浅许多。

乡人号之：比对出一个乐观豁达的乐者郭橐驼

文章第一段，主要围绕着郭橐驼的"形"和"名"展开。郭橐驼因形得名，因形易名。"郭橐驼，不知始何名。"这句话隐含着三重信息：郭橐驼原来有别的名字；原来的名字已经无人知晓、无人记得；他生活在社会的底层，是卑微如尘土的存在。这样一个平凡卑微的小人物，却还有身体的重大缺陷——驼背。他的同乡并未因此而同情他，反而拿他的这一重大身体缺陷开玩笑，特意起了一个没有丝毫雅趣的外号——驼。常言说当着矮子不说短话，拿人的生理缺陷开玩笑是不礼貌的，也是非常无趣的，缺少对别人最基本的尊重，也缺少对自己的尊重。而郭的同乡却给他贴上了一个永远撕不去的标签，以至于由于这个不雅的外号叫得太响，所有人已经记不起他的本名。

一般来说，作为一个有生理缺陷的人，是非常忌讳别人提起这些的；平时生活中，也都会或多或少地对自己的缺陷进行遮掩。但是郭听到这件事后却有不同寻常的反应。驼闻之，曰："甚善。名我固当。"因舍其名，亦自谓"橐驼"云。这几句话又包含着很多信息。首先是郭对别人拿他生理缺陷起外号这件事的评判"甚善"。这一反应出人意表，一个大度豁达的驼背人形象跃然纸上。其次是他对"驼"这个外号的评判"名我固当"。一个"固"字，更写出了他的乐观豁达。因此，他主动舍弃了自己的本名，应和着众乡人送他的外号。不仅如此，他没沿用"郭驼"这一名字，而是称呼自己"郭橐驼"，主动在名字里加上了一个"橐"字，让整个名字变得更加活泼俏皮起来，郭的形象也更显得开朗乐观。

这样，在乡人并不友好的行为的比对之下，一个虽卑微平凡却达观顺性的乐者形象就呼之欲出了：大家喜欢称呼我"驼"，那我干脆就叫"橐驼"。顺了大家的意，也符合我本人的形象特征。

他植者效之：衬托出一个技高业精的智者郭橐驼

像郭橐驼这样的人，往往都是俗世奇人，有着非同寻常的高超技艺。郭橐驼就有别人难以企及的拿手绝活——种树。"驼业种树，凡长安豪富人为观游及卖果者，皆争迎取养。"首善之区长安城里的豪富人家，无论是经营园林游览还是做水果生意的，都争相迎取供养他，把他当成种树行业的圣手。一个"争"字，写出了郭橐驼的受欢迎程度，更写出了豪富人家争先恐后的样子。因为郭橐驼无论栽种还是移植全都成活，无一例外；他种的树全都长得高大茂盛，果实结得又早又多。

除了豪富人家把他奉若神明，他的同行当然也对他羡慕不已。作者在描摹"他植者"的时候，连用了两个具有贬义色彩的字"窥伺"。他们学艺，不是正大光明地拜师，而是暗中观察，偷偷效仿。不知是他们担心郭橐驼"鸳鸯绣了从教看，莫把金针度与人"，还是担心自己"头重脚轻根底浅，嘴尖皮厚腹中空"。上文已说到，郭橐驼是达观豁达的乐者，他当然不会"不把金针度与人"，可见"他植者"并不真正了解郭橐驼，他们的胸怀决定了他们的技艺。

在"他植者"的衬托之下，郭橐驼的种树技艺显得更精湛，胸怀显得更宽广。

写到这里，郭橐驼的形象已经很饱满：乐观豁达，技艺高超。也就是说，如果文章只有两段，写到"他植者虽窥伺效慕，莫能如也"就结束全文，丝毫不会影响文章作为一篇短小精悍的人物传记的完整性。但柳宗元意不止在此，他还要让郭橐驼这一俗世奇人告诉我们更多。

所以，作者宕开一笔，让郭橐驼对自己的技艺进行技术总结。他的技术总结可用四个字概括——顺天致性。这个"天"，就是天性、本性的意思，顺应天性，不能简单地理解成顺其自然。顺其自然是无为而治,顺应天性则要因时而宜:栽种时要像抚养孩子那样小心谨慎,栽种后方可顺其自然。就像人生第一课上得好,也就会沿着一个正确的人生轨道前行。而"他植者"则出现了两个极端,要么用心不够,要么太恩太勤,结果都是背离了树自身的成长规律。

读到这里,相信所有人都会自然地联想到孩子的教育问题。郭橐驼的种树原理,告诉了我们大量的教育哲理:上好人生第一课、扣好人生第一粒扣子;不可撒手不管,也不可太过溺爱;不能急于求成,拔苗助长……育人和种树一样,充满了艺术性和辩证性。

这样,通过对"他植者"的回答和比较,郭橐驼就不再仅仅是一名技艺精湛的种树者,而是深谙人生、深谙教育的智者。文章本身也不再仅仅是一个俗世奇人的传记,而是具有了比喻性、讽刺性和教育性,具备了寓言的要素。

问者问之:追问出一个爱民恤民的仁者郭橐驼

假如文章在第三段戛然而止,仍然不会影响故事的完整性,郭橐驼作为一名乐者、智者的形象也已经很丰满,但柳宗元意犹未尽,于是又有了后面的"问者曰",把文章再一次推向纵深。

这个"问者",可能是上文的问种树技艺的人,也可能是民间采风的官员,也可能是柳宗元自己,还可能是因文脉的需要柳宗元假托的一个人。但就像《赤壁赋》中没有那位"客"就很难展现苏轼内心的矛盾和挣扎一样,没有了这个"问者",《种树郭橐驼传》文脉已尽,很难再生发出更大的意义、更深的哲理。

问者曰:"以子之道,移之官理,可乎?""问者"非常机智,他仿佛在郭橐驼详尽细致的技术总结中联想到了为官之理。郭橐驼简单地谦逊一番之后,毫不客气、直言不讳地指出了"长人者"的过失:"好烦其令,若甚怜焉,而卒以祸"。作为地方父母官,他们的初衷可能都是好的,就像司马迁所言:"人君无愚、智、贤、不肖,莫不欲求忠以自为,举贤以自佐。"但是,在具体的执政过程中,却犯了太恩太勤的错误,把爱民的政令变成了扰民的荒唐举措:旦暮而呼之,鸣鼓而聚之,击木而召之。

作为生活在社会最底层的人,郭橐驼深受其扰,深受其苦:"官命促尔耕,勖尔植,督尔获,早缫而绪,早织而缕,字而幼孩,遂而鸡豚"。当地父母官喜欢发号施令,对男劳力,从耕地种植到收获,无不过问;对女劳力,从抽丝纺线到抚养孩子、蓄养牲畜,事无巨细。结果就是当地百姓无从"蕃生安性",反而变得"病且怠",治民之策变成了扰民之举。

在"问者"的追问下,郭橐驼基于自身的观察和体验,详尽地列举出了"长人者"的种种扰民之举,成为一个底层百姓的代言人。同乡人对郭橐驼缺少最基本的尊重和友善,而郭橐驼却对他们怀着善良的悲悯之心。

他也不再仅仅是乐者、智者,而成为了与民为伴、为民发声的仁者。

柳宗元在文末说,要"传其事以为官戒也",让文章带上了一些指摘时弊、讽喻过失的政论色彩。伴随着文体由传记到寓言再到政论的转变,郭橐驼的形象也历经了乐者、智者、仁者的加深。这些转变和加深,都离不开"乡人"的比对,"问者"的追问。

(本文发表于《语文月刊》2020 年第 1 期)

第二部分　教学路上

在"大单元""大情境"等"大"字为先的背景下,如何有效地以教材为例子和引子发展学生的核心素养成了每位教师不可回避的课题。本部分所选文章,主要是针对《普通高中语文课程标准(2017年版)》颁布实施、尤其是新高考逐步落地以来,课堂教学中遇到的诸多热点、难点、痛点问题,给出一些实操性强、具有一定借鉴意义的案例。有的是诗歌整合案例,有的是戏剧单元案例,有的是古代散文案例,有的是复习课案例,种类比较齐全。

学生的素养提升,有时候很难量化,而提高高考分数,是最看得见、摸得着的东西。因此,本部分还有高考题的分析、自拟作文题的升格,力争让学生真真正正地学会分解高考题、实实在在地提高分数。

红烛·绿竹——现代诗歌写作中意象的选择与运用

学生无论是理解现代诗的含义,还是进行现代诗的创作尝试,都离不开对意象含义的准确把握。现代诗歌中的意象,往往比较凝练含蓄,富于象征性,理解起来难度比较大,所以准确把握意象,是理解和创作现代诗的钥匙。基于此,笔者结合统编教材必修上册第一单元的现代诗歌,与学生进行了一次现代诗歌创作与升格的实践。

一、缘起

统编教材高中语文必修上册第一单元的五首现代诗歌,都选取了独特的意象吟唱青春的激情,思考青春的价值。湘江中争相竞发的百舸,太平洋里滚滚的洪涛,燃烧流泪的红烛,小得可怜的蜘蛛,欢快飞翔的云雀,在不同艺术家的笔下都各具特点。单元学习任务中也提示了要借鉴本单元在意象选择方面的手法。

教学实践中,在学习了第一单元后,让学生自选意象进行现代诗写作。学生积极踊跃,但也呈现出了意象特点把握不准确,意象内涵、外延思考不深入,意象运用不合理等问题。因此,有必要结合意象的选择与运用,进行现代诗歌的升格训练。

二、活动准备

1. 搜集整理有关"意象"的知识,制作成知识卡片。

(1)意象的概念:饱含着作者主观情意的客观物象。意象有两个要点,一是客观存在的外物实体,二是创作者赋予了该实体主观情感。

(2)常见意象梳理:将学生进行分组,分门别类地就意象的名称、形态特点、常规含义、象征含义、常见用途等进行梳理。

A组:植物类意象。

表1:植物类意象整理表

意象名称	形态特点	常规含义	象征含义	常见用途
莲花	圣洁不染	与"怜"谐音	纯洁的爱情	爱情诗
梅花	凌寒独开	寒冬斗士	高洁不屈	咏物诗
柳条	柔软绵长	与"留"谐音	依依不舍	送别诗
竹子	拔节中空	士大夫的追求	虚心有节	咏物诗

B组:动物类意象。

表2:动物类意象整理表

意象名称	形态特点	常规含义	象征含义	常见用途
鸿雁	成群结队	季节性迁徙	鸿雁传书	爱情诗、思乡诗
鹧鸪	啼声凄厉	呼唤哥哥	惆怅伤感	怀古诗、爱情诗
乌鸦	色黑声惨	不祥之鸟	荒凉破败	怀古诗、思乡诗
蝉	餐风饮露	不食人间烟火	品行高洁	咏物诗

C组:其他类意象。

表3:其他类意象整理表

意象名称	形态特点	常规含义	象征含义	常见用途
明月(自然物)	有圆有缺	皎洁光明	悲欢离合	思乡诗、爱情诗
西楼(登高处)	登高远望	孤高矗立	伤心寂寞	怀古诗、思乡诗
后庭花(乐曲)	后宫作品	绮靡之音	亡国之音	怀古诗
重阳节(节令)	登高饮酒	慨叹岁月	思乡怀远	思乡诗

(3)规律总结:

①意象在外形方面多有别于其他物象的特别之处,这种特别之处让其受到文人的青睐;

②意象的象征含义相对比较固定,也因此有了比较固定的使用方向;

③意象外在形态与诗人内在情感有恰似点,因此诗人把情感寄寓其中。

2.梳理第一单元五首现代诗中意象的使用特点。

表4:必修上册第一单元现代诗歌意象整理表

篇名	意象	特点	情感
沁园春·长沙	万山　层林　碧江 百舸　雄鹰　翔鱼	生机勃勃	昂扬奋发的革命豪情
立在地球边上放号	白云　北冰洋 太平洋　洪涛	激情澎湃	狂飙突进的五四精神
红烛	红烛	烧蜡成灰	点亮世界的奉献精神
峨日朵雪峰之侧	太阳　石砾　蜘蛛	凝重壮美	坚毅勇敢的超越精神
致云雀	云雀	欢乐歌唱	对理想自由的不懈追求

【规律总结】

(1)紧紧围绕意象的外形特点,进行适当的放大或夸张;

(2)诗人的情感与诗中的意象完美地融合。

三、活动推进

1. 以"蜡烛"为例,梳理该意象的演变史。

（1）实物阶段

《古诗十九首》：生年不满百,常怀千岁忧。昼短苦夜长,何不秉烛游!

此时的蜡烛,并没有特别的含义,只是普通的用来照明的工具。

（2）象征阶段

李商隐《无题》：春蚕到死丝方尽,蜡炬成灰泪始干。

李商隐《夜雨寄北》：何当共剪西窗烛,却话巴山夜雨时。

无论是恋人缠绵悱恻、至死不渝的忠贞,还是夫妻窗前夜话、共诉情长的明快,此时的蜡烛已经不再是简单的照明工具,而是有了特定的含义,成了爱情的象征,"洞房花烛"也取义其中。

（3）升华阶段

歌曲《烛光里的妈妈》：噢妈妈/烛光里的妈妈/您的黑发泛起了霜花/噢妈妈/烛光里的妈妈/您的脸颊印着这多牵挂

到了现代,蜡烛的象征义更是得以升华,借"燃烧自己、照亮别人"之义,与有类似奉献精神的人联系在一起,比如母亲、老师等等。《烛光里的妈妈》歌词也是一首诗,里面的"蜡烛"象征着无私的母爱。

2. 以"红烛"为例,深入探析意象的使用规律。

外在表现	表现原因	作者情感
红色	颜色鲜艳	忠心赤诚
燃烧	烧蜡成灰	甘心奉献
流泪	伤心着急	拯救世人

通过上表,我们可以比较清晰地看到,作者抓住"红烛"意象的外形特点,把这些特点与自己想要表达的情感完美地契合在一起,进而实现传情达意的目的。

3. 任务布置：选择一个或一组熟悉的意象,进行现代诗创作。

四、成果展示

1. 展示学生作品,找出优、缺点。

绿 竹

绿竹啊/这样绿的竹/作者啊/吐出你的心来比比/可是这般颜色?

绿竹啊/是谁给你的养分/向上生长? 是谁着的色/青翠欲滴? /为何更须顶地而出,然后才露生机? /一误再误;/矛盾! 冲突!

绿竹啊! /既创造,便挺着! /挺吧! 挺吧! /挺出世人的坚韧,/挺出世人的心灵——也鼓舞他们的精神,/也冲毁他们的创伤!

绿竹啊! /"莫问收获,但问耕耘。"

(1)优点

生1:形式上比较整齐,比较成功地模仿了闻一多的《红烛》。

生2:抓住了绿竹的特点,比如"向上生长"和"青翠欲滴"。

生3:把绿竹挺拔的外形特点与坚韧的品格巧妙地联在一起。

(2)缺点

生1:"吐出你的心来比比/可是这般颜色"生搬硬套,很明显作者的心不能跟竹子的心一样同为绿色。(生笑)

生2:对"一误再误""矛盾""冲突"理解得不太正确。闻一多是借"燃烧自己"与"照亮别人"之间的矛盾,写出一个知识青年的认识进步历程;而绿竹的"顶地而出"与"才露生机"之间是自然而然的顺承关系,并不存在矛盾。

生3:"挺出世人的坚韧""挺出世人的心灵""鼓舞他们的精神"都挺恰当,"冲毁他们的创伤"比较突兀。

生4:"莫问收获,但问耕耘"与本诗表达的主题不一致。

2. 分析选择的意象特点。

问题一:"绿竹"意象都有哪些外在特点?

生1:四季常青、外硬中空。

生2:挺拔有节、笔直不弯。

生3:根系发达、枝繁叶茂。

……

问题二:这些外在特点象征着哪些人类品格?

生1:四季常青象征着生机勃勃,外硬中空象征着虚怀若谷。

生2:挺拔有节象征人的高风亮节,笔直不弯象征人的正直清高。

生3:根系发达、枝繁叶茂象征着平易善群、生命旺盛。

……

3.逐节分析学生作品,进行升格。

(1)第一小节

绿竹啊/这样绿的竹/作者啊/吐出你的心来比比/可是这般颜色?

问题:"绿"代表着什么? 应该怎样升格?

生:"绿"是竹子生命的象征,也是人生命力旺盛的象征,与闻一多所表达的"赤诚"并无联系。升格的时候,应该突出"生命旺盛"的特点。比如,我升格后的诗句是:绿竹啊/这样绿的竹/青年啊/你的生命相比/也是否这般旺盛?

(2)第二小节

绿竹啊/是谁给你的养分/向上生长? /是谁着的色/青翠欲滴? /为何更须顶地而出,/然后才露生机? /一误再误;/矛盾! 冲突!

问题:"冲突点"在哪里?

生:如刚才同学所说,绿竹的"顶地而出"与"才露生机"之间是自然而然的顺承关系,并不存在矛盾。一般来说,若要长得坚实挺拔,就要实心生长,而不是像竹子那样空心生长。我认为"冲突点"是"空心"与"向上生长",而恰恰是需要掏空内心,才能更快地沐浴阳光。所以升格后的诗句是:绿竹啊/是谁给的养分——向上生长/

是谁挖的内心——体内中空？/为何更须挖空内心，才能向上生长？/一误再误/绿竹啊/不误不误/原是要掏空内心/才能更快地拔节生长，沐浴阳光！（生鼓掌）

（3）第三小节

绿竹啊！/既创造，便挺着！/挺吧！挺吧！/挺出世人的坚韧，/挺出世人的心灵——也鼓舞他们的精神，/也冲毁他们的创伤！

问题：绿竹的品格是什么？

生1：生命旺盛、正直清高、平易善群、虚怀若谷。所以，我只不过简单地替换了几个词，升格后的诗句为：绿竹啊/既已拔节，那便坚持/呈给世人自强不息的坚韧，/挺出世人平易善群的灵魂/——也唤醒他们的谦虚精神，/也冲毁他们的逞强好胜！

生2：改得很好。但最后一句不押韵，破坏了音乐性。我们学过的很多诗歌，都是通过调整语序的方式来实现押韵，比如"独立寒秋/湘江北去/橘子洲头"，正常的语序是"寒秋，立于橘子洲头，看湘江北去"，调整后才有韵律美。刚才的诗句就可以调整为"呈给世人自强不息的坚韧，/挺出世人平易善群的灵魂/——也冲毁他们的逞强好胜，/也唤醒他们的谦虚精神！"（生鼓掌）

（4）第四小节

绿竹啊！/"莫问收获，但问耕耘。"

问题：本诗的主旨是什么？

生：坚忍不拔，自强不息。用郑板桥的话就是："千磨万击还坚劲，任尔东西南北风。"所以，我把第四小节升格为：绿竹啊！/"千磨万击还坚劲，任尔东西南北风"。

这样，这四个升格后的小节就可以连缀成一首比较完整的诗歌。

绿竹啊/这样绿的竹/青年啊/你的生命相比/也是否这般旺盛？

绿竹啊/是谁给的养分——向上生长/是谁挖的内心——体内中空？/为何更须挖空内心，才能向上生长？/一误再误！/绿竹啊/

不误不误/原是要掏空内心/才能更快地拔节生长,沐浴阳光!

绿竹啊/既已拔节,那便坚持/呈给世人自强不息的坚韧,/挺出世人平易善群的灵魂/——也冲毁他们的逞强好胜,/也唤醒他们的谦虚精神!

绿竹啊! /"千磨万击还坚劲,任尔东西南北风"。

4.突破思维瓶颈,翻转意象新意。

意象固然有比较固定的含义和用途,但是进行现代诗的写作,也可以跳出意象含义的束缚,把自己独到的思考、真切的体会融入其中,翻转出全新的含义。比如有学生创作了《农人与绿竹》一诗:

农人与绿竹

拂晓之际/农人嘹亮的歌喉/唱醒了山林/回荡在棵棵绿竹间

石刀铁斧/截下竹的枝干/清脆的裂响/穿梭在农人的耳边

几根麻绳/紧紧地捆起竹竿/农人的生活/也因此丰盈饱满

烈火之间/绿竹浸出汗水/脱去青翠的颜色/换上黄土一般的外衣

山间路上/扁担横在农人的肩头/两头的竹篮里/胖胖的山果挨挨挤挤

火炉之中/燃着的竹节劈啪作响/锅中咕嘟咕嘟的黏粥/飘散着浓浓的米香

院落之内/灵巧的匠人编织着竹条/他们手中的魔法/变出了数不尽的花样

竹林靠着青山/村落依着斜阳/千百年的热闹和静谧中/农人与绿竹的灵魂交织相融/演绎出美妙的乐章

这首诗歌,从"绿竹"意象的固有含义中跳脱了出来,围绕着"农人"与"绿竹"相偎相依的关系,写出了浓浓的田园味、满满的山野情。

五、活动反思

1.大题目要找到小切口。"现代诗歌写作中的意象选择与运用"是一个比较大的题目,而且"意象"对于高一的学生来说也是一个相对陌生的概念,面对这种又大又难的题目,需要找到比较小的切口,从学生的实际出发,由浅入深、循序渐进。借"红烛"与"绿竹"的外形特点、演变历程、使用规律来一步步地引导学生,使其对"意象的选择与运用"有比较真切的理解。

2. 思维训练离不开语言载体。"思维发展与提升"无疑是语文核心素养的重中之重,在设有课程标准的国家,无一例外地都将"思维"的发展列入其中。但是,思维的训练不能凭空进行,语言的品味鉴赏、涵泳优游便是在进行思维训练。现代诗歌的写作,更是为思维打开了一扇大门。从《农人与绿竹》这样的优秀作品里,可以看到学生思维的灵动性与创造性。

3. 不足之处:整个活动进行得比较顺畅,学生也乐在其中。但是,仍有比较大的改进空间。一是意象的选择相对狭窄。以"红烛"和"绿竹"为例,固然有一定的代表性,但涵盖面比较狭窄,容易让学生的思维单一化。二是语言的训练还可以继续加强。现代诗的"诗味"可以通过意象的选择、词语的替换、韵脚的转换、诗句的调整等多种途径实现,本次实践对后三者的重视程度不够。这些都是今后教学中需要改进的地方。

基于文章整体架构的文学短评写作指导

文学短评的写作在统编高中语文教材必修上、下两册和选择性必修三册的单元学(研)习任务中均有涉及,几乎贯穿了学生的高中语文学习生涯,重要性不言而喻。尤其是新高考试卷现代文阅读中出现了直接考查短评思路的写法的试题,让文学短评这个对学生来说相对陌生的文体受到了格外关注。

文学短评不同于读书札记和读后感,也不同于申论和学术论文,它隶属于议论文大家族,又有自身的独特性。就目前中学语文课堂教学实际和研究情况来看,无论是教材所给的《学写文学短评》

的简要说明,还是部分教师提出的"引一析一评""叙一析一评"的基本写作思路,大都从文学短评的写作切入方法和主要观点段落的内部构成等角度进行指导,较少从文章的整体架构出发给出行之有效的路径。笔者在教学过程中发现,部分学生可以在深入阅读之后,找到"小"且"新"的切口,也能比较充分地论述自己的观点,但从文章整体架构来看,存在诸多可以改进的地方。本文试从标题拟定、谋篇布局、内容确立、整体风格等角度依次阐述文学短评的写法,以求就教于方家。

标题拟定:观点鲜明　结构完整　统整全篇

好题一半文。一个观点鲜明、涵盖全面、手法灵活的标题会迅速抓住读者,文学短评的标题亦是如此。在学生写作实践过程中却发现,学生的拟题水平参差不齐,有的不是观点,有的不够鲜明,有的不够完整,但也有让人眼前一亮的。针对这一现象,我们需要注意以下几点:

1. 标题要有鲜明的针对性。一个鲜明的标题,能让读者清楚地知道文章的写作指向和核心观点;标题大而无当,只会让人摸不着头脑。学生的习作中出现了大量的"我读《梦游天姥吟留别》""评《登高》""《琵琶行》之我见"这样的"随笔式"标题,就不免流于空泛,没有针对性,很难让人直截了当地看到文章的观点和重点。此类标题远不及"《梦游天姥吟留别》中跌宕起伏的情绪流转""《登高》中的身世之悲和忧国之情""《琵琶行》中音乐的传神描写"等更加鲜明。

2. 标题要尽量做到完整。学生写作时常遇到这样的难题:在有限的字数内很难让标题语意完整。尤其是文学短评这种带有一定学术论文性质的文章,拟出标题都有困难,更不用说做到言能尽意。其实,我们翻阅学术期刊会发现大量的论文都由正标题和副标题构成:正标题用来提出文章的主要观点,副标题对正标题进行解释或补充,提供更多的信息。一正一副,能够完整地提供文章的主要观点和写作指向。如上文提到的"随笔式"标题,稍作修改恰恰可以用来作副标题,用来表明文学短评的具体篇目和内容指向。例如"我读《梦游天姥吟留别》中的'梦'""简评《登高》中对比手法的运用""《琵琶行》中白居易的心路历程之我见"等,都是非常好的副标题,让读者一目了然。

3.标题要能统整文章的主要内容。标题常是中心思想和主要观点的集中而凝练的表达,文章的主要内容要与标题吻合对应。学生的习作中常出现文不对题的情况,比如有习作以"《琵琶行》中的音乐描写"为题,文章却只是摘出了"嘈嘈切切错杂弹,大珠小珠落玉盘""别有幽愁暗恨生,此时无声胜有声""曲终收拨当心画,四弦一声如裂帛"这些表示乐曲起伏的句子分别赏析,就窄化了"音乐描写"这个比较大的标题,使其变得空泛。如果以"轻快·压抑·控诉"为正标题,辅以"《琵琶行》中的音乐描写"为副标题,就能比较全面且提要钩玄地统整全文;如果再进一步,拟出"乐声·心声·人生"这样的标题,就更见功力了。

谋篇布局:辐射式　阶梯式　纵深式

文学短评一般不会过长,例如本单元的写作任务的字数要求是800字左右。要在有限的篇幅之内文从字顺、条理清晰地把自己的观点说清楚、讲明白,就需要文章有设计感;直白一点说,就是要结构明晰、思路清晰。做到这些需要在谋篇布局上运用一些匠心,我们不妨做以下尝试:

1.辐射式结构。辐射式结构本是小说结构术语,运用到文学短评中,可以理解为以核心观点为中心向四周发散的并列平铺式结构形式;反向来看,就是辐辏式结构,所有的观点都归向于核心观点。例如有学生习作以"《琵琶行》中音乐的传神描写"为中心,分别从"音乐的跌宕起伏""琵琶女的高超演奏技巧""乐声中蕴含的人生变化""听众聆听后的心理感受"等四个方面展开评论,就是比较典型的辐射式结构:以"音乐的传神描写"为中心,向四个角度发散;反过来看,四个角度又都可以归拢于一个中心。这种结构对于高一新生来说比较容易上手,实操性比较强。

2. 阶梯式结构。 阶梯式结构,顾名思义,就是沿着确定的中心观点拾级而上,不断地进行思维攀爬。仍以学生习作"《琵琶行》中音乐的传神描写"为例。习作中有这样的句子:"音乐再次响起,仿佛银瓶乍裂,水浆迸发,琵琶声转为慷慨激昂,仿佛由中国古典音乐变成一曲交响乐。"我们就可以抓住"交响"一词做文章,以之为基点,不断地向上攀爬:琵琶女的传神演奏,巧妙地将轻快婉转与低沉阻滞融为一体,完成了一曲涤荡人心的交响;琵琶女的传神演奏,还把人生起伏融入音乐,完成了一曲音乐与自我人生的交响;琵琶女的传神演奏,更把生命体验融入音乐,感动了所有听众,完成了一曲超越性别、跨越阶层的交响;琵琶女的传神演奏,还具有超越时代的伟大力量,与我们以及后世无数的人们共情、共鸣……随着思路不断延展,学生也完成了思维的进阶。

3. 纵深式结构。 这种结构往往以独特的感悟或发现为起点,通过不断地追问"为什么",让思维向深处开掘。例如有的学生细读文本,发现第三次听完琵琶女的演奏之后,"满座重闻皆掩泣",但白居易"泣下最多",于是在习作中追问"为何江州司马青衫最湿",文中这样写道:

为何江州司马青衫最湿?当然是源于琵琶女高超的演奏技巧,源于琵琶女今非昔比的人生落差。仅仅如此吗?还有"同是天涯沦落人,相逢何必曾相识"的共情。白居易和琵琶女一样,来自长安,他们都有辉煌的昨日,而今都"漂沦憔悴",这种被抛掷感和被抛掷后的无奈让他们的心灵更加贴近。更重要的是,45岁是白居易的人生分水岭,被贬江州司马前的白居易"慈恩寺下题名处,十七人中最少年",年轻气盛的他"文章合为时而著,歌诗合为事而作",写的是《卖炭翁》《上阳白发人》《新丰折臂翁》这类讽喻诗,字字如长矛般刺向统治阶级;45 岁之后呢,由"勇猛精进"变得"循默无为",诗歌里再也没有战斗的影子,尽是"绿蚁红醅酒,红泥小火炉。晚来天欲雪,能饮一杯无?"这样的闲适。

琵琶女的控诉和控诉后的无可奈何改变了一个最深情听众的后半生。

这种结构,更能发掘学生思维的深度和思想的厚度。

内容确立:文本为基　聚焦为要

1. 文本为基。文学短评落脚点在"评"字上,很多学生在拿到写作任务后,就开始了广泛的材料搜集工作。这种严谨积极的治学态度值得提倡,但是很多学生误把辅助材料当成了写作的主体内容,800 字左右的点评,容纳了作者履历、背景补充、后世评价等诸多与作品本身没有直接关联的内容,导致文章与作品严重脱节。有学生习作这样写道:

或许杜甫最伟大的地方,便在于他见过太多的"浊"了。他不是李白,常赴大唐盛世华宴;他也不是贺知章,权重朝野、名噪一时;他是天地一老朽、乱世一腐儒。但也正因如此,他才能弯下腰、低下头,沉下去、沉到底,沉到人民深处,沉到百姓中间。趁此,也把那清高的假象撕得粉碎,乱世的不平积聚成塔,进而看清世间的浑浊:官吏们的残暴,百姓们的苦楚。"国家不幸诗家幸,赋到沧桑句便工。"生逢浑浊不堪的乱世,恰遇艰难多病的身世,人间的苦难一一呈现在这老者面前,让他的诗句也掺杂进无数的"浊",宛如历史般沉重。

单看此段文字的话,学生的文笔很好,也读过不少书,翻阅过不少资料。可惜的是,如果作者不告诉我们这是《登高》的文学短评,我们很难与该诗建立直接关联;而且,这段文字,用来评论杜甫后期的多数诗歌都很合适。这就犯了脱离文本的错误,进入了"下笔千言,离'文'万里"的误区。这种品评性的文字,适合长篇大论,不适合写进短评。短评还是要以文本为基,以就事论事、就诗论诗为主,不可有太多的枝蔓。

2. 聚焦为要。 学生写文学短评不会聚焦,主要有两种表现:一是漫天撒网,眉毛胡子一把抓,找不出重点和中心,甚至把短评写成了全诗的翻译;二是罗列有争议的问题,把文学短评写成了驳论或辩论。第一种学界多有涉猎,不再赘述;第二种倾向颇值得我们注意。请看学生习作片段:

打开《短歌行》,一个有争议的注释引起了我的思考:"何时可掇"的"掇",一说同"辍",停止。两种说法哪个更好? 这不禁引起了我的思考。两相比较,我认为"掇"字更打动人心,更为精妙。

紧接着,该生从诗意连贯、典故运用、曹操的胸怀抱负等方面一一论证"掇"与"辍"的优劣,最后得出自己的结论。文章固然写得有理有据,但很难算得上是一篇优秀的文学短评。文学短评要求写"感触最深的一点",这里面一层意思,"感触最深"的"这一点",应该是明确的观点,而不是有争议、待商榷、说法不一的地方。如此看来,文学短评隐含着一个隐性要求应该是立论,而不是驳论,更不是争论、辩论。

语言风格:宜短不宜长　重评不重情

1. 宜短不宜长。 文学短评之"短",除篇幅短小之外,还应有一层意思,就是句子的长度要尽量缩短。学生习惯于记叙文写作,常用欧式长句填进很多修饰性的词语,以增强句子的感情色彩和表现力。例如有一篇《短歌行》中的曹操的思想流转"的习作这样写道:

已经年逾半百的曹操依旧眼神坚定地眺望着南方那尚未统一的土地,一阵莫可名状的愁绪随着夜晚不眠的风倏然而至,涌上心头久难挥去,至今求贤若渴、功业未成的他,只得举起杯中的美酒,一杯一杯地痛饮,来排解心中的不甘。

这样的长句美则美矣,但好像用"曹操胸有大业,只叹韶华易逝、人才难得,不禁忧从中来,不可断绝"这样的短句,表达得更干脆。

2. 重评不重情。 受多年积习影响,学生擅长在写作时烘托气氛、营造氛围,长于抒情、短于议论,形成了"重情不重评"的行文风格。文学短评重在观点的阐述和论证,虽不完全排斥抒情,但整体语言风格应该是偏重理性的,也就是应该"重评不重情",而不是相反。我们来看学生的习作:

夜深人静时,人们纷纷进入梦乡。遍寻世界,却发现还有一人迟迟不肯安寝,愁眉紧锁,凝视远方,脑海里似乎荡漾着几分祈盼,几缕忧愁。他痛饮几杯,大笔一挥,写下了千古名篇——《短歌行》。

读到这样的文字,我们都禁不住会心一笑。学生受记叙文的写作影响太深,以至于把这种重抒情、擅铺写的文风奉为放之四海而皆准的圭臬,不管什么文体都信笔写出,只恨纸短情长。这需要我们在文学短评的教学中,务必要厘清文体的边界。毕竟,不同的文体需要不同的语言风格,文学短评不是以情动人,而是以理服人。

(本文发表于《中学语文》2024 年第 3 期)

学习任务群视域下的单篇文本深度教学

——以《拿来主义》为例

"学习任务群"旨在激发学生的语文学习兴趣和学习动力,培养学生的思维能力和创新意识,提高学生综合运用语文知识解决实际问题的能力。这一概念的提出,为建构新的语文课程体系、培养学生的核心素养找到了新的突破口。实际教学过程中,教师往往以"大单元教学"或"项目化学习"为主要形式,注意单元学习内容的任务化驱动、整体化设计以及不同任务群之间的内容统整,对提高学生思维的整体性、综合性、创新性都有着重大的意义。但是,过于注重内容的整合与比较,往往会疏于单篇文本的深度教学,单篇文本的个性魅力往往会被有意或无意地忽略。如何高效处理"任务群"教学与单篇教学的关系,实现"鱼和熊掌"可以兼得,是摆在一线教师面前的一道现实难题。笔者试以《拿来主义》的教学为例,谈谈自己的做法,以求就教于方家。

一、回应学习任务群的应然要求,通过阅读与表达提升思辨力

统编高中语文教材将《拿来主义》编入必修上册第六单元第 12 课,该单元对应学习任务群 6——思辨性阅读与表达。课标对该任务群的表述是:"本任务群旨在引导学生学习思辨性阅读和表达,发展实证、推理、批判和发现的能力,增强思维的逻辑性和深刻性,认清事物的本质,辨别是非、善恶、美丑,提高理性思维水平。"对标语文核心素养的组成,主要是指向"思维发展与提升";而思维能力的提升,离不开广泛的阅读与充分的表达。

具体到《拿来主义》的教学,依照课标要求,通过阅读与表达提升学生思辨能力,可以分成两步走。

1. 研读文本,梳理文章的论证思路。文章的论证思路并不难梳理,前 2 段首先提出当下流行的"送去主义",并基于"礼尚往来"的仪节提出"拿来主义"的观点;第 3—7 段分析批驳"送去主义"和"送来主义"的危害,指出"拿来主义"的必要性;第 8—10 段先破后立,指出应该怎样"拿来"和谁去"拿来"。纵观全文,虽然多处都采用了先破后立的论证方式,但从提出"拿来主义"——为何要施行"拿来主义"——怎样施行"拿来主义"——谁来施行"拿来主义"的这一整体思路来看,文章更符合一般议论文"是什么""为什么""怎么样"的三段递进式论证结构,而不是典范的驳论文。

当然,在梳理的过程中还要注意段落内部的逻辑关系。例如开篇提及"闭关主义","自己不去,别人也不许来";而结果是与世界脱轨,"给枪炮打破了大门之后,又碰了一串钉子";最后由盲目排外到盲目崇外,"成了什么都是'送去主义'了"。可见,"送去主义"并非一直就有的做法,如果这样的话,与第三段的"送去主义"是有限度的这一观点相左。接着,鲁迅假设"送去主义"的后果,会让子孙后辈只能"讨一点残羹冷炙做奖赏",进而滋生"送来主义",而"我们被'送来'的东西吓怕了""连清醒的青年们,也对于洋货发生了恐怖",接着提出"拿来主义"的正确方法。这样看来,文章整体呈递进式的纵深结构,段与段之间也有着紧密的联系。

这些内容的梳理,有助于学生理解文章的思路,把握文章的意脉,进而提高思维的严密性和整体性。

2. 扩展视野,呈现不同观点,激发思维碰撞。近年来,有关《拿来主义》的论证逻辑问题成了学界热点,一时间你来我往,哪方都不遑多让,好不热闹。李玉山老师首先发表《〈拿来主义〉"逻辑"诊断》一文,随后张心科教授针对该文的逻辑问题进行"诊断",指出该文的"逻辑问题",接着李老师又发表《"互文结构"与"知人论世"》一文作为回应,后来还有郝敬宏、刘辉、赵瑞萍、孔凡成、郭传斌等多位老师相继加入探讨论争。如此热闹的景象,在中语界好久没有出现过了。既然有争论,那就说明文本本身存在多义性,为多样化解读提供了可能;老师们不再"搁置争议",纷纷撰文表达自己的观点,也在推动着本文的深度教学。

笔者在教学过程中为学生呈现了李玉山老师的《〈拿来主义〉"逻辑"诊断》和张心科教授的针对性文章,让学生在充分阅读的基础上深入研究,充分讨论交流,最后给出自己的观点。有学生同意李老师的观点,并给出相关的理据;有学生支持张教授的观点,并能有针对性地指出李老师的文章的"纰缪";也有学生更进一步,从《拿来主义》能够引发如此争论论述了文本的时代义、经典义和永恒义。随着争论的深入,学生的思维也在走向深入。

二、落实单元人文主题和单元学习任务,读懂单篇文本的编者意义

最新统编语文教材主要由单元引导语、文本、学习提示、单元学(研)习任务和助学材料五部分组成,其中学习提示和助学材料大多基于单篇文本内容或写作要素进行针对性补充说明,容易引起教师的注意;而单元人文主题和单元学(研)习任务立足于单元学习内容的统整,常常被忽略。做好这些内容的使用与开发,是读懂单篇文本的编者意义的不二法门。

1. 研习单元人文主题,以人文主题为解读与教学的基本前提。

《拿来主义》所在单元的人文主题为"学习之道",教材的单元引导语这样表述:"学习是永恒的话题。从《礼记·学记》中的'玉不琢,不成器',到当今社会倡导的终身学习和个性化学习,数千年来,人们一直在不懈地探索学习之道,以更好地获取知识,提升能力和自身修养。"基于这个背景解读《拿来主义》,很多问题也就豁然开朗了:无论是众说纷纭的"外来文化"与"民族文化"之争,之于当时的中国都是一种学习路径;推而广之,鲁迅对于文化交流的批判地吸收的态度,也指导着我们的当下。

2. 落实单元学习任务,完成相应的"必备知识"的教学。

本单元的单元学习任务与《拿来主义》直接相关的内容不是特别多,教材是这样表述的:"《拿来主义》先破后立,睿智犀利而又妙趣横生。阅读本单元课文,梳理作者的论述思路,体会其说理艺术,看看作者是如何阐释'学习之道'的。"其中,"梳理作者的论述思路"与课标要求相近,已经在前面的教学中得以落实,剩下的教学工作就是"体会其说理艺术"。

本文的说理艺术主要体现在两个方面,一个是"先破后立"的论证方式,这与《反对党八股》的方式比较接近,学生并不感到陌生;另一个是"睿智犀利而又妙趣横生"的说理效果,这主要是基于鲁迅的说理智慧。统编高中语文教材中鲁迅的文章共有《拿来主义》《祝福》《阿Q正传》《记念刘和珍君》《为了忘却的纪念》5篇,分布在必修上册、必修下册、选择性必修中册和下册。除本文外的四篇课文,《祝福》《阿Q正传》分别选自小说集《彷徨》和《呐喊》,是指向新文化运动的作品;《记念刘和珍君》《为了忘却的纪念》分别选自《华盖集续编》和《南腔北调集》，但两篇文章皆为回忆性散文，与本文的整体风格差别比较大。这四篇课文，都较少具备"睿智犀利而又妙趣横生"的说理智慧，因此深入挖掘本文的说理智慧，是走进鲁迅杂文作品、感受鲁迅杂文风格的重要路径。

3. 横向比较，做好与本单元其他课文的对比。

本单元共有《劝学》《师说》《反对党八股（节选）》《拿来主义》《读书：目的和前提》《上图书馆》6 篇课文。《读书：目的和前提》《上图书馆》是读书随笔，除共同的人文主题外，与本文相似处较少；《劝学》《师说》《反对党八股（节选）》与本文同为议论文，可比较处较多：论证方法、论证思路、议论要有针对性皆可比较；尤其需要突出的是，本文"并不局限于评论'发扬国光'的'送去主义'，所论的'拿来主义'更具有超越一时一事的认识价值"。这种超越时代的经典价值，更需要我们在教学中予以落实。

三、挖掘单篇文本个性，发掘独特的"这一个"

叶圣陶先生曾经说过："语文教材无非是个例子。凭借这个例子要使学生能够举一反三，练习阅读和作文的熟练技巧。"文本一旦被编入教材，往往带有编者的意图，要通过"这一个"打通"这一类"的"任督二脉"。《拿来主义》也不例外。如上文所述，课文除汇入"学习之道"的单元人文主题外，还可以被"拿来"作先破后立的驳论方式、比喻论证和道理论证在阐发论点方面的好处、议论要有针对性等语文"必备知识"的范本。这些当然无可非议，但在教学过程中，课文本身的个性光辉和思想深度往往被忽略；而这些个性光辉和思想深度，恰恰是课文长盛不衰的重要原因。

《拿来主义》作为鲁迅的经典杂文，除上述内容外，还有独特的个性特征。

1. 妙趣与谐趣交相辉映的语言特征。

鲁迅作为中国现代白话文写作的开创者之一，同时是一位语言大师,他"以口语为基础,有机融入了古语、外来语、方言的成分,把现代汉语抒情、表意的功能发挥到了极致"(钱理群语)。阅读本文,我们会发现这一鲜明特征:"不知后事如何""礼尚往来""出售存膏,售完即止"等古语活灵活现,"摩登"等外来语信手拈来,"昏蛋""毛厕"等带有方言色彩的词语更是妙趣横生。

此外,鲁迅还灵活使用了反语和仿词的修辞手法,增添了语言的魅力:"发扬国光""顺便到欧洲传道""活人代替了古董""祖上的阴功""背着周游世界"等反语见其辛辣的讽刺;"闭关主义""送去主义""送来主义"等仿词的巧妙运用,让错误保守的"闭关""送去""送来"与高大抽象的"主义"组合,谐趣横生。

2. 有关重建文化自信的深刻思考。

纵观全文,作者所极力反对的"闭关主义""送去主义""送来主义"等"非拿来主义"的做法,无一不体现着时人的民族文化心理:从盲目自大到盲目自卑,从盲目排外到盲目媚外,国人的文化心理经历了彻底的大转弯,但这些表面看似完全相反的心理,却无一是健康的;得到"大宅子"之后的"伪拿来主义者",要么是"徘徊不敢走进门"的"孱头",要么是"勃然大怒,放一把火烧光"的"昏蛋",要么是"欣欣然的蹩进卧室,大吸剩下的鸦片"的"废物",他们都没有"运用脑髓,放出眼光",没有摆脱简单粗暴、非黑即白的盲目心理。无论是"非拿来主义者"还是"伪拿来主义者",都是民族文化心理在长期压抑和摧残后的不自信而转向"他信"和"自欺"的表现;要实现文化的振兴,前提便是重建国人的民族文化自信。而作者所提倡的"新主人",具备了"沉着,勇猛,有辨别,不自私"等心理,正是这种自信的表现。

与本文一同编入《且介亭杂文》且都作于1934年的《中国人失掉自信力了吗》可以做本观点的最好的诠释:"要论中国人,必须不被搽在表面的自欺欺人的脂粉所诓骗,却看看他的筋骨和脊梁。自信力的有无,状元宰相的文章是不足为据的,要自己去看地底下。"鲁迅呼吁在继承优秀传统文化的基础上找回"自信力",与本文论述的文化交流问题一道,吹响了重建民族文化自信的号角。

(本文发表于《山东教育》2024年第4期)

底色　亮色　驳色

——基于"探究人性复杂"观念的戏剧教学例谈

统编教材必修下册第二单元是戏剧单元,共三篇课文,分别选自元代剧作家关汉卿的杂剧《窦娥冤》、现代剧作家曹禺的话剧《雷雨》和英国文艺复兴时期剧作家莎士比亚的悲剧《哈姆莱特》。三部作品各自代表了剧作家本人以及他们所处时代的最高艺术水准,具有永恒的艺术魅力,值得反复学习、品读、欣赏和探究。

教材单元学习提示这样写道:"要初步认识传统戏曲和现代戏剧的基本特征;欣赏剧作家设计冲突、安排情节、塑造人物的艺术手法,体会戏剧语言的动作性和个性化;还要理解悲剧作品的风格特征,欣赏作者的独特艺术创造。"应该说,学习提示紧扣剧本的体式特征,要求从矛盾冲突、人物塑造、戏剧语言的角度走进剧本、理解剧本,紧紧抓住了剧本有别于其他文学样式的特点,也完全符合学生的认知规律,对学生提高戏曲鉴赏力有一定的帮助。

但是,教学停留到这个层面总觉得味道不足、回味不永,难以在学生心中留下醇厚的味道、长久的记忆。究其原因,上述学习提示知识内容纵然比较全面,但也容易导致学习浅表化,不能将剧中人物的多重性格、内心挣扎、艰难抉择分析得透彻、呈现得彻底。也就是说,没能将剧中人物的复杂性、人物的自我冲突置于突出位置。伟大的经典剧作之所以不朽,不仅仅在于其错综复杂的矛盾冲突、跌宕起伏的人物命运、个性明显的人物语言,更重要的还在于剧中的人物往往"形象大于思想",人物本身具有三言两语难以说清的

"人性复杂"特征,在不同的时代又有着多种解读的可能。

基于此,笔者以"探究复杂人性"为教学宗旨,与学生一起走进剧中人物的内心深处。

要探析人物性格的复杂性并不是一件容易的事情,如果不按照一定的规律和策略去厘清人物身上的多重性格,可能会落入"剪不断、理还乱"的尴尬境地。基于此,笔者把复杂人物的多重性格分为基本性格特征、深层性格矛盾、人物最终抉择三个层次,分别命名为人生底色、人生亮色、人生驳色,助力学生一层一层地剖开复杂人物的人性内核。

所谓"人生底色",是我们提起一个人物名字的时候,该人物给我们的第一反应、给读者的第一印象,也即该人物的最常见、最传统的标签,是人物最基本的身份定位和性格归纳;"人生亮色",是打破"非黑即白"二元对立的思维定式,探究该人物不同于同类型人物的个性特征、迥异于脸谱化人物的多重性格、有别于常态化人物的艰难抉择;"人生驳色",是将人物置于特定时代背景、特定生活场景下,人物在文本进行过程中隐含的心路历程、内心挣扎,这种心理变化折射出人物的矛盾性、复杂性、多重性,让人物有了多重的解读可能及恒久的艺术张力。

下面是与学生共同探讨归纳的窦娥、鲁侍萍、周朴园、哈姆莱特的多重人物性格,按照以上三个层面的划分依次展开。

窦娥:不应只有一张"冤"的标签

1. 人生底色:善良、贞洁的底层妇女。窦娥三岁亡母、七岁离父、十七岁嫁于夫婿,两年后丧夫,与婆婆在家守寡。不料张驴儿父子争惹事端,意欲霸占婆媳两人,婆婆含糊答应,窦娥坚决不从。自己受尽官府"三推六问、吊拷绷扒",宁死不屈;结果却因担心婆婆受拷打而屈招认罪,受刑前还要走后街、绕远路以免婆婆看到伤心。读到这里,人们莫不为窦娥的贞洁观念和善良心地所折服。但是,这种善良的女性却被无情地典刑,进而反衬出窦娥之冤,增加了悲剧力量,让窦娥成为含冤而死的代表。

2. 人生亮色：倔强、坚决的质疑和反抗精神。窦娥在张驴儿的威逼利诱下坚守"好马不鞴双鞍、烈女不更二夫"的贞洁观念，至死不做张驴儿媳妇，"情愿和他见官去"。蒙冤受屈后，她对人们所信奉尊崇的天和地都发出了质疑、控诉，临刑前许下"血溅白练""六月飞雪""亢旱三年"三桩誓愿以示冤情；但是我们应该清醒地看到，三桩誓愿的实现仍然离不开天和地的庇佑与感应。质疑天地终究还要依靠天地，这固然与古人所信奉的天人感应观念有关，更反映出窦娥在现实社会中的无助、无力、无奈。个人的力量是微不足道的，即便发出哭天抢地的呼喊、咒天骂地的批判，在强大的无以撼动的强权和罪恶面前，实在不足一提；冤情得昭雪，还得寄望于魂魄的托梦、天地的感应，得力于底层人民热衷的"大团圆"结局和创作者的艺术手法。这种正义在黑暗面前虽竭力抗争却渺小无力的弱者形象，让窦娥形象成为经典。

3. 人生驳色：对死的无惧和对生的留恋交织心间。在死亡面前，窦娥是勇敢的，这种勇敢来自她性格中的倔强；但勇敢不等于慷慨赴死，她许下三桩誓愿寄寓冤情，更有对生的留恋，这种留恋，在"快活三"与"鲍老儿"这两个曲子当中体现得最为明显。

"【快活三】念窦娥葫芦提当罪愆，念窦娥身首不完全，念窦娥从前已往干家缘；婆婆也，你只看窦娥少爷无娘面。"

"【鲍老儿】念窦娥伏侍婆婆这几年，遇时节将碗凉浆奠；你去那受刑法尸骸上烈些纸钱，只当把你亡化的孩儿荐。婆婆也，再也不要啼啼哭哭，烦烦恼恼，怨气冲天。这都是我做窦娥的没时没运，不明不暗，负屈衔冤。"

这两段唱词包含窦娥对身世的陈述、对以往的追忆，也包含对身后事的叮嘱、对婆婆的期待，更包含对死去的不甘、对人世的不舍和对生命的眷恋。这种不甘、不舍和眷恋隐藏在反复出现的"念窦娥"三字里面，隐藏在感人至深的唱词中间。

有对死的无惧,也有对生的眷恋,这让窦娥的内心变得更加有层次,也让窦娥的形象跨越时空,有了永恒的魅力。

窦娥的性格是多色的,而不是非黑即白脸谱化的;她的内心是丰富的,并不是一个"冤"字能够完全概括。就连充当了强权的鹰犬的监斩官、刽子手,也基本满足了窦娥的生前愿望,给了一个冤魂最基本的临终关怀,给整出戏增添了一点温暖的色彩,也给他们的人生画布留下了一抹亮色。

鲁侍萍:含辛茹苦三十载,真情真意误半生

1. 人生底色:善良、隐忍的底层妇女。在大年三十的夜里,被周家赶出以后,侍萍抱着刚生下三天奄奄一息的男孩,想要投河自尽,不料母女俩却被一个慈善的人救活了。"她一个单身人,无亲无故,带着一个孩子在外乡,什么事都做:讨饭,缝衣服,当老妈子,在学校里伺候人。""为着她自己的孩子,她嫁过两次。""都是很下等的人。她遇人都很不如意。"从侍萍的口述来看,她与绝大多数的封建传统女性一样,善良、勤劳、任劳任怨,是一个很有代表性的传统劳动妇女。唯一不同的是,她有一段与众不同的往事;这段往事,她从未也无法向身边的人提起,一直在内心压抑了三十年。因为她是底层人出身,却曾经相信了爱情,与上层家庭的周公馆少爷坠入了爱河,这与讲究门第等级的传统观念是格格不入的,所以她是"不大规矩的"。在被强大的封建家族赶出来以后,她也重新回到了现实,回到了门第等级观念认同的位置;这段往事也是不被同样有等级观念的下层人所接纳的,否则梅妈不会被她气死。那么,善良而隐忍的侍萍,只能把这段往事尘封在内心最深处,接受那个时代底层人最常遇见的命运。那么,勤劳朴实、善良隐忍就成了这个在社会底层挣扎了三十年的劳动妇女最基本的性格写照。

2. 人生亮色:对生活的倔强与在利益面前对自尊、对底线的坚守。侍萍与一般下层劳动妇女有很多的不同,不仅在于她有一段不同寻常的经历，更在于她为什么会有这样的经历，以及三十年后对周朴园的谈判态度表现出的倔强与自尊。三十年前，她是单纯的，也是敢爱的，这在她没有名分的情况下敢于为周朴园生下两个儿子这件事情上表现得尤为明显；被赶出周家的时候，她是无助的，也是决绝的，大年三十的夜里抱着刚出生三天的孩子投河自尽便是明证。三十年后，当造成她不幸命运的那个人再次出现在她面前并用谈判的语气与她交流的时候，侍萍是刚硬自尊的：她会永远地离开周家，断绝与他们的一切往来，撕碎周朴园签好的五千块钱的支票。她宁可把这一切归咎于命运的安排而承受命运的惩罚，也绝不会接受周朴园的任何补偿。这种倔强和自尊，不亚于三十年前的纵身一跃，也给侍萍的形象增添了最多的亮色。

3. 人生驳色：情感与理智、幻想与现实的交织。《雷雨》的教学有一个绕不开的话题，那就是鲁侍萍为什么要一步步暴露自己的身份，直至周朴园认出他面前的这个老太太就是他怀念了三十年"死去的"的老情人。教材选文的开始部分，周朴园让侍萍转达繁漪他要的是旧雨衣的时候，侍萍不走；周朴园指出侍萍走错屋子的时候，侍萍不走；周朴园想对三十年前那件"很出名的事情"欲言又止的时候，侍萍说"说不定，也许记得的"；周朴园打算修侍萍的坟墓的时候，侍萍告诉他自己还活着；周朴园让侍萍离开的时候，侍萍又把雨衣的事情提起来；一直到把两件分别补着梅花、绣着萍字的衬衣说出来、相当于直接亮明身份为止。面对给自己带来沉重苦难却已经认不出自己的人，侍萍为什么一次又一次地把他拉到自己的话语场域中来？

首先是情感的驱动。三十年前的往事带来了半生的不幸，但那是对爱情的真情付出、对世俗的勇敢挑战；当年的周朴园已经认不出自己，但她也宁愿耽于美好的幻想，尤其是周朴园保留了那么多的老习惯。所以，周朴园在端详照片里的侍萍与眼前的侍萍的时候,她会满含深情地说道:"朴园,你找侍萍吗? 侍萍在这儿。"只不过周朴园忽然严厉的质问,让她认清了他的的本性,把她从幻想的世界拉回无情却真实的现实。

其次是理智的支使。侍萍亮明自己的身份有一个愿望:让周朴园允许自己以一个母亲的身份见见周萍。周朴园并没有拒绝,只不过意味深长地说了句"他很大了"。此时侍萍并没有完全领会周朴园的言外之意,错误地认为他是在感叹岁月的流逝和周萍的成长,所以会在追忆中计算周萍的年龄,直至周朴园明确地说明周萍一直以为自己母亲已经去世,才让侍萍真正明白他的用意。按照侍萍的自述,他早已经"学乖"了,懂得了横亘在她与周家的不可逾越的鸿沟,这是在当年向传统观念挑战失败后的清醒。所以,她不会主动相认,只想看一看那段岁月留下的影子。毕竟,侍萍坚强而苍老的外表下,也埋藏着一段有关青春的美好记忆。

周朴园:那个最该审判、最受折磨的人

1. 人生底色:冷酷残忍的资本家,威严虚伪的封建家长。有关周朴园的解读越来越多样化、复杂化,但必须厘清一个基本事实:他是一个具有双重身份的人,即封建家长和资本家。在这个外表井然有序的家庭里,一切都要听从他的意愿,是一个不折不扣的维护"长老统治"的封建家长:他的房间,下人不能进去;繁漪的治疗,要遵从他的意志;周萍和周冲的行动,要听从他的安排。为了利益,他可以故意淹死两千二百个小工;面对罢工,他会使出金钱引诱的惯用伎俩。他对侍萍的怀念,也是基于一个前提——侍萍死了。这个人一旦活着,就有危及自身利益、自己权威的可能。所以,当活着的侍萍出现在他面前的时候,他会毫不犹豫地做出最有利于自己的选择。从这个程度上来说,他是剧作里面最应该接受命运审判的人。结局也是这样的安排,死的死,疯的疯,这个清醒的人接受命运该有的审判。

2. 人生亮色：曾经的反抗，短暂的真情，真诚的怀念。三十多年前的周朴园留洋归来，接受了一些西方的先进思想，向传统观念发起了挑战。我们完全有理由相信，他对侍萍的爱是真心的，也在用这种真心无声地对抗着周公馆的家族强权。后两段婚姻的不幸福，让他更加追忆当年在无锡有些离经叛道的岁月。所以他穿旧雨衣，留着旧衬衣，记着侍萍的生日，保留关窗户的旧习惯。对于周朴园来说，与侍萍相爱的日子是无论如何也回不去的美好。正因如此，他便格外珍惜和怀念那段岁月。

3. 人生驳色：身在现实里，心在记忆中。三十年前，他做了一个胆怯的反抗者，又很快变成妥协者，在理智与情感面前，他选择了理智地妥协。三十年后，他已是传统观念的主动捍卫者，对底层人民始终抱有傲慢与偏见。在众人面前，他要做一个成功的商人、威严的家长；在无人的时候，他会抚摸着房间的旧家具、旧照片，一点一点地拾起三十年前的记忆碎片。

哈姆莱特：重重顾虑下的内心挣扎

1. 人生底色：忧郁王子。这四个字已经与哈姆莱特紧紧地捆绑在一起，一提起哈姆莱特的名字，人们就会脱口而出"忧郁王子"。的确，在哈姆莱特的内心，总有一个挥之不去的幽灵相伴。这个幽灵，让他优柔寡断、延宕迟疑，充满着深沉的无力感和幻灭感。这种绝望的感觉，让他怀疑人生意义，否定人性善良，以至于在文中五次对奥菲利娅说"出家去吧"。

2. 人生亮色：曾经的快乐。其实，哈姆莱特的心路历程历经了四个阶段：快乐王子——忧郁王子——延宕王子——复仇王子。"忧郁"不应该是他身上的唯一标签。曾经的他歌颂青春和自由，高扬爱情和友谊，相信未来和美好，因此发出"人类是一件多么了不起的杰作……宇宙的精华！万物的灵长！"这样的呼喊。不过是突如其来的打击击碎了他的梦想，从而陷入了深深的忧郁。

3. 人生底色：人文主义的失落和抗争。 当哈姆莱特目睹人性的堕落和现实的黑暗之后，与生俱来的性格弱点让他陷入沉重的思考。他逐渐意识到，与黑暗邪恶斗争的重担他必须一人担起，这不仅关乎个人复仇，也关乎丹麦王室甚至整个社会的公平正义。此时的哈姆莱特，已经不再是单纯脆弱的乐天派，而是一个清醒而深刻的人文主义者。只不过深沉的思考和犹疑的性格让他陷入近乎疯狂近乎绝望的境地，有关"生存还是毁灭"的宏大哲学命题的思索更是让他身心俱疲：生存，就要"默然忍受命运的暴虐的毒箭"；毁灭，就是要挺身反抗、慷慨赴死。死亡会有两种可能，一是精神与肉体一同消亡，这是求之不得的结局；但死亡有不可预知性，还有可能遇到比活着更痛苦的梦。这样，"重重的顾虑"让他陷入了深深的忧郁、沉重的痛苦：不愿痛苦地活着，也不敢勇敢地死去。哈姆莱特的性格，一言难以蔽之；而越是错综复杂，则越是接近人文主义者在文艺复兴后期所遇到的真实。

曹禺先生说过："写戏主要是写'人'。"无论窦娥还是侍萍，周朴园还是哈姆莱特，他们都是因为复杂的人性而具有永恒的魅力；在他们身上，也体现了伟大剧作家们对"人"的独到认识和深切体悟。带领学生在理解人物性格多重性方面下些功夫，既让学生深入感悟了经典剧本的艺术魅力，也让他们对剧作家们的人文关怀有更多的思考。

主题阅读：春秋战国时代名垂青史的外交家

《普通高中语文课程标准（2017年版）》指出，语文学科要阅读中华传统文化经典作品，增强文化自信，能够"在特定的社会文化场景中考查传统文化经典作品，以客观、科学、礼敬的态度，认识作品对中国文化发展的贡献"。

基于此，笔者组织"春秋战国时代名垂青史的外交家"主题阅读活动，以期带领学生认识在那个风起云涌、风云变幻的年代里，外交人才所独具的人格魅力以及司马迁卓越的人物塑造手法。

一、活动背景

春秋战国，一般是指公元前 770 年－公元前 221 年，是中国历史上的大分裂时期。那是一个战乱频仍、兵荒马乱的年代，也是一个风云际会、人才辈出的年代。

沧海横流方显英雄本色。很多出色的人才能在乱世的横流里勇站潮头，劈波斩浪，是横流中的搏浪者，沧海里的弄潮儿。诸子百家，纷纷著书立说，名扬后世；英雄豪杰，历经黄沙百战，永垂青史。还有这样一批人，他们仅凭三寸不烂之舌，抵过千军万马，可保一方平安。正是：一言之辩，重于九鼎之宝；三寸之舌，强于百万之师。

他们就是智勇双全的外交家。代表人物：烛之武、蔺相如、毛遂、甘罗、甘茂、苏秦、张仪、范雎、乐毅、蔡泽、邹忌、郦食其、蒯通……

正因为他们，烽烟四起的年代才有了血红之外更丰富的颜色，有了号角之外更动听的声音。

二、准备材料

1. 整本书准备：《左传》《史记》。

2. 部分篇目准备：《烛之武退秦师》《廉颇蔺相如列传》《屈原列传》《平原君虞卿列传(毛遂部分)》《樗里子甘茂列传(甘罗部分)》……

3. 学习卡片，制作表格。

三、厘清概念

长期以来，人们把"外交家"和"纵横家"两个概念等同看待，其实二者有较大的区别。

春秋战国时代，功成名就、名垂青史的外交家大都是土生土长的本国人士，他们或出身显达，或隐于门人食客，但在国家危难之际，敢于凭借自己的勇气和智慧，倾其所有，为国效命。他们的个人命运始终与国家命运紧紧维系在一起。比如烛之武、屈原、蔺相如、甘罗,等等。

纵横家则是以研究外交策略、君主心理为业的个人奋斗者。他们见多识广,智谋多诡,能言善辩,反复无常,常年游说于诸侯各国,纵横捭阖,孤立打击敌国。在利益面前,他们可以背叛所有。比如六国相苏秦,纵横家张仪,谈言微中的陈轸,等等。

他们的人生格局和精神境界判若云泥。外交家可称之为国士,纵横家至多可称之为谋士。教师引导学生制作表格,进行更加直观的比较。

人物	生活时代	出生国家	效力国家	代表事迹	终极目的	身份定位
烛之武	春秋	郑国	郑国	烛之武退秦师	保郑国平安	国士 以国为先
屈原	战国	楚国	楚国	接遇宾客,应对诸侯	为楚国强大	国士 以国为先
蔺相如	战国	赵国	赵国	完璧归赵 渑池会	为赵国外交取得空前胜利	国士 以国为先
甘罗	战国	秦国	秦国	劝张唐相燕	助秦扩大河间之地	国士 以国为先
苏秦	战国	韩国	秦国 赵国 燕国 齐国	六国合纵长	自身名利 衣锦荣归	谋士 以己为先
张仪	战国	魏国	秦国 魏国	秦国任相 戏弄怀王	驰骋才能 名耀天下	谋士 以己为先

四、活动一:对比阅读

在厘清了"外交家"和"纵横家"两个概念的基础上,我们主要就这一时期的杰出外交家进行专题阅读。

1. 制作人物卡片

教师从杰出的外交家中遴选三个代表性人物进行引领示范,其余由学生合作探究完成。这三个人物分别活跃在秦国三个标志性的历史时期,分别是秦穆公时期的郑国人烛之武,秦昭王时期的赵国人蔺相如,嬴政时期的甘茂之孙甘罗。

　　然后把学生分成三个小组,引导学生通过

制作学习卡片和表格,分别就三人的外交事迹进行整理。

小组一:烛之武

人物分期	代表事迹	文章经典选段	外交艺术	外交成就	人物魅力
籍籍无名阶段	臣之壮也,犹不如人	臣之壮也,犹不如人;今老矣,无能为也已	夜缒而出	面见穆公	虽有牢骚不满,但国难当前,勇于向前
面见秦穆公第一招	稳住穆公	秦、晋围郑,郑既知亡矣。若亡郑而有益于君,敢以烦执事	以弱示之	秦伯说,与郑人盟。使杞子、逢孙、杨孙戍之,乃还	有弱国外交智慧,明白自身定位
面见秦穆公第二招	利诱穆公	越国以鄙远,君知其难也,焉用亡郑以陪邻?邻之厚,君之薄也。若舍郑以为东道主,行李之往来,共其乏困,君亦无所害	以利诱之	秦伯说,与郑人盟。使杞子、逢孙、杨孙戍之,乃还	设身处地为对方着想,将心比心
面见秦穆公第三招	痛批晋国	且君尝为晋君赐矣,许君焦、瑕,朝济而夕设版焉,君之所知也。夫晋,何厌之有?既东封郑,又欲肆其西封,若不阙秦,将焉取之	以理晓之	秦伯说,与郑人盟。使杞子、逢孙、杨孙戍之,乃还。(晋国)亦去之	在充分铺垫的基础上,乘胜追击,折冲樽俎

小组二：蔺相如

人物分期	代表事迹	文章经典选段	外交艺术	外交成就	人物魅力
缪贤舍人阶段	劝阻缪贤亡走燕	赵强而燕弱，而君幸于赵王，故燕王欲结于君。今君乃亡赵走燕，燕畏赵，其势必不敢留君，而束君归赵矣。君不如肉袒伏斧质请罪，则幸得脱矣	审时度势，冷静客观	缪贤得以脱罪	忠于主上，长于分析
出使秦国	完璧归赵	相如视秦王无意偿赵城，乃前曰："璧有瑕，请指示王。"……臣知欺大王之罪当诛，臣请就汤镬，唯大王与群臣孰计议之	以智欺之，以谋诈之	秦亦不以城予赵，赵亦终不予秦璧	其人勇士，有智谋
渑池会	渑池会	秦王饮酒酣，曰："寡人窃闻赵王好音，请奏瑟。"赵王鼓瑟。……蔺相如亦曰："请以秦之咸阳为赵王寿。"秦王竟酒，终不能加胜于赵	以勇胁之，以语胜之	秦王竟酒，终不能加胜于赵。赵亦盛设兵以待秦，秦不敢动	其人勇士，有智谋

小组三：甘罗

人物分期	代表事迹	文章经典选段	外交艺术	外交成就	人物魅力
劝说吕不韦	向吕不韦自告奋勇	大项橐生七岁为孔子师。今臣生十二岁于兹矣，君其试臣，何遽叱乎	以事喻人	得见张唐	通过一道比较年龄的"比较题"，让吕不韦心悦诚服

续表

人物分期	代表事迹	文章经典选段	外交艺术	外交成就	人物魅力
劝说张唐	向张唐陈述利害	于是甘罗见张卿曰："卿之功孰与武安君?"……今文信侯自请卿相燕而不肯行,臣不知卿所死处矣。	以理服人	张唐相燕	通过一道比较大小的"算术题",让张唐明白利害
劝说赵王	向赵王陈述利弊	赵襄王郊迎甘罗。……赵攻燕,得上谷三十城,令秦有十一。	以利诱人	赵王割城	通过一道亲秦攻燕的"应用题",让秦国渔翁得利

2. 人物魅力小结:凡是名垂青史的外交家,无论出身,无论年龄,都要具备以下基本素养:

首先是以国家利益为先的胸怀。不同于以实现个人价值为终极目的的纵横家,他们要置国家利益于个人利益之上,以国为先,"先国家之急而后私仇也"。

其次是不畏强敌、勇于斗争的勇气。籍籍无名的烛之武夜见春秋五霸秦穆公,宦官门客蔺相如面对虎狼一般的秦昭王,12岁的甘罗面对老练的赵王,无不需要常人所不具备的勇气。

最后是面对现实的语言智慧。到什么山上唱什么歌,同一个人也会根据不同的人物、不同的场景、不同的时局、不同的境遇说出不同的话语。以甘罗为例,在位高权重的长辈面前,以事喻之;在畏缩不前的张唐面前,以理晓之;在重利轻义的赵王面前,以利诱之。

3. 作业:仿照以上卡片和小结,给春秋战国时期的其他著名外交家制作三张表格,并进行小结,以领略他们独特的人格魅力。

五、活动二:成功原因探析

这些外交家能够折冲樽俎,原因很多。可以就主观原因和客观原因两个方面进行探讨。

1. 主观原因：上文曾经提到外交家的基本素养，这也是他们能够取得外交胜利的基本前提。除个人胸怀、智勇双全、能言善辩等因素外，还要反应敏捷、善于应变、敢于决策，等等。以蔺相如为例，在秦王拿到和氏璧后，他发现秦王并没有拿城换璧的想法，于是巧妙地拿回和氏璧，激烈地批评秦王，悄悄地完璧归赵，勇敢地承担后果，从而让赵国在这一外交环节取得了胜利。这种表现是胸怀、智谋、勇气、反应、决策的结合体，缺一不可。这是一个不可分割的整体，构成了他们成功的主观原因。

2. 客观原因：客观原因比较复杂，既有本国实力的支撑，也有对方决策的因素，还有当时社会形势等诸多方面的原因。

首先是要有慧眼识珠的伯乐和甘为人梯的举荐者。在郑国陷入绝境的情况下，佚之狐这样的老臣，步履匆匆又信心满满地举荐烛之武，"若使烛之武见秦君，师必退"；在满朝文武计议未定时，宦者令缪贤敢于自爆黑历史，冒死举荐蔺相如。他们的慧眼和胸怀，是烛之武、蔺相如们能够一举成名的先决条件。

其次是本国的地理位置和实力后盾。烛之武能够说服秦穆公，紧紧抓住了自己所处的有利地形，才能抛出"越国以鄙远，君知其难也"的论断；蔺相如能够威逼秦君，还有很重要的原因就是当时的赵国经过"胡服骑射"，国力比较强盛，秦国并没有一举歼而灭之的绝对实力，况且还有廉颇"盛兵以待"；甘罗能够让赵王"郊迎"并言听计从，很大程度上他代表的是强大的秦国。

还有当时的诸侯国之间的制衡关系。魏国衰落、秦国崛起之后，楚国、齐国、赵国也曾先后进入顶峰时期，尤其是秦昭王的"远交近攻"的外交策略以及六国合纵的客观事实，让各国之间的关系错综复杂：利益相同时，便合作结盟；不同时，就交恶作战。这种形势下，只要头脑清醒、认清事实，便可取得外交成功。

……

探讨结束后,让学生拿出学习卡片,列表总结。

六、活动三:司马迁塑造人物的手法

作为春秋三传的代表,《左传》善于在历史事件中凸显人物魅力;作为纪传体通史的代表作,《史记》为我们塑造了一个个活灵活现、呼之欲出的经典人物形象。我们学习《左传》《史记》,就要学习它们的人物塑造手法。纵观春秋战国的人物长廊,左丘明、司马迁尤为擅长把人物置于激烈的矛盾冲突中,通过对比烘托,运用个性化的语言和精当的细节描写彰显人物魅力。学习活动中,重点学习司马迁的人物塑造手法,可以以甘罗为例做成表格。

1. 与吕不韦对话

人物塑造手法		主要内容	文章选段	画外音	人物形象
在矛盾冲突中凸显人物性格		文信侯吕不韦自请张唐遭拒,十二岁甘罗自荐	甘罗曰:"君侯何不快之甚也?"文信侯曰:"吾令刚成君蔡泽事燕三年,燕太子丹已入质矣,吾自请张卿相燕而不肯行。"甘罗曰:"臣请行之"	我居然不行,无可奈何	年纪虽小,胸有成竹
绝妙的对比烘托	说服张唐之前	不屑一顾	文信侯叱曰:"去!我身自请之而不肯,女焉能行之"	我都不行,你也不行	自信满满,令人叹服
	说服张唐之后	赞不绝口	文信侯乃入言之于始皇曰:"昔日茂之孙甘罗,年少耳,然名家之子孙,诸侯皆闻之。今者张唐欲称疾不肯行,甘罗说而行之"	我都不行,小甘罗却能行	
精妙的语言描写		由己及人	大项橐生七岁为孔子师。今臣生十二岁于兹矣,君其试臣,何遽叱乎	他行,我也一定行	辞令从容,语言得体

2. 与张唐的对话

人物塑造手法		主要内容	文章选段	画外音	人物形象
绝妙的对比烘托	说服张唐之前	张唐滔滔不绝	于是甘罗见张卿曰："卿之功孰与武安君?"卿曰："武安君南挫强楚,北威燕、赵,战胜攻取,破城堕邑,不知其数,臣之功不如也"	武安君很厉害,我张唐也不差	以理服人,善用推理
	说服张唐之后	张唐言听计从	应侯欲攻赵,武安君难之,去咸阳七里而立死于杜邮。今文信侯自请卿相燕而不肯行,臣不知卿所死处矣。张唐曰："请因孺子行。"令装治行	你不去,恐怕一定不行	
精妙的语言描写		甘罗列出一道"比较题"	甘罗曰："应侯之用于秦也,孰与文信侯专?"张卿曰："应侯不如文信侯专。"甘罗曰:"卿明知其不如文信侯专与?"曰:"知之"	孰大孰小,自不必说	机智无比聪颖无比

3. 引导学生以上表为例,给烛之武、蔺相如制作人物塑造手法表格。

七、结束语

在春秋战国的人物长廊里,外交家有着永恒的人物魅力。通过这次主题学习活动,运用表格的形式对其进行归类、比对,直观地感受这一人物群体的独特魅力;并且学习《左传》《史记》的人物塑造手法,在梳理总结的基础上,力争学习运用。

知识"三会"·认识"三写"·重识"三义"

——以高中语文必修下册第八单元为例浅谈文言文高质量复习策略

语文的复习备考,文言文是不可或缺的重要组成部分。除去考查方式较为直接的名篇名句默写之外,能否依托教材篇目的复习夯实文言知识、打通文言文阅读的任督二脉进而形成良好的文言语感,也是衡量学生语文素养发展质量的重要指标。

传统的文言文复习课,往往把主要精力都放在了背诵检查、句子翻译、名句默写等基础知识方面,让学生在反复的机械记忆中不断重复收效甚微的体力和脑力劳动,以致逐渐失去了对文言文的兴趣,更无益于学生语文核心素养的提升。鉴于此,笔者在文言文复习课教学过程中,尝试进行基于知识"三会"·认识"三写"·重识"三义"的"三识九步文言文复习课"教学法,以期全面助力学生语文素养的高质量发展,并收到了不错的效果。

一、夯实知识:让"三会"打好文言文复习课的地基

必修下册第八单元共有四篇课文,分别是魏征的《谏太宗十思疏》、王安石的《答司马谏议书》、杜牧的《阿房宫赋》和苏洵的《六国论》,皆为《普通高中语文课程标准(2017年版,2020年修订)》的必修篇目,重要性不言而喻,是文言文复习课不可绕过的内容。但在复习课开始的时候,笔者连发"四篇课文都能熟练背诵吗""都能流畅默写吗""都能准确翻译吗"三问,如三记闷棍,教室顿时鸦雀无声,课堂变得异常安静。总结出现这种尴尬的原因,关键一条是"距离":复习课距离新授课的时间较长,原本已经会背诵、会默写、会翻译,但时间一久,没有及时复习导致遗忘;课文内容距离学生的生活实际太遥远,存在难以弥合的时代差异而难以理解,学习时便存在生吞活剥的现象;学生的实际掌握情况距离课程标准描述的学业质量水平存在较大差距,尚有很大的提升空间。因此,寻找"三会"(会背诵、会默写、会翻译)的有效路径显得尤为重要。

为了能够让学生背诵熟练、默写正确、翻译准确,笔者主要通过制作学习卡片的形式提高复习效率。

1. 提要钩玄,制作背诵纲要卡片。

背诵是语文学习的基本功,更是文言文学习的基本功。丢弃了这个基本功,文言文的学习效果将大打折扣。但是,高中阶段的学生迫于繁重的课业压力,难以找出充分的时间背诵文言文。到了复习课阶段,这种情况愈发明显。找出文言文背诵的高效路径,显得尤为重要。

高中阶段的学生,概括能力和发散思维能力相对突出,基于此,在熟读与理解的基础上,把比较长的文言语段的关键词提取出来,制作成背诵纲要卡片,可以有效提高背诵效率。

比如《谏太宗十思疏》,"十思"是文章的重点,恰恰也是背诵的难点。如何将十句看似没有关联且比较冗长的句子按照行文顺序准确背诵下来,的确难度较大。但深入阅读不难发现,"十思"其实就是魏征对唐太宗化直接批评为普遍议论的"十诫",提取出关键词分别是"见欲""有作""高危""满溢""盘游""懈怠""壅蔽""谗邪""谬赏""滥刑","十诫"两两相对,分别围绕"奢""骄""惰""谗""情"五个方面展开,而这五个方面恰恰也是"君人"在"积其德义"方面最常犯的错误。之于"君人",只有变"十诫"为"十戒",方可"厚其德而思国之理"。于是制作背诵纲要卡片如下:

君人十戒	戒奢:见可欲　将有作
	戒骄:念高危　惧满溢
	戒惰:乐盘游　忧懈怠
	戒谗:虑壅蔽　想谗邪
	戒情:恩所加　罚所及

通过该卡片的制作,学生的背诵情况明显好转。

2. 追本溯源，制作字源探究卡片。

名篇名句默写，错一字则该句不得分。很多学生已经能够比较熟练地背诵原文，却往往因为写错了其中的一个字而丢分，十分可惜。究其原因，除个别通假字易写成所通之字外，汉字在演变过程中的不断变化而让本字的构造不再清晰可见，学生不能根据字形构造推断意义也是重要原因。因此，对易错字、易混字追本溯源，从造字之初的构形原理或用字之初的假借原理出发，制作字源探究卡片，对学生准确理解汉字意义、正确写出字形大有裨益。

例如《答司马谏议书》中有"以致天下怨谤也"一句，《六国论》中有"至于颠覆，理固宜然"一句，其中的"致"和"至"虽意义不同，却因读音相同和构形相近而容易混淆。如果追本溯源，从两个字的构形原理和所处语境进行探究，则一目了然。"至"，甲骨文写作，其古字形很像远处射来的箭落到地上，表示"到达"，引申为"到某种程度"或"到某个结果"，此处便是这个义项；而"致"是一个形声字，从"至"从"夂"，"至"是声旁，"夂"（又写作"攴"）是形旁。汉语中以"夂"或"攴"为形旁的字大都与手持木棒、借助外力敲击有关。此处的"以致天下怨谤也"即王安石因一意变法而受到了外界的口诛笔伐。于是制作字源探究卡片如下：

> 至：，会意字，箭落地上，表示到达；
> 致：形声字，从至从夂，借助外力。

《劝学》中"假舆马者，非利足也，而致千里"与"不积跬步，无以至千里"中的"致"和"至"，也可以这样区分。

3. 古今对照，制作古今异义卡片。

古汉语演进过程中，虽字义相对稳定，但也存在词义扩大、缩小、转移等，出现古今异义现象，给学生的阅读和翻译带来障碍。在复习过程中，对这些词语进行整理，有助于学生贴合当时语境更准确地理解句意。于是制作古今异义卡片如下：

《谏太宗十思疏》	
臣闻求木之长者,必固其根本	本:古义,树根;今义,根源
《答司马谏议书》	
故略上报,不复一一自辨	报:古义,回复;今义,上报
《阿房宫赋》	
戍卒叫,函谷举	举:古义,攻克;今义,举起
《六国论》	
至丹以荆卿为计,始速祸焉	速:古义,招致;今义,快速
……	

通过三类卡片的制作,有助于学生在背诵、默写和文意理解方面夯实基础,打牢文言文学习的地基。

二、提高认识:让"三写"丰厚学生的人文素养和文化情怀

"三会"侧重"言"的落实,着意在工具性方面倾斜;在此基础上,还要提高学生对"文"的认识,深化单元人文主题。本单元的核心任务是"倾听理性的声音",通过创设情境,让学生思考"写了什么""怎么写的""为什么这样写"三个层层递进的问题,可以更好地知人论世(见"人")、理解主旨(见"旨")并体悟作者的行文智慧(见"智")。

1. 基于文章大意,梳理"写了什么",更好地知人论世。

本单元四篇文章虽时代不同,但都是有识之士就初露端倪或已比较严重的社会问题给出自己或委婉或直接的建议:魏征有感于贞观十年唐太宗出现的懈怠思想,借"创业与守成""善始与克终"两个难题提醒唐太宗"积其德义",并描绘了一幅君臣相得、不言而化的治世图景;王安石志在改变北宋的"三冗"积弊,不顾多年同僚情谊,对昔日好友司马光的好言相劝毫不留情地开炮,彰显"拗相公"本色；杜牧不满唐敬宗"大起宫室，广声色"，借《阿房宫赋》讽喻；苏洵不满北宋与周边国家的软弱外交，以六国破灭之道论当今之事，借史说事。

四篇文章主旨并不相同，却都有极强的现实指向性，敢于在所发出理性的声音；四位作者的经历、职务也少有相近之处，我们却能通过阅读他们的文字、倾听他们的心声，看到四个敢于直言的耿介灵魂。

这样，通过对"写了什么"进行简要梳理和对比，学生坐在教室读其文，也可回到历史现场"见其人"。

2. 基于文章内容，探讨"怎样写的"，更深刻地理解主旨。

四篇文章风格迥异，但就文章脉络而言，《答司马谏议书》独树一帜，开门见山，针锋相对，不留情面；《谏太宗十思疏》《阿房宫赋》《六国论》则是循序渐进，铺叙较多，曲终奏雅。就写作对象来看，《答司马谏议书》是写给同僚的书信，是用决绝的语言表明自己"虽千万人吾往矣"的孤勇者心态；其余三篇则是写给当权者的谏言书，具有韵味十足的规劝意味。就写作动机来看，王安石是铁了心干一番事业，这封回信不过是心迹的外露，文章有了战斗檄文的意味；魏征、杜牧、苏洵则更讲究文章的章法，步步为营、层层深入。

3. 基于文章体式，探究"为什么这样写"，体悟作者的行文智慧。

有同学发出这样的疑问：同样是正直的灵魂，为什么文章风格迥异？除了个人气质之外，他们选择的文章体式也是重要原因。

《谏太宗十思疏》是一篇奏疏，是臣子向皇帝陈述意见的文章。再读文章，学生发现文章的语言与他们所熟知的敢于直言进谏的魏征并不相符：文章句式比较整齐，说教比较委婉，且一直站在对方的角度考虑问题。这恰恰符合"奏疏"这种文章的体式要求，以上三点恰恰是"奏疏"的特有的外在形式、特别的阅读对象和特定的行文目的决定的，直言进谏与呈上奏疏并不一样。

《答司马谏议书》是一封回信,是一封反驳对方的回信,是一封执拗的王安石反驳司马光的回信。所以,文章立论针锋相对,语言铿锵有力,"用心太过,自信太厚"的王安石不惜最终与昔日好友成为政敌,形同陌路。全篇回信,里面写满了"决绝"二字。这种决绝,与王安石的志向、风格有关系,更与书信能直接流露真情有关。

《阿房宫赋》是古赋,与必修上册的文赋《赤壁赋》大相径庭。古赋要"铺采摛文,体物写志",也就是用铺陈夸饰的手法直陈其事、用新奇美丽的词藻描摹事物,文末加上"讽谏的尾巴"。纵览《阿房宫赋》全文,杜牧尽情驰骋想象、铺叙文采,让一座早已作古的阿房宫承载起讽喻唐敬宗"大起宫室,广声色"的职能。

《六国论》开篇的观点"六国破灭,非兵不利,战不善,弊在赂秦"便石破天惊,既有违历史事实,又不合常识逻辑。苏洵为什么这样写?因为本文既是一篇史论,又兼具策论的特征;也就是说,既是在评述历史事件、总结历史规律,更是在议论当前政治形势、提出政治对策。联系一下当时宋朝与周边国家的外交策略,也就更能体悟苏洵的良苦用心了:携取部分历史真实,一切皆可为我所用;再加上文章丰富的文人意蕴,真可称作"洵美且异"了。

三、获得重识:让"三义"提升学生的思维能力与审美水平

在知识"三会"、认识"三写"的基础上,便可布置典型任务,探讨文章的"三义",即时代意义、经典意义和永恒意义,以期获得更新、更深的认识,让学生重新审视文章的伟大意义。

1. 关联时代背景,思考文章的时代前瞻性。

白居易曾说:"文章合为时而著,歌诗合为事而作。"有责任感的读书人,不会只为"五斗米折腰",而是"铁肩担道义,妙手著文章"。正是这种责任感和使命感,让他们的文章有了浩然之气,得以流传千古。

魏征清醒地看到了大唐盛世繁荣昌盛的后面隐藏着危机,在贞观十一年的三月到七月间"频上四疏,以陈得失",《谏太宗十思疏》

是其中第二疏,让太宗猛然警醒;王安石有感于北宋积贫积弱的社会局面和士大夫保守献媚的现状,针对司马光洋洋洒洒的三封《与王介甫书》做了简洁明了的回复,甚至不惜与对方决裂;杜牧对大兴土木、无心治政的唐敬宗极为愤慨和痛心,对尝尽疾苦的底层百姓极为同情和关心,所以用饱蘸民本思想的笔写出了"一人之心,千万人之心也。秦爱纷奢,人亦念其家"的句子;苏洵不满周边国家对北宋的蚕食侵割,更不满统治者的孱弱外交,奋笔直书,文中溢满了家国天下。这些文章,源于所属的时代;但其作者的胸怀和眼光,又远远超越了所属的时代。

2. 比较同类文章,探究文章的经典代表性。

本单元四篇文章体式各异,在高中语文教材的同类篇目中也颇具代表意义。《谏太宗十思疏》与李斯的《谏逐客书》类似,两相比较,可以看出奏章类文本从先秦到唐代的演进过程;不同的是,李斯是在流放途中为了个人之志而写的急就章,魏征则是高瞻远瞩为国为民写下的治国箴言。与《答司马谏议书》类似的是,无论是选择性必修篇目中的《报任安书》,还是教材必修的《与妻书》,无不是内心最真实情感的剖白,符合私人书信真实性与情感化的写作特征。古赋在高中语文教材中只有《阿房宫赋》一篇。史论文本较多,除《六国论》外,选择性必修中册第三单元还有贾谊的《过秦论》和欧阳修的《五代史伶官传序》,三篇文章皆具借古讽今、借史论事的特征。

这样的整合与比较,让学生能够加深对"这一类"文章的共性特征的理解,也更能突出单篇的"这一个"的个性特征。

3. 回顾历史长河,思考文章的永恒意义。

曹丕在《典论·论文》中说:"盖文章,经国之大业,不朽之盛事。"学生对这句话并没有深刻体会。经过本次的复习课,开始有了深刻的感悟:魏征与李世民君臣相得的美谈,让大唐盛世乃至中国历史再攀高峰,离不开这篇情真意切的《谏太宗十思疏》;王安石坚定变法革新的决心，少不了《答司马谏议书》的助推；唐敬宗如果读了《阿房宫赋》而"爱人"，也许不会让"后人"哀之；北宋统治者如以《六国论》为鉴，可能不会陷入"积贫积弱""三冗"缠身的窘境。

从这重意义上推而广之，王羲之的《兰亭集序》是书法杰作，其蕴含的哲思给当时乃至后世的人提供了一种全新的活着的方式；姚鼐的《登泰山记》践行了"桐城派"的文章理论，作者本人也迎来了自己心中的太阳；李斯的《谏逐客书》改变了自己的命运，也在一定程度上改变了秦国乃至当时中国的命运……这样，学生对文章是"经国之大业，不朽之盛事"的体悟便深刻得多了。

这样，通过掌握知识"三会"，认识"三写"，重识"三义"的学习方法，如文言文复习课的效率有了坚实的保障，文言基础知识、文言阅读语感都有了显著进步，思维能力和文化情怀也得以大幅提升。

构筑思维梯田，展现层次之美
——从高铁"霸座"的写作训练谈起

思维的发展和提升，是语文学科的核心素养之一。而写作是学生思维能力的最佳呈现方式之一。一篇好的作文，思路清晰、语言利落，由浅入深、由表及里，就像一块梯田，层次清晰、条分缕析地展现着学生的思维梯度和层次。

现实情况却是，学生的习作往往思维混乱，层次不明，像一块被耕坏的地，凌乱不堪。如何解决这一问题，让学生的作文有梯田一般分明的层次感？笔者以高铁"霸座"的写作训练为例，谈谈自己的做法。

题目再现：

最近一段时期，高铁"霸座"事件屡屡发生：

8月21日，高铁"霸座男"乘客孙某系某校博士，却霸占靠窗位置不愿起身,拒绝与乘务人员沟通,一直坐到列车终点站。

9月17日,在重庆北站上海虹桥开往成都东的D353次列车上,无座票的六旬"占座大妈"坐在其他乘客的座位上,并抓伤在旁劝说的乘客。

9月19日,湖南永州开往深圳的列车上,"霸座女"持过道坐票,却执意坐在靠窗位置,并声称"谁规定10D是做过道座位的啊,椅子上又没写"。

9月20日,网友爆料又来了一位70岁的"霸座婶",其所购车票为无座票却强行坐在其他乘客的座位上。面对指责,大妈称"年轻人站半个小时咋了? 你买这个座位是你倒霉。"

此类事件被曝光后,网上各种热议也纷至沓来。

对于此类事件,你有什么看法? 请写一篇文章阐述你的观点和理由。

这则材料,任务驱动指向明显,需要学生就高铁"霸座"这类事件厘清事实、分析原因、揭示本质、阐明理由。学生的习作中出现了不少优秀作品,彰显着学生的眼界和格局。但有些习作在思维、思想、辩证说理以及语言打磨等方面存在着很多问题。本文试着从思维梯度、思想升级、辩证说理、语言打磨四个方面一一阐述。

思维梯度:由浅入深,由表及里

多数学生的议论文,都比较注重分论点的设置和段首句的使用。但是在行文时,往往出现段首句简单化、重叠化和分论点逻辑层次不清的问题,造成思维梯度呈现得比较混乱,让文脉不能一气贯注。我们来看这名学生的分论点:

"霸座"事件的发生不仅反映了当下国民素质低下,还体现了社会文明氛围的缺失。

"霸座"不仅会危害乘车人的权益,还给社会造成很大的负面影响。

"霸座"是一种侵犯他人权益的行为。

我们要对"霸座"者晓之以理、动之以情,让他们意识到自身的错误所在。

这名同学的分论点设置基本体现了"是什么""为什么""怎么样"的思维过程,也能够透过现象分析问题本质。但缺点也比较明显:首先是句式结构不同、长短不一,缺乏整体的美感;其次是思维顺序混乱,没能做到由浅入深,由表及里。

本则作文材料,从个人层面来说,是让人知道应当怎样做一名合法公民;从社会层面来说,是让依法治国的观念更加深入人心。两相结合,可以确定一个比较有思维梯度的写作思路:个人修为需加强——别人权益需尊重——规则制度需敬畏——社会惩戒需严格。学生修改原分论点如下:

"霸座"事件的发生,是少数公民社会公德意识缺失的体现,需不断加强个人修为。

"霸座",看似是"霸座"者自私自利,实则是不尊重他人的合法权益。

"霸座",表面是"霸座"者飞扬跋扈,其实是对社会规则和制度缺少敬畏。

"霸座",性质恶劣,影响很坏,社会需完善惩戒体系,加大其犯错成本,方能以儆效尤。

思想升级:由小及大,由近及远

一篇议论文的论证过程,既是学生的思维过程,也能呈现学生的见识和格局。有些同学平时经常阅读《新华文摘》《人民日报》《光明日报》《中国青年报》等,能够经常接触到社会热点,学习到最新的主流观点,对其眼界扩大、境界提升乃至世界观人生观的匡正指引都有重要意义。而有的同学只能就事论事,不能做到由小及大,由近及远。我们来看这名学生的论证过程:

学生"霸座",是年轻人群体素质的一次反面展现,也是素质教育的失败。

妇女"霸座",是部分国人素质低下的表现,也与"沉默的大多数"不无关系。

老人"霸座",是长期以来部分老人蛮不讲理、倚老卖老的体现。

最后,素质高低与年龄、学历无关,需要全面提高国民素质。

这名学生的论证过程看似比较缜密,但没有注意材料要求的"对于此类事件,你有什么看法",反而对这类事件进行了拆解,从而得出了偏离题意的结论。综观这名学生的思维过程,主要是凝聚在个人的层面,没能完成由"个别"到"类别"甚至到"国别"的思维升华和思想升级,可以引导他由"这一个"联想到"这一类",从而提高文章的思想高度,开拓文章的境界和格局。该生修改后如下:

个人"霸座",是个别人素质低下的表现,需对其进行道德引导和法律惩戒。

"霸座"现象屡次出现,既是个别现象的负面影响的结果,也是有关部门监管力度不够的结果。

不仅如此,目前国际上还有国家"霸座"现象。在我们的地球村里,上百个国家同乘"国际秩序"的列车,每个国家都有自己的规定座位。国家"霸座",是对他国利益的损害,对国际秩序的破坏。

辩证说理:反例证伪,自圆其说

辩证说理,体现学生思维的缜密性、完整性和辩证性,是学生思辨能力的比较直观的体现。严密的辩证说理,对文章说理的完整性是有益的补充,能够有效避免文章观点的片面和偏激。一般的议论文写作,往往在文章的后半部分进行辩证说理,来增强文章的完整度和逻辑力量。但很多学生在辩证说理的时候常常出现两个问题:一是在否定前面观点的基础上进行,恰恰把自己论证的观点推翻了;二是脱离了材料情境或论证的观点,生拉硬拽地强加一段,让这一段显得很突兀,游离在了文章整体之外。我们来看这名学生习作的片段:

（该生文章前面主要论证"霸座"是由人们的道德素养低下引起，治本之策是加强道德约束。）

当然，应对"霸座"的治本之策还应加强素质教育，方能从根本上解决问题。只有加强素质教育，才能从心底种上文明与素质的种子，生根发芽，茁壮成长。无论是家长，还是学校、社会，都要从教育抓起，从文明抓起。

该生在辩证说理的时候，就犯了上文提到的两种错误。其实，仅仅依靠道德约束或素质教育并不能从根本上解决"霸座"现象，材料中的孙某就是一个反例；在这两者的基础上，还需要社会的监管和法律的利器。该生修改后如下：

当然，孙赫的举动告诉我们，要根治"霸座"这类不文明现象，仅仅依靠道德约束或素质教育并不能完全杜绝。社会秩序的建立，不仅需要道德与教育的"和风细雨"，也需要监管与惩戒的"狂风骤雨"。因为"道德"与"律令"本就是一个有机的整体，双管齐下，方可收获人心与社会的双重文明。

语言打磨：删繁就简，去粗取精

语言是思维的外壳，没有脱离语言的思维，也没有脱离思维的语言。语言清晰准确、干净利落、不枝不蔓，是一名学生思维清晰的外在表现。来看这名学生的习作节选：

其实，"霸座"是对个人权力和自身形象的损坏。抢占座位，损害了原座乘客的正当权力。高铁不是公共汽车，不存在抢座这一说，强占座位与侵犯个人财物并无二致。不听劝告、出言不逊、甚至抓伤劝说者，这种行为是对人身安全的威胁。拒绝沟通、上演闹剧，这是对全车人乘车权力的损害。不仅如此，对于"霸座"者个人，他的行为暴露了自己低下的道德素质与规则意识，引来网友指责与谩骂。

单从语言的角度来看，这则语段主要存在概念混淆、搭配不当、词语程度把握不准确等问题。先看概念混淆。语段中出现了三次

"权力"，按照《现代汉语词典》的解释，权力是指"政治上的强制力量"或"职责范围内的支配力量"，适用于比较大的具有强制力的对象；这里应该使用"权利"或"权益"更合适。再看搭配不当的问题："损坏"与原本使用的"权力"和即将替换的"权益"都不能搭配，应该替换成"损害""破坏"或"践踏"更合适。另外，"谩骂""霸座"者，与"霸座"一样，都是不文明举动。对语言进行必要的修改并删除不合逻辑层次的语句后，学生将这个语段作了如下修改：

其实，"霸座"既损害了他人权益，也破坏了自身形象。高铁不是公共汽车，高铁的每一张坐票都有其受法律保护的乘坐权利，乘客也没有向别人让座的义务；强占座位，就是对别人合法权益的侵占。而不听劝告、出言不逊、甚至抓伤劝说者则是对他人人身安全的威胁。不仅如此，对于"霸座"者个人来说，他的行为暴露了自己道德素质的低下与规则意识的欠缺，理应受到网友的指责和社会的惩戒。

这样，经过思维梯度的提升，思想境界的开拓，辩证说理以及语言打磨，就可逐步构筑起学生的思维梯田，让文章的思想和形式呈现出梯度的美。

（本文发表于《中学语文》2019 年第 1 期）

"新时代青年的职业生涯规划"写作导练

【作文题目】

阅读下面的材料，根据要求写作。

2019 年 9 月 17 日，国家主席习近平签署主席令，授予于敏、申纪兰（女）、孙家栋、李延年、张富清、袁隆平、黄旭华、屠呦呦（女）"共和国勋章"。

他们当中，有为新中国建立在枪林弹雨中奋战过的战斗英雄，有隐姓埋名、长期躬耕于科研事业的科学英雄,有长期深入农村一线、初心不改的农村先进模范代表……但无论身处什么岗位,他们身上都有忠诚、执着、朴实的鲜明品格,他们心中始终装着英雄精神、国家命运,把个人选择与时代发展、个人命运与国家命运紧紧结合在一起,用坚定的理想信念、不懈的奋斗精神,脚踏实地把每件平凡的事做好,在平凡中创造了伟大。

一切伟大成就都是接续奋斗的结果,一切伟大事业都需要在继往开来中推进。新时代必将是大有可为的时代。在中国特色社会主义进入新时代的背景下,个人应该有着怎样的思考和选择?

作为高三毕业生,请以"新时代青年的职业生涯规划"为主题,写一篇演讲稿,在班会上发言,表达你的思考和看法。

要求:选好角度,明确文体,自拟标题;不要套作,不得抄袭;不少于800字。

【写作指导】

1. 材料分析:这是一则有真实生活情境的任务驱动型作文。材料共有三段,从不同层次和角度阐述了"共和国勋章"获得者的品格,并逐步牵引到"新时代青年的职业生涯规划"这一写作主题上来。

第一段是新闻概述,简要阐述了习主席签署主席令对八位获奖者进行嘉奖的要闻。第二段以省略号为界分为两个层次:第一层次是对八位勋章获得者的职业和生平进行总览式概述;第二层是对他们共有的高贵品格进行详尽的阐释,从个人品质到个人选择,从理想信念到脚踏实地,非常细致具体,对学生的写作有很强的提示作用。第三段则从国家层面探到个人层面,突出了在社会主义新时代背景下的个人选择,是前两段材料和作文要求的重要结合点。

2. 立意方向:写作主题是"新时代青年的职业生涯规划",而这一主题是基于八位"共和国勋章"获得者的职业成就和个人选择提炼出来的,所以他们的职业选择和职业品质将是写作的最主要的基

础和最重要的参考。确定立意时,可就这两个大方面思考:

职业选择:(1)个人选择与时代发展紧紧联系在一起;(2)个人命运与国家命运紧紧结合在一起;(3)把平凡的事做好,在平凡中创造伟大。

职业品质:(1)忠诚、执着、朴实的鲜明品格;(2)心中始终装着英雄精神、国家命运;(3)拥有坚定的理想信念;(4)拥有不懈的奋斗精神;(5)拥有脚踏实地的品格。

另外,作为新时代的青年,其职业规划除了要努力学习以上先进人物的优秀品质,还要接续奋斗、继往开来,因为国家未来的接力棒,即将交到青年学生的手中。

3.写作限制:首先,要注意"演讲稿"和"班会发言"这两个情境要求,文字既要符合学生身份,又要有演讲稿的鼓动性和现场感;其次,题目要求写的是"新时代青年的职业规划",既要突出新时代青年的时代风貌,也要体现对"职业规划"的认知。

【范文点评】

别样的道路,同样的精彩

山东省淄博第六中学 2017 级 18 班　　彭瑞林

老师、同学们:

大家好!流年似水,岁月如梭,转眼间,我们已经面临高三毕业;时代日新月异,中国特色社会主义已经进入新阶段。我们如今正面临着人生职业的重要抉择。在时代大背景下,我们应该有着怎样的思考和选择呢?我今天演讲的题目是"别样的道路,同样的精彩"。

今年的国庆与以往有些不同。国家主席习近平签署主席令,授予八位平凡人"共和国勋章"。他们当中,有为新中国建立在枪林弹雨中奋战过的战斗英雄,有隐姓埋名、长期躬耕于科研事业的科学英雄,有长期深入农村一线、初心不改的农村先进模范代表……从他们身上,我们可以受到关于职业生涯设计的一些启发。

忠诚、执着、朴实是无论从事什么行业都必须具备的鲜明品格,不同的道路会因它们而同样精彩。"亲历新旧两时代,愿将一生献宏谋","两弹一星"元勋于敏28年隐姓埋名,呕心沥血终换来沙漠腹地的一声惊天"雷鸣";全国人大代表申纪兰,用65年守护一个初心,不辱人大代表的使命。同学们,用不懈的奋斗精神,脚踏实地地把每件平凡的事做好,在平凡中也能创造伟大。

个人命运与国家命运紧紧结合在一起,心中要始终装着英雄精神、国家命运,青春奋斗,强国有我。每个岗位都有它存在的意义,许多个岗位构成一个有机体,共同促进国家的进步。且看"一级英雄"李延年,总能转危为安,为建立新中国、保卫新中国做出重大贡献;"中国核潜艇之父"黄旭华荒岛求索、深海求证,青丝变白发,依旧铁马冰河。同学们,让我们为祖国腾飞插上更强劲的翅膀吧!

新时代必将是大有可为的时代,个人的选择必须与时代发展紧紧结合在一起。科学技术发展日新月异,"网约车""微信支付"等新出现的事物催生了大量新行业,相应的许多旧行业正面临时代的挑战。同学们,站在时代的浪潮之上,我们要以敏锐的目光、积极进取的精神融入时代的洪流之中。

一切伟大成就都是接续奋斗的结果,一切伟大事业都需要在继往开来中推进。同学们,前人已为我们树立了光辉的榜样,接下来就看我们的了。不管我们选择了什么,都要记住:别样的道路,可以同样的精彩。

我的演讲完毕,谢谢大家!

【点评】本文最大的特点是思路严谨、层层推进。以"别样的道路,同样的精彩"为中心写起,从"共和国勋章"获得者写起,从个人职业品质到个人职业选择与时代同步、与国家结合,有序推进,思路清晰。

在平凡中创造伟大

山东省淄博第六中学 2017 级 18 班　徐艺菲

亲爱的同学们：

大家好！今天很荣幸能站在这里，与大家分享我对职业生涯设计的见解。

从个人角度而言，我们都希望能找到一份自己喜爱的职业，但比喜爱更重要的，是对职业的敬重和对职业精神的坚守。若是连敬业都做不到，又何谈成果和贡献？潘美儿坚守浙北山坳二十三年，以大爱和人性之美使麻风病人的生命之花重新绽放，南丁格尔奖是社会对她的褒扬，麻风病人的信赖是对她最高的赞赏。日复一日的坚持，除了医者仁心和人道主义的支托外，对职业的敬重同样是不可或缺的因素。

然而，正如于敏所言："一个人的名字，早晚是要没有的。能把自己微薄的力量融进祖国的强盛之中，便足以自慰了。"不论我们身处什么岗位，心中都应装着英雄精神、家国命运，把个人命运与国家命运紧密结合在一起。古有张载"横渠四句"胸怀天下、班超弃笔从戎，近有钱学森不顾阻挠毅然回国，现有黄旭华、袁隆平等八位"共和国勋章"获得者以身作则……正因有他们这些将个人职业选择与国家命运相结合的人，中华文明才能繁荣千年，新中国的国力才能逐步趋于世界前列。

在中国特色社会主义进入新时代的背景下，我们应把个人选择与时代发展紧密结合在一起。唯有紧跟时代脚步，才能不被历史抛弃。林则徐、魏源走出"天朝上国"的束缚选择"开眼看世界"，于敏放弃喜欢的基础研究遵从国家和时代的需要研制氢弹，华为坚持研发属于自己的系统……他们将自身的选择放置于时代发展的大背景中，顺应发展潮流，才真正成为时代浪潮的弄潮儿，推动了个人价值的实现和民族国家的发展。

　　"一切伟大成就都是持续奋斗的结果,一切伟大事业都要在继往开来中推进"。从古至今,中国从不缺乏敬业努力者、爱国忠渝者、高瞻远瞩者,但那些昔日的辉煌已被历史封存,新时代,新起点,需要我们接续奋斗、继往开来。

　　同学们,请让我们一起,用坚定的理想信念,不懈的奋斗精神,脚踏实地地做好我们选择的职业,在平凡中创造伟大!

　　我的演讲完毕,谢谢大家!

　　【点评】材料是否丰富是评判一篇文章好坏的重要标准。本文的论据有古代的先贤,有当代的英烈,有身边的英雄,仿佛一个先进人物为国为民的长廊;更重要的是,每一个人物都没有进行面的铺展,而是点的概括,显得精炼、得当。

接续奋斗,继往开来

山东省淄博第六中学　张心蕊

亲爱的同学们:

　　大家好!

　　时光飞逝,岁月如梭,转眼高考即在眼前。在填报志愿、规划自己未来的职业生涯时,我们作为新时代的新青年,无论选择何种职业,都应以前辈为榜样,接续奋斗,继往开来。

　　坚定的理想信念如海上灯塔,照亮我们前进的方向。回首新中国70年奋斗历程,唯信念坚定者称焉。孙家栋献身我国航天事业60余年,让我们有幸目睹璀璨夺目的"中国星空";袁隆平扎根麦田一生,让"东方魔稻"扬名世界,造福苍生。身为下一代的接班人,我应坚定自己的理想信念,不畏险阻、激流勇进,方能有所成就,书写人生华章。

　　不懈的奋斗精神似攀山之杖,助你攀登人生高峰。"天才是1%的智慧加上99%的汗水",只要不懈奋斗,每个人都可以有所成就。申纪兰连任十三届全国人大代表,用65年为农民说话、为人民办事;张富清60余年深藏功与名,曾冲锋于枪林弹雨中,又扎根奉献偏远山区。纵使没有他们那样的伟大,我也希望接续他们不懈奋斗的精神,"有一份热,发一份光",开创崭新未来。

　　脚踏实地地前进是成功基石,是支撑我们的梦想大厦。中华上下五千年历史告诉我们,好高骛远、投机取巧者终会被海浪冲刷干净,只留下脚踏实地的奋斗者们的脚印。"两弹元勋"于敏带领团队以纸笔探索氢弹理论,焚膏继晷地研究,终于换来沙漠腹地的惊天"雷鸣";"中国核潜艇之父"黄旭华隐姓埋名几十年,把毕生心血倾注于核潜艇研发,让蓝色巨鲸奔向大海,让中华民族旭日东升。作为社会主义接班人,我也应接过他们脚踏实地的一棒,一步一个脚印,坚实地踏上追梦之路。

　　作为新时代成长起来的新一代,我一定要坚定自己的理想信念,脚踏实地地不懈奋斗,心怀英雄精神和国家命运,为时代发展贡献自己的一份力量。即使个人的力量渺不可见,我们团结互勉、并肩前行,接续奋斗、继往开来,也必能"为天地立心,为生民立命,为往圣继绝学,为万世开太平!"

　　我的演讲完毕,谢谢大家!

　　【点评】结构清晰是思路清晰的表现,本文就是用清晰的结构体现了清晰的思路。总—分—总的论证结构,完整明确;每一段又是一个完整的圆形结构。且段首句都用比喻的形式写成,给文章增添了亮色。

(本文发表于《语文月刊》2020 年第 3 期)

"致敬优秀文艺作品,我们应有所作为"写作导练

【作文题目】

　　阅读下面的材料,根据要求写作。

　　1.优秀文艺作品是时代前进的号角,最能代表一个时代的风格,最能引领一个时代的风气。

2.国庆节期间,《中国机长》等三部主旋律大片实现了票房和口碑双丰收。

3.第十届茅盾文学奖获奖作品《人世间》《牵风记》《北上》《主角》《应物兄》,体现了文学作品的使命感与责任感,从不同角度展现了中国作家的卓越成就。

4.优秀文艺作品不拘于一格、不形于一态、不定于一尊,既要有阳春白雪,也要有下里巴人;既要顶天立地,也要铺天盖地。

5.优秀文艺作品就应该像蓝天上的阳光、春季里的清风一样,能够启迪思想、温润心灵、陶冶人生,能够扫除颓废萎靡之风。

6.文艺作者要赢得人民认可,花拳绣腿不行,投机取巧不行,沽名钓誉不行,自我炒作不行,"大花轿,人抬人"也不行。

读了上面六则材料,你有怎样的感触与思考? 请以其中两三则为基础确定立意,并合理引用,以本校(统称"笆津中学")学生会的名义给高一年级"耘梦"文学社成立大会写一封贺信,倡议大家"致敬优秀文艺作品,我们应有所作为",体现你的认识与思考,并提出希望与要求。

要求:自选角度;不要套做;不得抄袭;不得泄露个人信息;不少于800字。

【写作指导】

1.材料分析:这是一篇有真实生活情境的任务驱动型作文。材料共六则,可以分成两个大类。前5则是第一类,从作品的角度写新时代优秀文艺作品的特征;第6则是第二类,从作家的角度写作品如何赢得人民的认可。

第一类材料又可分成三个角度:

角度一:1—3则是阐述优秀文艺作品的主题有鲜明的时代特征,其中第1则是这种特征的概述,第2、3则是以当下最受欢迎的电影和茅盾文学奖作品举例说明。

角度二:第4则材料是阐述优秀文艺作品从形式到内容都具有多样性。

角度三:第5则材料是从文艺作品的社会功用角度阐述其春风化雨般的教育性。

第二类材料从反面现象入手,阐明文艺作者要扎根人民,服务人民,以人民的认可为起点和终点。

2. 立意方向:题目有明确的任务指向,倡议大家"致敬优秀文艺作品,我们应有所作为",所以写作的方向比较明确,就是围绕"我们对优秀文艺作品的认识和我们应有的作为"为中心,结合"学生会成员写给高一文学社"这一真实生活情境,用贺信的形式作文。

结合材料分析,可得出以下立意方向:

(1)优秀文艺作品的主题具有鲜明的时代性;

(2)优秀文艺作品从形式到内容具有多样性;

(3)优秀文艺作品的功用具有积极的教育性;

(4)文艺作者要以人民的认可为起点和终点;

(5)文艺作者要摒弃重形式轻内容的作品,不能有只争荣誉、自我炒作的做法;

(6)文学社的学生作为新时代的新青年,要对优秀文艺作品有正确的判断、充分的认识、满怀的敬意;写作时取材于生活真实,服务于人民大众。

写作时就以上观点,选择2—3则作为写作重点行文即可。

3. 写作限制

(1)作者身份:作者是学生会成员,应该站在更高的高度,有更高的认识,用殷切的口吻对高一的文学社成员表示祝贺和期待,提出希望和要求。

(2)写作对象:写作对象是高一文学社成员,应该突出他们的青年身份和文学创作导向;

　　(3)文体限定:文体要求是文学社成立大会的贺信,行文要突出祝贺的语气,语体要倾向于书面语,语言要有鼓动性和感染力。

【范文点评】

贺信

山东省淄博第六中学2017级18班　蒋方誉

耘梦文学社的全体同学:

　　大家好! 欣闻高一学弟学妹成立"耘梦"文学社,不禁雀跃不已,欣喜万分! 在文学社里不懈耕耘,学弟学妹定能将文学之梦放飞。作为文学社的新成员、新时代的新青年,我们应向优秀文艺作品致敬,在伟大复兴的伟大时代有所作为。作为学生会的学长,对你们即将开始的文学逐梦之旅充满了热切的期待,热情的期盼。

　　愿你们用青春的笔墨,抒写时代的华章。优秀的文艺作品最能代表时代的风貌,最能引领时代的风气。我们生在最好的时代,这时代如革命先烈所愿,也如青春你我所愿。不论是革命先烈抛头颅洒热血孜孜以求的"站起来,富起来"的中国梦,还是青春你我向往之心心念念的"大起来、强起来"的复兴梦,都正在这个伟大的时代,一步步照进现实。文学社里风华正茂的你,何不凭书生意气,挥写如画江山;借激昂文字,高扬时代风帆?

　　愿你们把青春的阳光,洒遍祖国的大地。优秀的文艺作品,就应该像蓝天的阳光,春季的清风一样,给人教育,沁人心脾。青春是朝暾旭日,是生命阳光,它有取之不尽的动力,更有用之不竭的魔力。文学社里正值青春的你,何不发动青春热情的引擎,借青春之笔的魔力,把这满是生命与活力的光,洒满这希望的田野,照亮有沟壑的土地?

　　愿你们乘青春的翅膀,去仔细聆听每个时代的青春之歌;也愿你们趁青春的华年,去奏响这个时代的青春之章。毛泽东独立橘子洲头,记录的是革命年代的风景,抒发的是革命青春的豪情;铁凝望向台儿沟里,看到的是如诗如画的少女,寄托的是拥抱渴望、拥抱未来的深情;刘慈心畅想微纪元,看到的是文明的新生,放飞的是科技的翅膀,也给人类的想象开拓了新的边疆。文学社里的你,既要在文艺的花丛里遨游,尽情地吮吸它的甘露,恣意地呼吸它的芬芳,更要善于撷取每一朵花,用青春的视角、青春的激情给它取一个青春的名字,写一段青春的故事。

除却企盼和期待,我还有殷殷的嘱托:是人民造就了这个伟大的时代,是人民托起了我们灿烂的明天。因此,为人民写作,是我们的起点,也应是我们的终点。而要赢得人民的认可,花拳绣腿要不得,投机取巧要不得,沽名钓誉要不得,肆意炒作更要不得;要的是老老实实的写作态度,扎扎实实的写作功底,这样你才能踏踏实实地走上写作之路,收获结结实实的文学硕果。

愿你们用青春的笔,耕耘出这个时代最多彩的梦。

笆津中学学生会

××××年10月29日

【点评】文章紧紧围绕"青年""时代""人民"等关键词,在"学生会成员写给文学社的贺信"这一情境任务下,挥洒着作者的写作才情。文章文采斐然,读来有很强的文学性;又感情真挚,让人备受鼓舞。

贺 信

山东省淄博第六中学　樊淑琪

"耘梦"文学社的各位成员:

大家好!欣闻高一学弟学妹成立"耘梦"文学社,我谨代表学生会向各位表示热烈的祝贺!

文学社是文艺作品的天堂,是放飞文学之梦的希望田野。作为文学社的一员,作为新时代的新青年,我们应该致敬优秀文艺作品,我们应在伟大的时代有所作为!

优秀文艺作品之所以应该被致敬推崇,就是因为它们是时代前进的号角,最能代表一个时代的风貌,最能引领一个时代的风气。无论是《中国机长》将原型刘传建临危不惧、镇定自若的飞行精神推而广之,还是《我和我的祖国》聚焦中国重要历史时刻,将爱国主义与民族自豪感发扬光大,亦或是《平凡的世界》激励无数底层青年与愚昧落后抗争,无不彰显了文学的魅力。文学的力量是伟大的,挥斥方遒,指点江山;文学的力量是崇高的,与时俱进,唤醒民众;文学的力量更是磅礴的,激励民心,启迪灵智!

愿你们站在时代的最前沿,手捧书卷,挥洒自如,让时代一睹青年人的风采,让世界聆听青年人的呼唤。

愿你们将优秀文艺作品传播推广,散发文艺的真善美。读《诗经》《论语》,体会古代的人情准则;读毛泽东、鲁迅,培养革命精神和家国情怀;读三毛,唤醒独立品格与冒险精神……传播文艺作品的优秀典型,传播书中蕴含的正能量,让优秀文艺作品成为同学们立德树人的营养剂,这是文学社应坚守的责任。读书漂流、集体诵读、演讲征文……文学社应通过多种形式传播文艺之美。

愿你们积极创作,用青春笔墨书写时代华章。历史的原野如此辽阔,作为时代的一员,你完全可以栽下花草,留下芬芳,种下树木,留下清凉。不仅当一个传播者,还要做一个创作者。每个人前进的一小步就是时代前进的一大步。在文学的园圃里,你可以写国家大事,也可以写身边小事;你可以写工匠精神,也可以写科学报国……优秀文艺作品不拘于一格,不形于一态,不定于一尊,既要阳春白雪也要下里巴人,既要顶天立地也要铺天盖地。每个人创作的一笔,汇集起来就是文学作品的繁花,就是时代的锦缎。

文学社的各位同学,我们有义务也有责任致敬文艺作品,有所作为。"海阔凭鱼跃,天高任鸟飞",让我们用实际行动耕耘自己的文学梦,耕耘时代的中国梦!

最后,再次向文学社的成立表示祝贺!

芭津中学学生会
××××年 10 月 29 日

【点评】文章立意准确、中心明确,结构严谨、思路清晰。既充分论证了"向优秀文艺作品"致敬的原因,阐明了优秀文艺作品的现实意义,又明确指出了新时代青年应该怎样去做,做到了文质兼美,深入浅出。

第三部分 下水作文

学生写作文的时候,总会遇到这样那样的困难。在很多时候,教师的讲解与学生的理解存在很大偏差,甚至像两条平行线一样,永不相交。原因并不难找:常态的作文讲评课,是教师在参看了试题分析、材料解读、立意指向、参考范文等内容之后,结合自身的人生阅历和专业认知,对学生出现的共性问题进行统一讲解;而每名学生都是不同的个体,在考场里、稿纸上基本不加修改地写作与坐在电脑前码字终究是两码事。

于是,便将教材中几个比较可借鉴的例子、最新的高考作文和学生写作中常见的话题做了整理,并都一一亲自"下水",试图把自身的写作体验通过文字告诉学生。

统编教材必修(上册)第二单元写作任务

教过两代人的山村小学教师,抗击疫情护佑生命的医护人员,精心擦拭每一块玻璃的保洁阿姨,春耕秋收辛勤劳作的农民……生活中,有很多平凡的劳动者值得我们关注,发生在他们身上的不少事也可能触动我们的心灵。写一个你熟悉的劳动者,不少于800字,题目自拟。

【下水作文】

老 班

老班姓班,名建国。他并不是一位班主任,虽然他曾经当过民办教师。在他当老师的岁月里,还没有"老班"这个称谓;而且,他更不像现在的年轻班主任那样亲切和蔼,是一位绝对意义上的严师。当时村里的很多年轻小伙都挨过他的手打脚踹,虽然他们年龄差距并不算大,但是没有一个想过反抗或者投诉,好像那些孩子的家长也没有记恨他,反倒是更加感激,感激老师能帮自己管教孩子。

后来,因为家庭原因,老班被迫辞掉了教师工作,但他没像老祖宗班超那样投笔从戎,而是弃笔从耕,开始了大半辈子的种地生涯。原来的他一直认为自己的手应该紧握钢笔,后来渐渐发现,手里握着锄头,也能刨拉出自己的人生。

大锅饭的饭碗被砸烂后,大家以极其高涨的热情给地球除痘痘、刮胡子。因为"交足国家的、留够集体的、剩下的都是自己的",不用再记工分了,谁不想自己家瓮里多点余粮。老班当然也想,比别人更想,因为他是手里握过钢笔的人。

但在 20 世纪 80 年代,种地并不是一件容易的事情。

每到六七月份,玉米已经长得比人高,而且蹿出了花线,是最需要浇水灌溉的时候。但山东的气候特别怪,经常在六月遇到大旱天。一垄垄的玉米都渴得弯下了腰,原本平整的土地也都有了裂纹,就像皱了的双手一般。一阵阵热浪随着东南风刮来,好像给焦急的老班更添几捆干柴。

那时候,没有空中洒水的集体灌溉作业,收成的好坏基本全看老天爷的脸色。面对干旱,人们所能做的除了烧香求雨外,就是靠抽水机抽水浇地。如果是自家有口小井,就可以抬着自家的抽水泵,不紧不慢地去浇地。但绝大多数人家没有水井,只得靠村里为数不多的那几口机井。机井数目有限,大家只能按照先后顺序排队等候;而且井里的水是有限的,越是大旱天水量越少,只能靠几个小小的泉眼来继续积攒。很多玉米等不及那几个泉眼,还没捞着解解渴就可以砍回家当柴禾了。

老班今年运气不赖,排队的次序比较靠前。机井离他家不远,隔壁老张家浇完地之后,他就急匆匆地来到机井旁,先把管子顺到自家玉米地里,给焦急等待的玉米们带点希望再说。老张家的玉米地离机井并不算近,他抱着卷在一起的塑料水管,一路小跑着顺到自家玉米地的地头。乡间的小路完全没有诗意,到处是沙砾石子,以及专门负责扎脚的蒺藜。一路跑来,老班的鞋里面已经灌满了沙砾和土坷垃,还被蒺藜划出了几个口子。但这与即将能给玉米浇水相比,实在不值一提。

顺好管子之后,老班禁不住十分欣喜,坐在玉米地头,吧嗒吧嗒地点上了一支"玉菊"牌香烟,烟雾吞吐起来,可以看出他此时的愉悦,也可以看出他此时的疲惫。

抽完烟,老班就赶紧来到机井旁,看看那几口泉眼啥时候能够攒够自家玉米地的水量。看着那几口好像在窃窃私语的小泉,老班既高兴,又着急。高兴的是泉水哗哗地一直不停,着急的是这泉水怎么就没有黄河之水天上来的气势。

等待是幸福的,也是急切的。经过一天一夜的积攒,老班觉得水量已经足以浇完自家玉米地的时候,就一路小跑着叫来了抽水机的主人王五。王五是个慢性子,老班急匆匆跑到家里喊他的时候,他正在慢吞吞就着咸菜吃煎饼喝稀饭。老班说,五啊,赶紧的,水够了。王五说,不急不急,又没人偷水,进去个蛤蟆喝两口水不耽误事。老班快急死了,赶紧的吧,蛤蟆渴不死,玉米快渴死了。王五无奈,看在老班当年给自己当老师的分上,便没再多喝两碗稀饭,跟着他来到了机井旁。

抽水机款式很旧,是原先生产队的公有财产。王五比较有先见之明,在改制的时候买了下来。每年的麦子、玉米、地瓜、花生需要浇水的时候,村里处处都能听到这台抽水机强劲的声音。当时的开关比较落后,不是电子打火,而是手摇式。王五扒掉上衣,拿出摇把,使出全身的力气,摇了五六圈,就见烟筒冒出了黑烟,抽水机强劲的声音传遍全村。老班高兴极了,心想这回这抽水机真赶趟。要搁以前,不是火花塞出故障,就是水管子没拧紧,有时候王五甚至忘了带摇把。这回真好,万事已俱备,也不欠东风。

随着一股股清泉顺着水管子流向老班的玉米地方向,老班也跟着水的脚步,检查有没有漏水的地方。当清泠泠的水在水管的尽头、自家的地头缓缓流出的时候,老班更是欣喜不已。他赶紧拿起铁锨,顺着水流的方向,把原来的不够严实的垄沟铲土夯实。看着汩汩细流渗进了干涸的裂缝,老班觉得就是在往心里边流,他觉得这才叫沁人心脾,全然忘了锯齿一般的玉米叶已经把他的胳膊划出了几十道小口子,脚掌上已经被针尖一样的麦茬子扎出了几十个血印子。

就这样,从晚上八点到早上六点,一多半玉米地都喝上了水。老伴早晨来替班,老班赶紧跑回家唏哩呼噜地喝了两碗稀饭就一路小跑原路返回。老伴说,你一夜没睡了,回家歇会吧。老班说,没浇完地,睡不着。老伴知道拗不过他,就回家拿了一暖壶水和一个大杯子送来,让他多喝水,以防中暑。

随着日头越升越高,天越来越晴热,玉米地里越来越闷,就像一个蒸笼。老班拿着铁锨,一停不停地划拉着零散的麦秸,整理着松散的垄沟,遇到一些大一点的草,他就弯下腰,毫不犹豫地斩草除根。这时候,他只觉得刚从机井里抽出来的水真是清凉,丝毫不觉得玉米地里面有多热,身上的汗淌在玉米叶划破的伤口上有多么的疼。

就这样,一直到正午,终于把整块地浇完了。老班封好垄沟,扛着铁锨,披着一身伤口和汗水,从玉米地里钻出来,坐在地头上又点上一支烟。这时,一阵微风吹来,老班又真切地体会了什么叫做“玉米地头最凉快”这句俗语的含义,完全忘记了自己一整夜没合眼。

到了秋收季节,这年的玉米一点没有辜负老班浇的那次水,是几年来最丰收的一次。看着满院子挂满了金黄的玉米,老班高兴得合不拢嘴。

现在旧村改造，老班已经没有土地了，他再也不用整夜不合眼地去忙着给土地爷爷灌水。但和邻居们坐在一块，他还是最愿意聊当年在土里流汗的日子。

统编教材必修（上册）第四单元写作任务

每一个城市，都有不同于其他城市的历史文化渊源和特色，都有各自的城市名片。我们的家乡淄博，也有着多张城市名片，如"北方瓷都""聊斋故里""齐国故都""足球故乡""齐商发源地""周村烧饼""博山溶洞"，等等。淄博正处于新经济新发展的关键时期，提升城市形象需要亮出我们的城市名片，吸引来自五湖四海的高层次人才和我们一起建设美丽家乡。

作为淄博市人才引进推介会的一名志愿者，你想向推介会亮出哪张或者哪几张淄博名片？

要求：自拟标题，自选角度，确定立意；不要套作，不得抄袭；不得泄露个人信息；不少于800字。

【下水作文】

北方有佳人

各位青年才俊：

大家好！我是本次人才引进推介会的志愿者，非常荣幸能够向大家介绍我的家乡。

当你走出淄博火车站大门的时候，一定会为宽阔的街道、整洁的市容、茂密的绿树、林立的高楼所动容；当你徜徉在公园小径、文化广场的时候，更会为热情的市民、黄色的落叶、安静的黄昏、厚重的积淀所迷醉。没错，作为曾经的老工业城市，淄博努力转型，奋起直追，也不乏现代城市的摩登气息；作为齐文化的发源地，她更具备广博深厚的历史文化底蕴。她就像一位秀外慧中的佳人，亭亭玉立在鲁中大地。

她有秀美俊俏的容颜。博山有奇绝的溶洞,淄川有险峻的齐山,高青有宽阔的平原,张店有美不胜收的玉黛湖,桓台有物产丰富的马踏湖,周村有蜿蜒清澈的孝妇河,临淄还有源远流长的淄水与乌河。五区三县,各有特色,无论走到那个区县,都能感受到大自然对这里无私的馈赠。

她有灵巧高超的手艺。来到博山,你会看到鲁菜的发端:让人馋涎欲滴的豆腐箱子,软糯咸香的博山酥锅,晶莹玲珑的水饺,酥脆金黄的炸肉……这里的男男女女都是大厨,一桌丰盛的菜肴,不出一小时便可摆满圆桌。来到周村,你能尝到薄香酥脆的周村烧饼:薄薄的面饼上,撒满了香甜可口的芝麻,轻轻咬一口,香遍唇齿间。这里的人们更是家家户户都会做烧饼,只要看到面袋子进了家门,不一会儿就能闻到浓浓的烧饼香。

她有内敛闲雅的气质。稷下学宫在这里兴盛,《聊斋志异》在这里付梓,王渔洋在这里致仕。战火纷飞的战国时代,稷下学宫提供了思想交流的阵地、搭建了文化交流的平台,让这里成了当时思想最活跃的地区。思想的种子就此生根,文化的大树就此萌芽,一代又一代、一位又一位的历史文化名人给她增添了厚重感和历史感、文化味和艺术味。

她有开放包容的胸襟。她虽处内陆,却从不保守;相反,她正张开怀抱,欢迎四方来客。来到任何一家单位,你都能看到溢满笑容的面孔,虽然他们来自五湖四海;走进任何一家商场,你都能看到琳琅满目的商品,产地源于四面八方。而今,淄博人才新政全面落地,更为祖国各地的高层次人才提供了优厚条件,解决了后顾之忧,织就了美丽蓝图,描绘了美好未来。

"山不厌高,海不厌深,周公吐哺,天下归心。"淄博,这位佳人,正张开热情的臂膀,拥抱大家。

统编教材必修（上册）第七单元写作任务（一）

对我们的校园（村庄或者小区等），你也许已经非常熟悉了。但很可能其中还有你未曾留意的一小块天地；同一处景物，你也未必观察到它在不同时间的变化。以《我仿佛第一次走过_____》为题，写一篇散文。

【下水作文】

我仿佛第一次走过和平花园

国庆假期的一个夜晚，和女儿去和平超市买东西，出来后她提议再去和平花园看看。当然没问题啊，我说。于是调转了方向，父女俩又一次走进了这个无比熟悉的小区。

小区很安静，行人并不多，但遇上的大都是熟人。他们都很诧异，几乎都问了同一个问题："你怎么回来了？"可不，我不是胡汉三，怎么又回来了呢。这时候我才意识到，我在这里已经没有了房子，我来这里已经属于访客了。这时，和平花园的种种又在脑海里一一浮现起来。

和平花园并不是一个很旧的小区，大概只有十七八岁的样子，第一批住户应该是2003年搬入。我刚工作的时候，大鞠骑着自行车带着我在学校周围闲逛，从学校南门出来不远就是和平花园。当时这里还很破败，和平路还没有修，到处坑坑洼洼的，一阵雨后更是泥泞不堪；青年公园也还没绿化，小区也只是零零散散地起了几座楼，旁边还有几处民房倔强地立在那里。我坐在后座上，感觉很颠簸。大鞠说，离学校这么近，绝对是学区房的好位置，没多久肯定会开发得很好，路修好了也不会一路颠簸。果不其然，这里由三座楼开始，雨后春笋般涌现了一大批楼房，从一号楼开始编号一直到了四五十。自然，周边绿化、道路等一系列基础设施都跟了上来，这里已经完全配得上"和平花园"四个字。和平路修好后，大鞠也去了济南，他回来也都开着车，坐在他车上，再也没有颠簸的感觉。

　　我是 2007 年搬进这里，住在最后一排，是 13 号楼。相较于前面的十几座楼，13 号楼并不阔绰，它就像一个小弟一样，蜷缩在和平花园最靠南面的角落里。但是住进这里，也算是圆了一个毛头小子的住房梦：它有 125 平方米的面积，三室两厅，采光很好，楼间距很大，还离单位特别近——上班的时候，完全不需要交通工具，只需要七八分钟便可走到学校，下班回来还可以顺路买了饭菜。

　　作为远离闹市的存在，这里一年四季都有令人心醉的美景。春天，楼下的桃花梨花李子花竞相开放，与门口的樱花交相辉映，一阵风吹来，这里就是粉色和白色的花海。夏天，柳树下的草地上布满了知了猴洞，只要雨过天晴后的夏夜，我就带着孩子在草地上捉知了猴；这里草太密集了，很多知了猴难以越过浓密的草叶的羁绊，更难以逃脱我在手电帮助下的火眼金睛。一晚上下来，身上会被蚊子咬很多疙瘩，但与能抓一二十个知了猴比起来，实在太微不足道。秋天，这里的树叶黄得格外慢，落得格外少，但丝毫不会影响一个个圆圆的柿子醉红了脸，还有那一簇簇咧开了嘴露出一排排"红砖"的石榴。冬天呢，如果遇上雪量充足的年份，楼北面阳光照不到的地方积满了厚厚的白雪，带着孩子能堆出一个个大雪人；孩子们还喜欢团雪球，一个个大雪球握在手里舍不得放手，哪怕手早已冻得通红。

　　更让人感到温馨的，这是单位团购的房子，街坊邻居全是同事，抬头低头都是熟人。13 号楼差不多是同一批年轻人的住处，我们在相差不多的日子搬进新房、结婚生子，于是，不仅我们越来越铁，我们的父辈们也都成了像同一个村里的邻居一样的熟人，孩子的奶奶们更是几乎约定好了一样在同一个时间到同一个地点带孩子们晒太阳，看孩子们长大。有哪一个老太太回老家了，她立即会成为众多老太太们牵挂的对象；等她回来了，又会迫不及待地给大家讲解近些天的所见所闻。

当然,对于我来说,住在这里格外的放心,因为邻居同事全是生活高手、热心能手。很多看《生活帮》《热心大妈》解决不了的棘手问题,兄弟们全都举重若轻。家里水管子坏了,五号楼沈专家便会拿着大钳子和生料带,轻而易举就能修好;半夜十一点暖气漏水卧室里水漫金山了,楼底下老李会一盆一盆地帮我往外盛水;心情郁闷想要喝一杯,一号楼林家铺子的大门永远敞开;心情大好想要喝一杯,一单元张家饭馆的电话随拨随通;心情一般想要聚一聚,几个张口就来的电话一拨,就能三五成群地凑上一桌,路上还会遇到一两个正想凑热闹的,给这桌宴席添几个话题⋯⋯

这种惬意的日子,从 2007 年搬进这里,到 2020 年离开,我过了13 年。13 年并不算长,只是岁月长河里波澜不惊的渺小片段;但 13年也不短,我从一个毛头小伙长成了中年大叔,孩子从呱呱坠地的婴儿长成了快要升入初中的小姑娘;朋友家的孩子,从上幼儿园时恋恋不舍离不开父母的小娃娃长成了念高中的大孩子或去外地上大学的新青年;邻居家的租房客,也早已换了一批又一批;楼前的停车位,从门前冷落到一位难求⋯⋯13 年的时间,对于这个小区和这个小区里的人来说,又如沧海桑田。

想到这里,我才突然发现,和平花园里有这么多美丽的自然风景,这么多温暖的人情。在这里住了 13 年,从来没有仔细地看过,想过,品味过;今夜的回忆,让我仿佛第一次走进她,了解她,感受她。可惜的是,那个最熟悉的二单元,那个最亮堂最干净的四楼,我再也没有办法以主人的身份走进去。

"咱们还去楼上看看吗?"女儿问。

我看了看厨房里亮着的灯和灯下忙碌却陌生的身影,说:"不去了,我们还是回自己的家吧。"

统编教材必修（上册）第七单元写作任务（二）

四季更替是大自然的节律,每个季节都有它独有的特点。"立春""立秋""夏至""冬至",这些字眼都能引发很多遐想和回忆。选择一个节气,观察此时的景物和人们的活动,写一篇散文,不少于800字。

【下水作文】

冬至饺子

"冬至饺子夏至面",这是北方多数人家的习惯。寒风凛冽的冬天,一家人围坐在一起吃着热气腾腾的饺子,是冬至这天最温暖的画面。

冬至恰逢周末,姊妹们要来家里聚聚。

"去哪里吃好好?"女儿兴高采烈地在群里问道。

"哪里都不去,就想吃饺子。"亲人们异口同声。

"好吧。"女儿努着嘴,叹了口气,"爸爸,又要吃饺子。"

"饺子多好吃,爸爸最喜欢。"我说。

包饺子,一定要选好食材。春天韭菜馅儿的最鲜,夏天黄瓜馅儿最香,秋天羊肉萝卜馅儿最滋补,冬天呢,就是萝卜白菜这种应季蔬菜吃着最放心。但是呢,单单萝卜或白菜包出来的饺子味道不够,回味不永,于是我就添了一些食材,独创胡萝卜五花肉虾仁木耳馅儿的饺子。

今天不是大集,但太乙门市场也有很多老头老太太卖自家种的蔬菜,便早早地欣然前往。冬至的早晨,窗户上都结满了冰花,一出门便觉寒气逼人。天空飘着小雪,路上的早已被汽车碾落成泥,但辅路和绿化树上还留着一层薄薄的浅白色。出门的人并不少,有的有说有笑,是在晨练归来的路上;有的步履匆匆,是在赶着去单位加班;有的嘴角带笑,是在忙着送孩子上辅导班;有的跟我一样,去菜市场采购。

菜市场人头攒动,比街上人多了不少。虽是严寒,肉贩早就用冻得通红的双手,在货架上摆满了商品。猪肉我一般都买小牛家的,老人们都说他家处理得最好,虽然价格稍微贵几毛钱。小牛人特机智,每个来这里买肉的都能听到让耳朵满意的话。我说,小牛你最牛,卖猪肉的偏得姓牛,就像长行街头上那家卖驴肉火烧的非得姓马一样。小牛说,咱最牛的地方是在太乙门卖了20年猪肉,童叟无欺。

胡萝卜,则是市场中间的一位老大爷家的。他常年驻守在这里,春天卖韭菜,夏天卖黄瓜,秋天卖芸豆,冬天卖萝卜,一年四季的饺子馅儿他老人家全包了。"这萝卜新鲜吗,大爷?""你说呢,土里刚挖出来的,泥巴都是新鲜的。""给我来二斤。""好,两块五毛钱的,加两根凑三块。"买老头老太的菜,得特地准备好零钱,因为他们大都没有微信;少部分有付款码的,也是直接到了儿子的账上。

虾仁木耳无须采购,冰箱里还有不少。

食材采购完毕,接下来就是和面。和面讲究"三光"——面光、盆光、手光,说的就是面要光滑、盆要干净、手上没有面粉残留。我也能做到这三个要求,不过得加一个步骤——用钢丝球使劲地刷盆,用肥皂可劲地搓手。洗完后,手不仅光,而且香。和面最讲究的是面和水的比例,一般都是一只手和面一只手添水,直到面全成絮状即可开始揉面。揉面是个体力活,要想揉得光滑筋道有弹性,必须付出腰酸背痛腿抽筋的代价。所以,我学会揉面之后,立即把技术要领传授给了我对象。体力活交给她,我主要负责调馅儿这种技术活。

要想调好饺子馅,最重要的就是不嫌麻烦。首先是得讲究统筹。和面之前,先得把虾仁和木耳泡好,以免浸水不足、泡发不好;醒面的时候,得把各种馅料剁好,这样才能两不耽误。猪肉一定要亲手去剁,绞肉机绞的肉有股子说不上来的味道,掺杂着铁腥气和熟烫味;肉快剁好的时候,加入姜末、葱末、味极鲜和盐,然后放一旁养一会儿;胡萝卜味道太甜,而且发硬,所以剁成末后必须放在锅里炒熟,炒的时候需要多放花生油,这样调馅儿的时候无需再加;胡萝卜炒熟后一旁放凉即可。这时候,木耳和虾仁也已经泡发完毕,依次剁成末,和剁好的肉、放凉的胡萝卜放在一起,加适量的盐、生抽、十三香、香油,再加入足量的葱花,顺着一个方向拌匀即可。这也是个体力活,我一般都交给孩子去做。

此时,面已经醒好,接下来就是最热闹的包饺子时间。孩子们已经聚齐,他们做游戏做累了,就每人给他们一小块面,让他们捏各种形状;擀皮是个最累的体力活,所以朱老师和妹妹们都已经被我培训出来:主人要把这活揽过来,因为妹妹们好不容易来一次,不能让她们干太多活;妹妹们争先恐后,想让嫂子多休息一会儿;我说,别推让了,再让来让去的,天都黑了。

包饺子是个技术活,这种高难度工作一般由我完成。原来的时候,我都包老家那种比较长的月牙饺子,但这种饺子太瘦长,而且装不上太多馅儿;现在我改变了方法,包饭馆里比较常见的那种豆包。这种饺子,只需要两手合在一起,靠食指和中指拖住饺子,用拇指一兜,即可成形。如果想让肚子再大点,就用拇指再挤挤,这样显得格外好看;这一挤最考验技术,用力过大,就会露馅儿。

饺子包到一半,就可以烧水了。水开饺子包完,下饺子无缝衔接。饺子在锅里飘起来,用勺子边敲敲,不塌馅儿了,一锅饺子大功告成。

一盘盘热气腾腾的饺子端上桌的时候,也正是大家饥肠辘辘的时候。孩子们饭量并不一样,但每人五六个不在话下;姊妹们纷纷夸赞我的手艺好,我说,不是我的手艺好,是和面的心灵手巧。很多同事都问我如何才能把饭做得人人都说好吃,我说秘诀只有一个,就是把饭端到桌上之后,就一直问好不好吃,一直问到对方说好吃为止。

外面雪已停,太阳出来了。阳光照在有雪的路边、屋脊、树叶上,更显得晶莹亮眼。孩子们要下楼去玩,我们跟在后面。一盘饺子下肚,冬天再冷也不怕。

小时候我一点儿也不喜欢吃饺子,觉得一点都不好吃,一提吃饺子就心里生厌。现在才明白,不是因为饺子不好吃,而是因为尝不出饺子里包裹进去的家的味道。

2023年四省适应性考试作文题分析与下水作文（安徽　云南）

一、原题呈现

阅读下面的材料,根据要求写作。

现代文阅读I《这里是中国》告诉我们,大碰撞的"洪荒之力"使得我国地貌景观极富变化,我们的家园多姿多彩。祖国之美,在名山胜迹、澎湃江河,也在我们身边的平凡原野、无名山水、寻常巷陌。

请结合以上材料写一篇文章。

要求:选准角度,确定立意,明确文体,自拟标题;不要套作,不得抄袭;不得搬用现代文阅读的材料,不得泄露个人信息;不少于800字。

二、材料分析

这是一则二元关系思辨类材料,共有两句话构成。第一句是概述句,告诉我们两大信息,一是"我国地貌景观极富变化,我们的家园多姿多彩",二是这种表象的根源来自大碰撞的"洪荒之力。"第二句是阐述句,具体阐述"我国地貌景观极富变化,我们的家园多姿多彩",落脚点是"祖国之美","有名"的大美与"无名"的小美共同构成了我国的丰富多彩。如果逆推一下,就是"我们的祖国有大美,也有小美,这两种美汇就了祖国的多彩;而这种多彩,源自大碰撞的洪荒之力"。

三、注意问题

1. 全面分析材料信息,不能只选择自己熟悉的部分以偏概全。材料有两句话,而且第一句是概述句,第二句是阐述句,很多同学因为对"美"这个话题比较熟悉,便只写第二句,全然不顾第一句。

2. 具体情况具体分析,不能总是受既往经验和思维定势的影响。以往作文材料中的二元关系诸如"强与弱""距离与联系""平凡与伟大"都是对立统一关系,二者是相反相成、互为转化的,这与教材选择性必修上册《〈老子〉四章》中的"对待"关系比较接近。但本则材料中的"名山胜迹、澎湃江河"与"我们身边的平凡原野、无名山水、寻常巷陌"很明显不是"对立"关系,而是二者交汇织就了祖国之美的丰富多彩。

3. 精准提取材料有效信息,不能任意丢弃已知信息。好的作文题目,每一句话甚至每一个字都是经过仔细推敲的,都是暗示学生命题人虽然在"设局",也在暗暗告诉学生"破局"之法。像第一句"现代文阅读I《这里是中国》告诉我们,大碰撞的洪荒之力使得我国地貌景观极富变化,我们的家园多姿多彩",有的学生直接忽略了这一句话,有的学生只看到了"我国地貌景观极富变化,我们的家园多姿多彩"而忽略了"大碰撞的洪荒之力",几乎所有人都忽略了"这里是中国";恰恰这几处被忽略的地方是让文章走向深刻、华丽转身的亮点。

4. 做好文章的思路理顺和框架设计。文章不能没有设计感,这种设计感,就是谋篇布局,要有思维过程的铺展和呈现。本材料要抒怀的是祖国的美,因此抒情意味可能要略胜说理意味。

四、下水作文

有名和无名织就多变景观,卓越与平凡汇成多彩家园

我国地貌景观极富变化,我们的家园多姿多彩。祖国的美,既在一个个名满天下的大山大河里,也在说不尽的不为人知的平凡原野中;既写在彪炳史册的英雄人物的伟大故事里,也写在寻常巷陌的普通你我的人间烟火中。

祖国之美,美在自然山水。她有高耸入云世人共仰的喜马拉雅,也有村落旁边供你我爬上爬下的无名土丘;她有自天上而来奔流入海的滔滔黄河,也有幽壑深处汩汩涌出的涓涓细流。气势磅礴的壮美山河增添你我的自信,亲切可爱的身边美景滋润我们的心田:这就是极富变化的自然景观,名山大川和无名山水共同织成她的丰富多变。

祖国之美,美在人文景观。她有蜿蜒宏伟的万里长城横亘在北方大地,也有温暖舒适的农家小院静卧在偏远乡间;她有浩气长存正义凛然的岳飞陆游辛弃疾,也有亲切可爱藏在民间的爷爷翠翠大堰河。伟岸高大的景观与名字增添你我的自豪,无姓无名的人们同样感动着万千儿女。这就是丰富多彩的祖国人文家园:充满了千古英雄气,也绝不拒绝你我的平凡。

也许有人会问,你们的祖国为何如此美丽?我会告诉他,是大碰撞的"洪荒之力",是大自然的鬼斧神工给了我们多样的地貌、多变的水文、多样的气候与丰富的生命,大自然从来没有排斥过、否定过任何一种自然山水的美,所以,走在不同的阶梯,你能看到高原、盆地与平原不同的风景;经过不同的河流,你会听到或磅礴或幽咽不同的水声:这丰富多变的自然景观,正源于自然的大碰撞。

同样的,这源于大碰撞洪荒之力的大自然孕育的就是厚道包容的人们,厚道包容的人们创造出丰富多彩的文明。自从华夏文明诞生的那一刻起,就在不同的地域、用不同的智慧书写着不同的历史;当他们碰撞在一起的时候,又激发出新的创造,新的精彩。就像包罗万象的大唐盛世,用宽广的怀抱拥抱着四方来客;就像兼收并蓄的北大学堂,为各种流派搭建了尽情驰骋的舞台:这丰富多彩的绚烂文化,正源于文化的大碰撞。

文明因互鉴而丰富,因交流而精彩。正如当下的中国,正张开宽博的臂膀,迎接各方的到来。

这里有多彩的风景,这里有丰富的人文,这里还有优良的传统、厚重的积淀、开放的胸怀、博大的胸襟。这里是中国,这才是中国。

2023 年新高考 I 卷题目及下水作文

阅读下面的材料,根据要求写作。

好的故事,可以帮我们更好地表达和沟通,可以触动心灵、启迪智慧;好的故事,可以改变一个人的命运,可以展现一个民族的形象……故事是有力量的。

以上材料引发了你怎样的联想和思考?请写一篇文章。

要求:选准角度,确定立意,明确文体,自拟标题;不要套作,不得抄袭;不得泄露个人信息;不少于 800 字。

【下水作文】

读语文新教材,品好故事之力

学完一遍新教材,发现里面写满了好故事:从俏皮活泼的静女到痴情决绝的刘兰芝,从善辩多谋的烛之武到尽志无悔的王安石,从坚毅勇敢的刘和珍到勤劳悲苦的大堰河,从走向成熟的苏东坡到迎来新生的姚鼐……不同的时代,同样的精彩。每一段故事,都有一种神奇的力量,或触动着我们的心灵,或启迪着我们的智慧,或改变了一个人的命运,或展现着一个民族的形象。

最触动我的,是黄新的故事。

她是一名机智谨慎的地下工作者,一名关怀同志的战友,一名敢于牺牲的革命者,还是一名疼爱孩子的妈妈。但是,为了让战士们能果腹,她会忍着普天下妈妈共有的爱子之情,不让孩子去动她的"党费";当她为掩护小战士被敌人带走时,她机智又深情地喊道:

"孩子,听妈妈的话!""孩子",是她的女儿,也是躲在暗处的"我";"妈妈",是黄新自己,也是伟大的党。

每读到这里,我都禁不住为之动容。还有水生嫂、新媳妇、刘和珍、杨德群……她们的故事,就是中国革命者的故事,她们的伟大精神散发出的力量,总能击中我们内心最柔软的地方。

最启迪我的,是香雪的故事。

一列驶入台儿沟的火车,带来了外面的世界;短暂的一分钟,唤醒了大山的孩子们追寻现代文明、摆脱落后愚昧的心。"嗒嗒"响的铅笔盒和它的拥有者们,总是骄傲而自信地在香雪的耳边和心里响个不停;这是现代文明在保守落后面前掩饰不住的优越感。我们那让人心疼的香雪,为了抚平这伤痛,会毫不犹豫、坚定果决地跳上火车,用满满一篮子、足足四十个鸡蛋,换回梦寐以求的装有吸铁石、能够"嗒嗒"响的铅笔盒——台儿沟再穷,咱们的香雪也从不白拿别人东西。那一篮子鸡蛋,是满满的诚意,更是十足的自尊。

落后在先进面前,虽羞怯但绝不自卑,虽暂时落后但绝不甘心落后;恰恰相反,这种差距让香雪凤娇们和同样来自农村的我们,向着先进文明快速跑去。追逐的过程中,决不会丢弃、绝不可刺痛的,是最朴素最纯真的自尊;这种自尊的力量,启迪我们的追梦之路。

最感动我的,是老船夫爷爷的故事。

爷爷和翠翠相依为命,翠翠在长大,爷爷在老去。爷爷疼爱翠翠,翠翠依恋爷爷。慈祥的爷爷把一个老人能给孙女的疼爱毫无保留地给了翠翠;贫穷的爷爷也绝不贪财和小气,会让翠翠和黄狗拦住摆渡的人,坚决地把他们留下的钱还回去。虽留下一个铜子,却奉上一路上抽不完的烟丝。摆渡的人都笑了,爷爷也笑了,翠翠也笑了:这种发自美丽人性的笑传递的力量,比起阿Q那"十分得意的笑"和看客们"九分得意的笑",太暖人心。

美丽的自然风景映衬着美好的人文风物,自然之力孕育出的更是美好的人。茶峒里的人都是这样,荷花淀里的人都是这样,青藏高原的人都是这样,故都的秋天里的人都是这样,荷塘月色下的人都是这样,赤鼻矶旁的人都是这样,泰山脚下的人也都是这样……华夏大地的人,都是这样;他们汇聚的力量,感人肺腑,光耀千古。

教材里有女子的故事,也有男子的故事,他们的故事合在一起,就是"好"的故事;他们的身影并不高大,他们的故事也算不上壮阔,他们就是身边的你、远处的他,他们的好故事凝聚成的力量汇在一起,就是中华民族的形象。

"名言警句"类作文

下列是几副名人对联,你最喜欢哪两三副?两者有怎样的关联?写一篇作文。

(1)有志者,事竟成,破釜沉舟,百二秦关终属楚;苦心人,天不负,卧薪尝胆,三千越甲可吞吴。 ——清代蒲松龄自撰联

(2)风云三尺剑,花鸟一床书。 ——明代左光斗自撰联

(3)铁肩担道义,妙手著文章。 ——李大钊书写联

(4)人生得一知己足矣,斯世当与同怀视之。

——鲁迅书赠瞿秋白对联

(5)与有肝胆人共事,从无字句处读书。 ——周恩来青年自勉联

【写作指导】

1. 读两遍对联,选择读得懂的有感触的对联留下 3 个;

2. 挖掘对联的内涵,一般一个对联都有 2—3 个意思。

如:(1)要有志,要苦修,要有破釜沉舟的勇气,不留退路;要坚信付出定有收获。

(2)三尺剑:叱咤风云,持剑啸天的豪情;一床书:花鸟怡情,嗜

书晓理的雅趣。

（3）担道义：为国为民的理想，救国救民为己任；著文章：抨击反动，宣传新思想，文章也是一种武器，文字抵过千军万马。

3. 厘清2—3个对联的含义顺序，确立论点和分论点，注意确定论点时要与新时代的青年人联系起来。

【下水作文】

有志气，有雅趣，人生才有意义

无志之人常立志，有志之人立长志，我们须有坚定的志向，并矢志不渝地为之奋斗。这是蒲松龄自勉联给我的最大启示。

有了坚定的志向，就有了奋斗的方向。奋斗方向是前行的路标、航行的灯塔；只有在坚定志向的前提下，路标才会被人所见，灯塔才能照亮航船。勾践不听劝告，盲目出兵吴国之时，注定了他的溃败；但兵败之后找准方向，重拾志向：做俘虏，喂牛马，隐忍坚持，卧薪尝胆，重获民心，成一时之霸主。勾践的成功，是方向使然，更是志向使然。

有了坚定的志向，就有了成功的希望。成功和希望从不偏袒，他们钟爱有志之人。项羽随叔父起兵时，兵弱粮缺，势单力薄，但他胸有"万人敌"之术，巨鹿之战大败章邯，彭城之战收服刘邦。威名赫赫的西楚霸王一时无人匹敌，睥睨天下。从无名小卒到称霸天下，项羽的暂时成功源于灭秦称王的坚定志向。

反之亦然。失去了坚定的志向，也就只会与更大的成功擦肩，错过了攀登更高山峰的机缘。分封诸侯之后，鸿门宴会之时，项羽本有斩除后患之机；但好大喜功、自矜功伐的他，此时已将当年的鸿鹄之志抛却九霄云外，变得优柔寡断，终究错过了千载难逢的机会。如若酒席之上，当年之志涌向胸间，怎会有后来乌江自刎的叹惋。

有了坚定的志向，还要有坚忍的毅力、巨大的勇气以及坚实的身体。志向要靠人力去实现,幸福要靠奋斗去获得。没有毅力,只会半途而废;没有勇气,便会临危生惧、临阵逃退。当然,这些都需要坚实的体魄去践行。游戏成为鸦片,麻木了多少人的灵魂,羸弱了多少人的身体。当沉迷于网游不能自拔时,每个人,尤其是青年人,都应想想自己当年的志向;当瞩目于手机目不斜视时,每个人,尤其是青年人,都应想想自己的身体。

当然,有志气也可有雅趣。明代左光斗曾言:风云三尺剑,花鸟一床书。我们要有叱咤风云、持剑啸天的豪情,但同时也可有花鸟怡情、嗜书晓理的雅趣。志气和雅趣本就不是相斥的两极。曹操有武略,也同样有文韬;辛弃疾可于万军丛中取上将首级,亦可在大宋词坛坐头把交椅;岳家军名震天下,《满江红》也不遑多让;钱学森是科学巨擘,钢琴同样出色。

怀志气上路,拥雅趣入怀,这样的人生更丰富,更真实,更贴近人间,贴近生活。

"社会现实"类作文

南锣鼓巷以保存完好的胡同、四合院以及闲适优雅的老北京生活而闻名。后来这里成了景区,成群的游人来了,狭窄的胡同转个身都困难。有的游客乱扔垃圾;有的游客擅入民宅……闲适与优雅荡然无存,老北京味道也变成了人挤人的汗味儿。面对此境况,居民们深感困惑,他们经过思考,一致同意宁可不要丰厚的旅游收入,也要恢复老街往日的宁静。近日,北京南锣鼓巷主动申请取消国家3A级景区资质。

请结合以上材料写一篇文章。

要求:①选准角度,自定立意;②自拟题目;③除诗歌外,文体不限;④文体特征鲜明。

【写作指导】

(一)材料信息提取

1. 材料大意概括:南锣鼓巷赖宁静生活闻名;成为景区后游人的蜂拥而至打破了赖以成名的宁静;南锣鼓巷人经过抉择想放弃眼前的收入盼恢复昔日宁静优雅。

2. 写作对象提取:南锣鼓巷　景区游人　南锣鼓巷人

(二)写作对象斟酌

1. 南锣鼓巷:为何成名?(保存完好的胡同、四合院以及闲适优雅的老北京生活)又为何陷入嘈杂拥挤混乱的状态?(成为景区,获取眼前的旅游收入)

2. 景区游人:为何这里拥挤不堪?(旅游的盲从、跟风,去宁静优雅的地方拥挤)为何这里乱象不断?(乱挤乱闯,没有带上"文明"的门票)

3. 南锣鼓巷人:为何感到困惑?(文化及生活资源共享后的始料未及的难题;眼前利益和长远利益抉择时的两难)为何主动放弃资质?(保留景区的本色;放弃眼前,选择长远)

(三)不同对象的立意方向

1. 南锣鼓巷:景区有烦恼,申请需谨慎(偏题)

2. 游客:旅游莫跟风,选择适合自己的景点;旅游,要带上文明的门票(次要对象)

3. 南锣鼓巷人:为了长远,放弃眼前;守住绿水青山,也就守住了金山银山(守护自己最赖以成名的资本)(主要对象)

【下水作文】

为南锣鼓巷的选择点赞,更为他们的主动申请叫好

闲适优雅的南锣鼓巷被纷乱扰攘的游客搅得凌乱不堪,当地居民一番思考定夺,果断放弃丰厚的旅游收入,主动申请取消国家3A级景区资质。

我为南锣鼓巷居民的权衡和选择点赞。

　　胡同是老北京的代表建筑,胡同生活是老北京的典型生存状态,胡同文化是老北京的标志性文化符号。这胡同,狭窄中蕴含着广博,慵懒中浸润着安闲,安静中包含着睿智,缓慢中流淌着优雅。这里是"天子"脚下的世外桃源,这里有皇城根里的安静自足。这一切,都随着旅游开发发生了巨变。

　　旅游开发是一把双刃剑。它让南锣鼓巷名满天下,它给南锣鼓巷带来一座座金山;它也让这里混乱喧哗,给文化气息十足的遗产注满了利益的标签。没有旅游开发,南锣鼓巷默默无闻,步履匆匆的人们也不会发现安闲生活的美好;有了它,给这里的人们带来了富足,也带来了不曾有过的烦恼。

　　居民们经过一番思考,果断放弃丰厚的收入,让生活重归于宁静。这其实是在物质利益和精神安宁的权衡中,坚守住了高贵的一方;而芸芸众生中的你我他,却常常被前者击倒。这种选择,恰恰印证了胡同文化赋予他们的性格。

　　因此,我为他们的选择点赞。但是,我更为南锣鼓巷居民一致的主动申请叫好。

　　旅游业大行其道的今天,全国各地无不想从中分得一杯羹。稍稍有点看点的东西,一定会成为当地政府大力宣传的卖点;只要能吸引游客的地方,一定会挤满了立此存照的游人。这场盛宴里,你追我赶,争先恐后:无论如何也要想尽办法弄几个 4A 级景区高高悬挂,百姓绞尽脑汁让远道而来的人打开钱包。于是,所谓"绿色经济"一日千里:一个个古村落名扬天下,一座座庙宇名噪一时。

　　南锣鼓巷的居民一致主动地申请取消景区资质,无疑是一支清凉剂,让那些热火朝天的追名逐利的人们头脑清醒一些。这其实是一种眼前利益与长远利益的博弈。大肆宣扬、过度开发,暂时可以赚个盆满钵满,但也将自己的口碑消费殆尽。主动取消资质、退去旅游热潮,看似失去了眼前的一座金山,实则保住了这里的长久安宁,也保护了人们的长久利益。

习近平主席指出,绿水青山,就是金山银山。二者矛盾时,一定要舍眼前的金山银山,留长久的绿水青山。

文化遗产同样如此。所以,南锣鼓巷的居民是睿智的,更是可敬的。愿所有的决策者、从业者都能拨开眼前物质利益的迷雾,还古村落一份宁静,给当地百姓一个长远的宁静。

"比较权衡"类作文

本学期暑假某高中学校学生会准备组织参加一次优秀学生研学旅游活动。现有几处备选方案,分别是泰山、上海一大会址、深圳特区。假如你是学生会成员,比较三者,推荐一处,写一篇作文。

【写作指导】

这是一则比较分析类任务驱动型作文。指令明确,要求具体。注意:

1. 一定要充分挖掘每一处旅行地的丰富意义。泰山:领略自然风光,观赏风土人情,砥砺意志品质,感受传统文化。上海一大会址:重温红色经典,体悟革命精神,想想成果不易,星星之火可以燎原。深圳特区:改革成就辉煌,深圳精神,中国速度,创新成就,改变命运,可怕的不是现状而是安于现状,等等。

2. 一定要注意三个对象之间的比较。三个对象没有优劣,没有高低,写作时抓住其中任何一处均可下笔。但要注意的是不能只写一处忽略其他;而是进行比较,厘清之于本次研学旅行哪一处意义更大。开头开门见山,亮明观点。

3. 说理要充分具体,有层次感,可以由小到大,由浅到深,由眼前到将来,等等,切忌东一榔头西一棒子,思路紊乱,没有梯度。

4. 不要人云亦云,拾人牙慧。别人的观点不可直接选用,但别人的方法可以借鉴并提升。比如上课时一个学生说选泰山是因为近便,安全隐患小又便捷。我说下一名同学选深圳,就因深圳远。因为深圳远所以做此选择。为什么呢?正因路途遥远,乘坐高铁或飞机,既可以体会现代科技给生活带来的便捷,也可欣赏祖国大好河山,增强民族自豪感。

【下水作文】

泰山之旅,不只是一次登山之旅

本次研学旅行,我认为泰山之行意义最大。

参观一大会址固然可以重拾红色经典记忆,感悟老一辈革命家艰苦卓绝的斗争精神;深圳之行固然可以见证改革开放的惊世硕果,见证伟大的深圳高度、中国速度;但权衡之下,之于新时代的中学生,泰山之旅更具现实意义。

泰山之旅,是一次亲近自然之旅。泰山风景优美,攀登泰山,可以欣赏嶙峋怪石,可以穿梭幽深松林,可以醉赏潺湲的溪流,可以聆听最美的莺歌燕啼。这对于身居闹市的中学生是一次难得的走出书斋、走进自然,走出校园、亲近大山的机会;欣赏祖国大好河山,还可增强民族自豪感,培养爱国主义精神。

泰山之旅,是一次增见广识之旅。去泰山的路上,坐在动车之中,能体会现代科技给交通出行带来的便捷,体会中国速度;也能体悟不同地市的齐鲁风土人情,还免去了长途跋涉、舟车劳顿之苦。在登山的途中,能偶遇来自五湖四海的游客,看见不同的眼睛和肤色,更能与挑山工——这一登山途中独有的人文景观不期而遇。他们的艰辛与不易,智慧与执着,平静与坚守,会给我们深刻的人生启迪。

泰山之旅,还是一次意志磨砺之旅。登山路蜿蜒崎岖,是意志和体力的大考验;十八盘陡峭险隘,是胆量和毅力的大比武。越过重重险阻,攀过层层巉岩,跨过道道小溪,超过叠叠人群,方可登上玉皇顶,体会"凌绝顶、众山小"的豪迈。登上泰山之巅,将是一次意志的巨大磨炼,精神的巨大砥砺,境界的巨大提升。

　　泰山之旅,更是一次文化遨游之旅。泰山贵为五岳独尊,是古代皇帝封禅大典的必选之地,亦是文人墨客访山涉川的必来之所。行走在山间,会欣赏到奇绝的泰山石刻,领略"风月无边"的文字魅力;会欣赏到珍贵的文人墨宝,领略古代文人的家国情怀、胸中块垒;还会不由自主地来到碧霞元君的庙宇,虔敬地给远方的亲人和眼前的自己送上虔诚的祝愿。一次登山,就是一次在中国传统文化大观园里的尽情畅游。

　　泰山之旅,虽缺少革命先辈艰苦卓绝的足迹,虽没有车水马龙的都市气息,但我仍认为,本次研学,泰山是最佳的选择。

"文化交流"类作文

　　多国高中学生参加的"文化之旅·魅力中国"游学活动即将结束。中国学生文佳作为小组代表将在活动分享会上发言,为此,他采访了小组的几位成员。

　　欧洲的欧文说,他印象最深的是敦煌。在莫高窟的壁画和彩塑中,他看到了多种文化的影子,不禁感叹不同文化的汇集交融成就了独具魅力的敦煌文化。

　　美洲的珍妮说,最让她震撼的是北京故宫。她看到了宏伟的皇家建筑、珍贵的中国文物,还碰巧参观了由几家世界知名博物馆联合推出的"灵感中国"特展,她惊奇地发现,中国元素正成为世界时尚艺术的流行素材和灵感来源。

　　非洲的西塞说,与中国同龄人一起生活是他最好的体验。打篮球,练武术,喝饮料,品中餐……共同的爱好、新奇的感受让大家成了好朋友。

　　请结合材料内容和自己的体验,以文佳的名义写一篇发言稿,表达你对文化交流发展的认识与思考。

要求：自拟标题，自选角度，确定立意；不要套作，不得抄袭；不得泄露个人信息；不少于 800 字。

【写作指导】

1. 基于情境要求的发言稿，要让听众有现场感和代入感。开头提、中间点、结尾升华的时候都要提到听众。

2. 严格按照任务指令行文。本次的指令是"表达你对文化交流发展的认识与思考"，那么文化、交流、发展几个关键词就要反复出现。

3. 段首句的打磨很重要。为保持形式上的一致、内容上的梯度，可以都用古诗词，也可以都按照一定的句式写。比如"求同存异、兼收并蓄、中国因融合包容而魅力独具；继承传统、推陈出新、中国文化因传承创新而魅力无穷；生活相通、世界共融、中国文化因交流共享而充满了亲和力"。

【下水作文】

交融成就魅力，交流汇聚美丽

各位亲爱的同学：

大家好！我是中国学生文佳，非常高兴与大家一起参加本次游学活动，更非常荣幸能够代表我们小组在此发言。

本次"文化之旅·魅力中国"游学活动，让我们领略了古老文明的丰厚魅力，感悟了博大精深的中国文化，结成了长久稳定的友谊，也让我对文化交流发展有了更新的认识、更深的思考。

"一枝独放不是春，百花齐放春满园。"文化绝无高低优劣之分，只有五彩斑斓之色，汇集和交融可成就文化的独特魅力。正如我们小组的欧文所说，莫高窟的壁画和彩塑包含着多种文化的影子，成就了敦煌的魅力独具；京剧、相声等艺术形式无不是吸收了不同地区、不同种属的艺术门类的长处，让唱念做打、说学逗唱都有了丰富的内涵、多样的变化和别具一格的艺术张力。海纳百川，有容乃大，河流的汇集增添了大海的磅礴；融百家之长，文化交融更能成就其恒久独特的艺术魅力。

"旧时官窑豆青釉，可为今人抹青花。"历史与现实的碰撞、中国与世界的结合更为文化发展带来新的生机。正如我们小组的珍妮，她震撼于宏伟的皇家建筑、珍贵的中国文物的同时，更惊奇于中国古典元素正成为世界时尚元素的流行素材和灵感来源。中国古典诗词中的女英雄花木兰，可以独闯好莱坞，在迪士尼的动漫世界里横扫千军万马；中国传统武术中的虎鹤双形、站松坐钟，能够让一只胖胖的大熊猫成为光明的使者、正义的化身。古为今用、中为洋用，原本遥远而肃穆的历史元素，在今人活态保护、积极传承的基础上，为其披上时代新衣和科技盛装，为中国和世界的文化繁荣发展提供了新奇的思路和源源不断的灵感。

"虽未醉眠秋共被，也曾携手日同行。"交流，会给人带来独处难以体会的快乐、独行不能到达的远方。正如我们小组的西塞所言与中国同龄人一起生活是他最好的体验，共同的爱好、新奇的感受让大家成了好朋友。相信西塞所言，正合大家心中所想：我们尽管肤色不同、文化各异，但一起交流、一起合作让我们相惜相忆、心有灵犀；我们本各是不同国别的朝阳，代表着各自迥异的文化，因了这次相聚，穿过森林走过敦煌，汇集在一起，散发出迷人的七彩光芒。

"海内存知己，天涯若比邻。"天下没有不散的筵席。随着活动分享会接近尾声，本次研学旅行也将画上句号。我们惊叹于中华文化源远流长的同时，也体验到交融汇集、交流分享带来的无限生机和无穷乐趣。前人栽树，后人应不止于乘凉。希望每位同学都能带回一颗文化交融共享的种子，让它在世界的每一个角落生根发芽、茁壮成长；这次研学旅行的休止符，也就不再是文化交融的结束，而是交流共享的开始。

"文明生活"类作文

最近,很多新闻媒体就文明习惯养成纷纷推出公益广告:"公勺公筷,文明用餐""拒食野味,走向文明""保持社交距离,尊重他人合法隐私",等等。对此,也有人持不同看法。有的说:"原先的习惯,很难改啊!"有的说:"文明习惯要从小培养,我年龄大了,有些文明习惯我不太适应啊!"还有人说:"讲究文明习惯一阵风,过后就烟消云散了。"这些不同的声音也有一定的市场。

对此你有怎样的看法?请以高中生身份给本市精神文明网"文明习惯大家谈"栏目写一篇文章,倡导大家"养成文明习惯,人人行动起来",体现你的认识和思考。

要求:自拟标题,自选角度,确定立意;不要套做,不得抄袭;不得泄露个人信息;不少于 800 字。

【写作指导】

一、材料分析

围绕文明习惯,有两种声音,每种声音各有三个例证。赞同者高呼"公筷公勺,文明用餐""拒食野味,走向文明""保持一定社交距离,尊重他人合法隐私",从用餐习惯、饮食文化、交往习惯三个角度,围绕文明习惯,以"尊重"的内核,阐明对同桌就餐者、野生动物和他人隐私的尊重。有不同声音者,则从"文明习惯难改""文明习惯改晚了""文明习惯难长久"三个角度,在固守着自己的陈旧。

二、注意问题

1. 立意指向:方向明确,就是要倡导大家"养成文明习惯,人人行动起来",可就其中的三种错误思想进行反驳,揭示它们的本质,渲染它们的危害,并就三种正确做法进行褒扬,宣扬它们的积极意义。

2. 内容构成：养成文明习惯是目标，人人行动起来是路径。可以把路径分成两半，"人人"和"行动"。"人人"，就要对顽固的人进行思想纠偏；"行动"就要谈养成的做法。这就是文章内容的两大框架，内容可有所侧重，但对三种错误思想的批驳必不可少。

三、任务限定

1. 身份限定：高中生。从高中生的认识和理解出发，以高中生的思考和见闻为基点，向外发散。

2. 文体限定：本市精神文明网"文明习惯大家谈"栏目，倡导大家行动起来，文明行动。可以写成倡议书，也可以写成驳立结合的议论文。

3. 受众：全体市民。要面向全市市民乃至全国人民，就要突出这些受众的存在感，让他们有代入感。

【下水作文】

文明，应是你我最好的名片

骑行在上学放学的路上，已经很少见一路飞奔乱闯红灯的不文明学友；周末的公园里，也很少遇到乱丢纸屑随地吐痰的不文明市民；即便是偶遇热闹非凡的婚车大队，路边也不再有被五花大绑捆在树上几乎被扒光了衣服浑身鸡蛋液的可怜新郎。

自"全市文明十不准"倡议发出、新闻媒体纷纷推出公益广告以来，身边的同学讲文明，身边的亲人重文明，身边的路人也纷纷在践行文明。文明，已成了多数市民共同的思想理念、行为标准、行动指南。

但是，在文明之风吹绿我市田野、吹遍人民心田的整体向好的形势下，仍有一些懒惰的朋友持有不同的看法，仍有一些顽固的市民发出不同的声音，仍有一些悲观的论调看衰文明习惯能长久，或主观认为"原先的习惯很难改掉"，或执拗地说"年龄大了不适应新习惯"，或凭既往经验断定文明之风会倏然而过。

　　既然文明习惯需要人人参与,那就有必要对部分市民的错误思想进行纠正,认识偏差予以扭转。"原先的习惯很难改掉""年龄大了不适应新习惯",看似有理,实则大谬。原来的习惯未必难改,年龄的增长更不是借口:八九十年代的司机多有路霸,酒驾醉驾曾屡禁不止,如今"上车先系安全带""闹市区里不鸣笛""开车不喝酒""礼让步行人"等习惯早已深入人心、内化为自觉习惯。陈年积习难改从来都是懒汉们得过且过的借口,年龄增大不适应更是顽固派裹足不前的缠脚布。被这种思想占据高地的人,不仅难以改掉不文明的习惯、难以适应新时代的风尚,也不会主动迈开新步子、拥抱新生活;这种言论一旦波及开来,小则影响一个团体、一个社区的文明习惯,大则阻碍一个城市、一个民族的文明进程。

　　凭既往经验断定文明之风会倏然而过的人,更是大谬不然。讲文明、树新风是在我国物质生活极大丰富的前提下,自上而下提倡的全新生活理念和生活方式,它早已与每个人的个人形象、经济收入乃至荣誉征信紧紧联系在一起。纵然国家的大力宣传、政府的积极倡导、社区的全力配合终会过去,但文明的种子早已在你我他的心间落地,定会在全市的每一个角落开花。我们出行主动佩戴口罩、谈话保持安全距离、居家注意通风消毒,这些不就是最好最鲜活的例子吗?

　　当然,文明习惯的养成,也需要你我的行动:"公勺公筷,文明用餐""拒食野味,走向文明""保持社交距离,尊重他人合法隐私",这些都是从尊重的原点出发,用自觉的行动践行社会的文明公约;我们还可以穿上志愿者的服装,走上街头,用自己的实际行动去感染每一名路过的群众,用自己的真情语言去说服每一个认知有误差、行动有偏差的市民。

文明成果的分享,全市人民人人有份;文明习惯的养成,全市人民人人有责。因为,你的行为举止,代表着我市的文明程度;你的个人名片,赫然印着我们的城市名称。

"校园生活"类作文

2020 年,"高校奖励新生一个人报到"的话题冲上热搜,起因是某大学特别设置并颁发了"独立新生奖"。凡是无家长陪同报到的学生,即可获得奖励。消息一出,引发了不少网友、新生和家长的热议。有的对学校鼓励学生实现自我突破、树立自我管理意识的做法表示支持;有的认为大学生当然应该独立,但学校"一刀切"的做法会带来诸多不便;还有的认为有没有家长陪同报到与孩子独立与否并不直接相关,设立奖项宣扬这种行为没有必要。

请你从"网友、新生和家长"中任选一个身份,表达你对这个事件的看法。

要求:结合材料,选好角度,确定立意,自拟标题;不要套作,不得抄袭;不得泄露个人及学校信息;不少于 800 字。

【写作指导】

1.题目构成:题目是比较常见的时事类材料作文,有材料、引导语和常规写作要求构成。其中,材料共有两部分,第一部分是某大学设立"独立新生奖"的事实概要,第二部分是不同群体对该事件的不同看法。

2.引导语有两个重要信息,一是从"网友、新生和家长"中任选一个身份,二是表达你对这个事件的看法,并未要求提出意见建议。这要求在写作时要有身份意识,也就是在明确了人物身份之后,用符合该人物身份的语言表达；二是三种观点相似度较低，可以选择其中之一后，对其他观点进行简单批驳；三是文章没有演讲稿、发言稿等格式要求，按照一般议论文的行文思路写作即可；四是话题的核心是"高校奖励独立上学"的做法，而不是"独立"的重要性。

【下水作文】

奖励独立新生，助力崭新人生

近日，某大学因奖励新生一个人报到冲上热搜、引发热议：有人认为校方做法值得提倡，有人认为该做法没有必要，甚至有人认为这种"一刀切"的做法会带来不便。众说纷纭，莫衷一是。

作为一名大一新生，我想表达的心声是：坚决支持该校做法，新生独立报到理应受到鼓励。

作为"00后"，我们大都是含着金钥匙出生的家中宝，从小物质条件比较优裕，在两代亲人、众多亲戚的共同呵护下成长，没有养成独立生活的习惯：上学放学车接车送，从幼儿园开学一直到高考结束；衣服妈妈洗，饭菜爸爸做，做作业有家长陪同，夏令营有同学做伴，就连压岁钱恐怕没自己独立保管过。

这种现象并没有随着我们年满十八、考上大学、离开家乡而有明显改观：开学季的动车组车厢里，三分之一坐的是学生，三分之二坐的是家长；出站通道的长龙里，爸爸在前背着包，妈妈在后拖着箱子，我们只能在中间抱着手机给同学发微信；来到宿舍，铺床铺被、整理行李的工作也被亲人们大包大揽。直到我们不得不去教室上课，他们才依依不舍地离开。孩子到了不得不独立的年纪，亲人还不愿把孩提时的襁褓收起来。就这样，孩子批不得、家长舍不得的现象越发严重，我们不具备最基本的独立生活能力，将要走上社会的一代，精神上却严重缺钙。因为，家长太爱我们了，我们从未被鼓励过、甚至允许过独立生活。

该高校的做法无疑是一支兴奋剂，让我们为之一振。上大学也是我们第一次远离家庭、远离父母，即将面对新同学、新校园、新环境的时候。这个时候，鼓励独立的做法就显得格外有号召力，会让我们用积极的心态、怀揣激动的心情，独立地踏上去远方求学的路；这可能不是我们第一次领奖品，却是第一次因独立生活而受到肯定。

该高校的做法还是一支清醒剂，让家庭社会为之清醒。能考上大学是对我们学业成绩的肯定，但是否具备独立生活的习惯和能力还需要时间的考验和淬炼。高校的鼓励，让家长意识到我们长大了，该放手了；更让社会意识到，很多教育都是从一件看似不起眼的小事开始，从一个也许并不起眼的鼓励开始。很多时候，这种鼓励的意义，远大于事情本身。

对于持不同意见的网友和家长，我想说的是：独自背上行囊奔赴他乡求学就是独立生活的重要标志，"一刀切"的做法更容易受到广大新生的欢迎，也更容易操作执行。该高校的做法越被人关注，就会鼓励越来越多的大学生们、学弟学妹们，从赶赴大学的征途开始自己的独立人生之路。

高校奖励独立报到的新生，定会助力我们迎接新的人生。

复杂记叙文

请以"我与_____生活的一天"为题，写一篇不少于800字的复杂记叙文。

要求：(1)假如你与一位名人生活一天，你将选择哪位名人呢？请你从下列名人中选取一位，填到空白处。这些名人是：袁隆平

("共和国勋章"获得者)、钟南山("共和国勋章"获得者)、钟扬(时代楷模)、黄文秀(广西白坭村第一书记、时代楷模)、张桂梅(云南华坪女子高中校长、时代楷模)、郎平(最美奋斗者、改革先锋)。

(2)合理想象与联想。"我"是一个高中学生或校报记者,不要出现自己的真实姓名;如需要出现统一用"东方中学 辛欣"。

(3)注意呈现多种表达方式,如肖像描写、对话描写、动作描写、心理描写等。注意生活的细节与文章的主题。

【写作指导】

1.注意"复杂记叙文"的写作要求。既然是"复杂记叙文",就不能只采用一种贯通的手法来写作,要注意综合运用多种手法。比如刻画人物,应该有正面描摹,也要有侧面烘托。

2.注意材料限定的"一天"的要求。"一天",就是从早到晚的时间顺序,要在文中明显地表示出来。

3.写人,既要写他的外在特征,还要写他的职业成就,更要突出其人格力量。

【下水作文】

我与郎平生活的一天

作为东方中学的一名普通高中生,我很荣幸能与"最美奋斗者""改革先锋"郎平女士共度一天。

郎平的生活与多数教练并无多大差异:六点准时起床、三餐严格控制、上午力量训练、下午技战术演习、晚上个别球员谈心。她的外貌衣着更是与常人一样:齐耳短发、运动装、大背包,如果不是身材特别高,人群中很难将她与路人甲乙丙丁区别开来。"铁榔头"的一天很平凡,不仔细留意,很难把她与两代国人的精神偶像联系起来。

上午,力量训练馆。魏秋月们正在挥汗如雨,郎平二话不说,拿起杠铃，一五一十地边举边数。"您是教练，只需要让队员们做就够了，为何自己还要亲自操刀？"我十分不解地问。"郎导啊，不只是要求自己，她这是给我们施加压力呢。她都做了二百个，谁还敢少做？"魏秋月擦了擦汗，气喘吁吁地说道。看着郎导认真的样子，我明白了"其身正，不令而行"的威力。行胜于言，郎导的举动，不只是训练力量，还是在传递信念：竞技场上，行动和实力才是最有力的语言。

下午，实战演练场。我和郎导走进场地的时候，队员们已经分组完毕，准备对抗赛。"开始！"郎导一声令下，仿佛战鼓奏响，对阵双方立即短兵相接。"二号位，注意传球！""红队，注意拦网！""自由人，看好对方发球线路！"除了姑娘们的加油呐喊，演练场上全是郎导的声音。多年的教练生涯让她的声音早已沙哑，但每一次对抗赛的每一个细节，她都用最清晰的语言喊给队员。一个下午的比赛，满满四个小时，队员们有暂停时间、喝水时间、战术调整时间，唯独郎导没有一刻的休息时间。她来不及跟我讲一句话，一抹夕阳照在身上，让她高大的身影更显得伟岸挺拔。这个身影告诉我，做一件事就要全力以赴、全情投入。

晚饭后，她把朱婷叫到宿舍，单独聊起了天。她褪去了白天训练课上的威严，也藏起一身的疲惫，温和地说着笑着。"去土耳其打球很好啊，一来待遇更好，可以解决家中的困难；二来呢，学习国外的先进理念，回来也跟队员们讲讲。"朱婷点点头，眼神里充满了女儿般的感激。农村出身的她，身负家庭的重担；身为球队主攻手，肩负国家期盼。在留洋与否的关键抉择中，郎导最了解她的心情。因为郎导也曾放弃了一切远赴美国，最终习得作为一名职业教练的素养，练就作为一名中国教练的精神。"累了困了想家了，就把这身衣服拿出来，摸摸胸前的国旗。"郎导从自己的衣橱里拿出了20世纪八十年代五连冠时的队服，郑重地交给了朱婷。衣服早已褪去了鲜艳的颜色，但左胸前的五星红旗依然亮眼。原来，每次出国比赛，她都把这件衣服带在身边，衣服上写满了拼搏故事，充满了女排精神，注满了中国力量，也载满了家人的牵挂和同胞的期盼。

夜里十点半，郎导的手机响了，是女儿打来的，声音虽远隔重洋，却亲密无比。电话内容并无特别，多是女儿的生活起居和妈妈的日常料理。直到那边传来了倦意，郎导才不舍又满足地挂断了电话。郎导说："那孩子读高中的时候，跟你们一样，也老想着休息和放松。但我告诉她，世界上只有两种命运：选择和被选择。只有青春多流汗，才能拥有更多的可选择命运的机会。"看着她慈祥和蔼的样子，我心里升起一种温暖，不只因为她是一位伟大的教练，还因为她是一位妈妈。

我与郎平生活的一天过得非常快，不过是见证了她作为教练的极为平常的一天；但这一天对我意义非凡，因为从她的身上，我懂得了什么是行胜于言，什么是全情投入，什么是家国情怀，也感受到了她作为一名普通妈妈的可敬。

第四部分　语文随笔

　　受很多教育名家的影响，近年来，我养成了课后总结课堂、反思教学的习惯。每节课结束后，我对教学内容、教学过程、学生反映等一一进行反刍，发现对自己的课堂教学越来越不满意：有时候觉得教学的深度不够，有时候觉得教学的方法值得商榷，有时候觉得内容的安排还可以再优化，有时候觉得学生的气氛还可以再活跃一些……总之，想得越多，也就想写得越多。

　　于是，在某一个课间或者某一个瞬间，总会涌出一些千奇百怪的想法；把这些想法诉诸笔端，也就形成了语文教学随笔。

语文的梯度

　　给四年级的女儿听写生字词，不经意翻到孩子教材的扉页，里面写着几行笔记让我暗暗心惊。棕黄色的纸张上，工整地记着几行笔记："现代诗歌的特点是不拘格式，韵律相对自由，富有情感，想象丰富。"

　　十岁的女儿能不能理解这些术语背后的意义姑且不论，反躬自省，在给高中生讲解现代诗歌的特点的时候，我不也是在说这些内容吗？还要求学生要一字不差地记住、背熟，在考试的时候熟练地写在试卷上。殊不知，我可怜的学生们，在小学的时候就被语文老师强制背诵现代诗的特点；初中四年每次学习现代诗，又在教材的空白处写下了几乎相同的文字；高中三年在不同年级分别学习《致

橡树》《再别康桥》《大堰河——我的保姆》的时候，每首诗歌的旁边
又写着"不拘格式，韵律自由，富有情感，想象丰富"十六个字；考上
大学，在学习《大学语文》里面的现代诗歌的时候，会不会还会上演
相同的故事？

　　我不敢继续想下去。

　　我们在抱怨学生不愿意读书、不愿意写作、不愿意学语文的时
候，有没有真正想过他们为什么会这样？笔者就这一问题问过自己
的学生。学习《再别康桥》，学生很乐意反复地轻轻地朗读，一点一
点地触摸和品味诗歌里的温柔与浪漫；学习《致橡树》，他们也很乐
意一遍一遍地对着旁边同学高呼"我如果爱你，绝不像攀缘的凌霄
花，借你的高枝炫耀自己"；接着再补充舒婷的《双桅船》《神女峰》乃
至朦胧诗派的其他作品，他们也兴致勃勃地读着，记着。

　　但是一提到艺术手法、创作特点等内容，教室里就陷入了沉默。
学生的眼睛不再有神，嘴巴不再张开，只是在我的命令下用孩子的
笔体写下了那十六个字。课堂气氛不再活跃，学生思维不再灵动，
一堂现代诗歌品读课，走过富有生命力的前半程，在艺术手法这个
拐弯处走进了死胡同。有学生直言不讳："我很喜欢读这些诗歌，也
很喜欢背诵它们，但一提到艺术手法就觉得索然寡味。因为从学习
现代诗歌开始，我们就需要机械地记住它的艺术手法，学了多少首
现代诗，就记过多少次几乎相同的笔记，实在是一点新鲜感都没有。
再说，我们也不打算做诗人，记住了这些手法也基本没有用武之地。"

　　可能这是多数学生的心声。在数学学习过程中，他们小学学习
加减乘除，初中学习方程，高中学习函数，三个不同的求学阶段接受
的是难度不同又层层递进的知识，在知识序列的不断延伸中，不断
有新的发现和喜悦来增加学习的获得感和成就感。语文呢？给小
学的孩子听写"慰藉"要说到"藉"的读音和写法，给高中的学生还是
要重复大致相同的内容；学生从小就记住了"开篇点题""承上启下"

"卒章显志",到高中写的记叙文仍然凌乱不堪;第一次接触到鲁迅的作品是《故乡》,老师就说"鲁迅,原名周树人,伟大的文学家、思想家、革命家",高中学习《拿来主义》,相同的内容又出现在了教材题目的下面、"鲁迅"二字的旁边。

也就是说,我们的语文教学知识序列不够强,教学内容和教学方法都缺少梯度,很多时候教师都是在有意无意地重复,学生则是在机械生硬地记忆。所以会出现这样滑稽的事情:把高考试卷中的文学类文本阅读题目印发给初四的学生,他们的得分未必低于年长三岁又在高中受过三年系统训练的学哥学姐的分;用实用类文本的高考选择题同时考查高一和高三的学生,正答率也可能出现惊人的相似。在三年的语文学习过程中,学生的信息筛选能力、文字感悟能力、总结归纳能力、逻辑推理能力并未得到显著的提高,甚至在原地踏步。我们在语文教学中,并没有带领学生到达新高度,更遑论发现新大陆、达到新境界;不过是早早地硬性塞给学生一套答题模板,在不同的文章中反复地套用它,直至学生甚至我们都产生了厌恶。

所以,作为一名语文教师,我们是否应在力所能及的范围和时间内,根据不同文章的体式特点和内容特征,发掘每篇文章的独特性和唯一性,分层次、有步骤、讲梯度地构建学生的知识大厦。学生拾级而上,总能看到不一样的风景,拥有不一样的收获。而不应该像现在这样,学习一篇文章,就是新建一所平房,每所房子都有大致相同的外形、基本一致的框架,只不过是用了颜色和质地略有差异的石头和砖块。学的文章多一篇,对语文的新鲜感就剥去一层,很少体会到"更上一层楼"的快感和舒畅。

就像现代诗歌的教学,我们可不可以先把作者介绍、艺术手法搁置一边,带领学生在语言文字的品味吟咏中体味诗歌最本真、最原始的美感;在错落有致的诗行排列中触摸诗人最真纯、最炽热的心灵脉动。并不是所有的现代诗都需要像建一所房子那样讲究框架的完整、结构的完备；把高中阶段的现代诗歌放在一起，形成一个群文阅读专题，让每首诗的唯一性都成为大厦中不同楼层不可或缺的部分，学生的能力和思维才有可能会随着篇目的增加不断提高。

让知识形成序列，给语文构筑梯度，现在是时候了。

（本文发表于《语文学习》2020 年第 6 期）

表达的个性

给学生比较《劝学》和《师说》，问到更喜欢哪一篇的时候，学生们各执一词，各抒己见，多数同学都能说出自己的观点。有的说喜欢荀子的学者之气，有的说喜欢韩愈的充沛感情；有的说喜欢荀子的说理形象，有的说喜欢韩愈的对比突出……各有各的理解，各有各的精彩。

但给我印象最深的，却是一名羞答答的女同学。她最后一个站起来，用很低的声音说，她喜欢韩愈表达的个性。能给出你的理由吗？我问。这名女生有条不紊地说道：“荀子的《劝学》固然很好。作为战国最后一位大儒，他提出与前辈截然相反的性恶论，还培养出了韩非和李斯这样的法家学派的人物，足见荀子的与众不同；但在《劝学》这篇文章里，这种个性并没有显露出来，更像一位忠厚长者在循循善诱、谆谆教导。韩愈的《师说》则大为不同。在崇尚武道和佛道的中唐时期，韩愈能够大力弘扬儒道，本来就是在与世界为敌，更何况他把矛头直接指向士大夫之族，对他们不尊师道、不重儒学的做法充满了愤怒、失望、批判和讽刺。这些情感，《师说》全文没有做丝毫的掩饰，文中处处奔涌着他的思想和个性，处处喷薄着他的与众不同。”

教室里掌声雷动。

刚教完高三，见了太多的答题模板和写作套路，这种独到的思想和表达好久没遇见了。从这名女同学的表述中，我们可以清晰地感受到思考的力量，惊喜地听到个性的表达。一名刚刚踏入高中大门的学生，就能够独立地面对文本，做出别具匠心又入木三分的解释，足见其对语文的偏爱和对文字的敏感。回到办公室，我为遇到这样一个出色的孩子暗暗欣喜；欣喜过后，又顿觉局促不安。按照常理，随着年龄越来越大、课文越学越多、阅读面越来越广，从高一到高三，思维和表达都会越来越出色，可是现实却常常与愿望背道而驰。

刚毕业的这批学生就发生过这种事。记得他们刚入高一的时候，我布置了一篇介绍自己的好朋友的随笔作业，有一名学生这样写道："某君，余之故友也。自解文字，便与为伴，而今已逾十载。其形也，身材高挑，挺拔如松，常配峨冠一顶；其行也，端方坚硬，刚直不阿。虽默然无声，然满腹汁墨，有手握之，落纸如云。敏于事而讷于言，每及言之又坦荡无纹饰，真君子也！该君何人？吾之笔也。"新颖的取义，生动的描写，字里行间跳动着不尽的才思。经过了两年的训练之后，她的作文完全符合题意、中心思想突出、材料十分丰富、语言文采斐然，在题目限定的范围之内可以做到考场作文的极致。可是，我再也读不出她高一时的文字里的灵动，反倒是大而空的口号很多，正确的废话也不少。思想的分量在减轻，表达的个性也已消失殆尽，就像一个曾经炯炯有神的小姑娘，眼睛变成了祥林嫂的一般，只会间或一轮。

很多学生本有丰厚的思想、独到的思考、个性的表达，但在高中读书的三年时光里，这些最具个人色彩也可能是最有价值、最显区分度的标签，却被日削月割。学生的思想光滑了，语言圆滑了，性格没有了棱角，表达失去了个性。表现在考场作文里，让人看到的多是千篇一律、千人一面。

但凡有阅卷经验的老师都有这种感觉：在批阅了数百份思想基本雷同、表达基本一致的作文之后，都感到味同嚼蜡、身心俱疲；而突然跳出一篇立意新奇、表达流畅的作文，不管这篇文章的结构是否严谨得密不透风，语言是否拿捏得精致纯熟，都会油然而生一种精神一振的快感。这种快感，足以消除近几天的疲惫，让人不自觉地打出一个高分。可惜的是，能带来这种快感的文章，相较于数量庞大的同质化严重的作文，数量实在太过稀少。

学生高一入学时思想的灵性和表达的个性，是怎么悄无声息地消失的？

现代文的教学，我们常常落入段落划分、总结段意、归纳中心思想的窠臼，还要通过"这一篇"读懂"这一类"，常常赋予一篇文章太多的功利目的。就像一篇《荷塘月色》的教学，我们要让学生厘清朱自清的出行路线，感知他的苦闷和挣扎，熟记通感和叠词的妙处，由这一篇散文打通读通此类散文的任督二脉。殊不知，面面俱到就可能意味着蜻蜓点水，浮于表面。假如有同学能够读出朱自清文中描写的两重世界，我们就没有必要再把所有内容灌输给他，而是趁机引出作者的"刹那主义"人生观，可能更易引起学生探究的兴趣，激发表达的个性。

作文题目的命制，常常披着"任务驱动"的外衣，更多的是在"限定性"上做足了文章，而没有给"开放性"留下足够的空间。这样一来，写作任务不再是驱动学生放飞思维的起点，而变成了捆绑学生思维翅膀的绳索。在这种情况下，学生所要做的，是挖空心思地做到在不跑题的前提下如何让中心更加明确和突出、如何让语言更加华美和整饬。思维一开始就戴上了镣铐，遑论让思想和个性起舞。

阅卷的时候，更是变得苛刻和保守，喜欢打保险分，很多富有创造性的种子，就被并不突出的分数给掩盖了。其实，满分作文并不是指没有缺点的作文，只要有让人眼前一亮的东西，就值得高分甚至满分。

王栋生老师提倡高中生在"大作文"之外，还要有"小作文"，让学生每天都脱去枷锁淋漓畅快地书写，其实就是在呵护思想的种子，提倡个性的表达。

（本文发表于《语文学习》2020 年第 11 期）

"当下"何必一定要"反观"

每次批阅学生作文，总会发现一些"学生惯用语"在文中高频出现，"诚哉斯言""揆诸当下"的热度还没散去，很多同学的倒数第二段，又经常以"反观当下"开头。纵览后面两段的内容，大都是针对当今青年群体或社会现实中存在的不良风气、不良现象、不良倾向进行揭露和批判，以期起到激浊扬清、正本清源乃至扭转社会风气的作用，让作文成为"经国之大业"。

当然，更是为了让自己的作文能够做到正反圆合、辩证说理，向批阅人展示自己思维的批判性和思辨性，还似乎能顺理成章又不露痕迹地完成"不少于 800 字"的写作要求。而且，好像最后一条才是多数学生内心最真实的想法。这种做法在学生中间广受欢迎且广为流行，以至于很多学生已经形成了一种定势：作文文末要么联系新时代青年，要么指向当今社会，总之要有"当下"；既然前半部分一直在正面论证，为了彰显文章与思想的批判性，对于"当下"，也只好不留情面地一概"反观"了。

这就是学生议论文的写作现状。在很多学生的心中，"当下"如果没有被"反观"，就很难算一篇合格的具有思辨性的作文；教师在批阅时没看到"反观当下"四个字，会时常怀疑自己看得不仔细而错过了很多精彩。

但问题是，作文是不是一定要写"当下"？近年高考颇为盛行的多元关系对立统一的思辨类作文材料，无论是"距离"与"联系"、

"强"与"弱"的二元对立关系,还是"移用、化用与创造""本手、妙手与俗手"之类的三元辩证关系,都在引导语部分明确地写着"体现你的感悟与思考",以强化对学生的思维的考查。学生如果能够在有限的篇幅内把这些关系文从字顺、条理清晰地说明白、写清楚就足够了,何必非要联系"当下"且在固定位置独立成段?

退一步讲,作文必须要联系现实本是无可厚非,但"当下"是不是一定要"反观"?既然"反观",也就是与前半部分的内容是对立关系:如果前面在驳论,在批判假恶丑,那么"反观"的内容皆为真善美;如果前面在立论,在弘扬正能量、歌颂新时代,那么"反观"的内容就只剩下揭露与批判、声讨与鞭挞了。这种非此即彼、非黑即白的写法,看似在辩证说理,其实恰恰走入了二元对立的误区,没有看到二者背后的联系:只看到了"相反",却忽略了"相成";只阐释了"对立",却漏掉了"统一"。

就像"选择与坚守"的主题作文,学生能够非常正确且流畅地写出若干个名人的人生选择,并比较透辟地指出他们的人生选择背后所坚守的价值观;但一到"反观当下"部分,便全是流量明星误导青年、青年学生沉溺网络一类的句子,似乎当今时代的青年人就不会选择、不能坚守。其实,辩证说理没有必要非得站在观点的对立面,对观点中可能出现的错误进行纠偏也是很好的选择。比如,文末也可以这样写:"当然,坚守需要一个前提,那就是选择的价值观是正确的,否则便会误入歧途、害人害己;也需要与时俱进、创新发展。刘姥姥选择的'守多大碗,吃多大饭'也只属于特定阶级与特定时代,还需要一颗持久不变的恒心,在面对纷繁诱惑时心有所向、毫不动摇。"这样的辩证说理,比起"反观当下"要严谨得多、深刻得多。

回看近年来流行的"学生体""高考体"作文,大致历经了"小标题式""议论抒情式""问题解决式""正反结合式"等多种样式的变化,基本呼应着高考试题中话题作文、材料作文、任务驱动型作文、新材料作文的演变。也就是说,学生乃至语文教师始终在用作文形式的变化回应高考试卷的变化。基于这个前提,最直接有效的教学办法,就是扔给学生一套放之四海而皆准的作文模板,无论遇到什么样的作文题目,不管怎样地削足适履、生搬硬套,一切皆可入我彀中。所以,很多学生的作文就像机械操作一样,每一个段落应该写什么、打算怎样去写早已经胸有成竹,不过是根据不同的题目替换几个关键词和人物事例罢了。这样看来,每到文章的后半部分便会"反观当下",也就不足为奇了。

其实,常见的材料作文大都是针对生活中有思维含量、有思考价值的现象进行整理归纳,提示、揭示或阐释其中蕴含的普遍道理、人生哲理,让学生从自己的角度、用自己的语言去萃取、去证明,在写作过程中展示自己的思维过程。往小处说,是"现象——道理——现象"的提取和解释过程;往深处说,是先由实践到认识的总结、然后再用认识指导实践的思维过程。如果学生在写作过程中总是按照既定的思路让材料适应自己的模式,那只会跟在命题者的后面亦步亦趋,无法参透作文的真谛。

有学生反映习惯了模式化作文,如果打破模式,文章的后半部分便不知道该如何下笔。我们不妨向时评文做些许的借鉴:

当然,动起来、融起来、活起来,只是开始;静下来、沉下来、传承创新下去,任重道远。有关古画的故事还有很多,有关古画的讲法还有很多,像古画这样积淀着中华民族审美旨趣、精神内涵和价值追求的文艺样式还有很多。传统浩浩荡荡,创造生生不息。传统文化的新表达,不仅要讲出趣味,也要讲出深度;不仅要讲出美来,还要讲出美背后的精神、理想与追求;不仅要面向当代受众,讲出新的时代内涵,还要面向世界,在更高维度上彰显中华文化与古为新用的接续创造。

这是《人民日报》2022 年 3 月 18 日一篇题为《让古画动起来融起来活起来》的评论员文章的末段,作者在对文章主题做了充分的论证之后,在文章结尾处开始辩证说理,向更广处拓展、向更深处沉潜,与时代接轨、与世界同步,挖掘精神内涵、展望未来趋势……这些,都有助于学生突破模式的瓶颈,张开思维的翅膀。

(本文发表于《语文学习》2023 年第 5 期)

说"文话"与说"人话"

品一碗中国故事,奏一曲盛世华章。读罢材料,就此泚笔:星燧贸迁,晷刻渐移,岁月不居,时节如流……君不见纵有千古,横有八荒,前途似海,来日方长……君不知流光一瞬,华表千年,弦歌不辍,薪火相传……君可忆荆岫之玉,必含纤瑕,骊龙之丽,也有微隙……君且看吾辈少年郎,晔晔如扶桑,鹰击长空悬,鹏飞万里江……君可闻大国决决,大潮滂滂,草木蔓发,春山可望……

上文并不是摘自盛大集会时的国旗下演讲,而是学生的考场作文。乍看来,大气磅礴、令人感奋,字里行间充满了无限的能量和激情;细读一遍,会发现这些句子句式老套且生搬硬套,好像去掉它们文脉会更清晰,语意会更明了。类似的句子,学生写作文时经常用到,我们姑且称之为说"文话",与我们平时明白畅晓的"人话"风格迥异;学生写作时常落入套叠使用这些句子的窠臼,也就不知不觉间都变成了"套中人"。如果只有极个别同学这样写,我们还会觉得该学生文笔不错、勤于积累;如果海量的文章都在用这种句子,阅卷者只能忍受着痛苦咬牙坚持了。

这是学生写作中普遍存在的不良现象:每一段的开头,都有一些文言短句引领;每一段的中间,都有以"感动中国"人物为主的名人故事;文章即将结束的时候,都会写到"吾侪青年,生逢盛世,反躬自省,更当自强……"更有甚者,还会生造艰涩怪僻的字句人名:上一篇刚读到了"欧洲著名哲学家劳登",接着又读到了"中国著名哲学家劳登",让人禁不住怀疑"劳登"的国籍问题为何一直悬而未决;更让人忍俊不禁的是,有的学生还会造出诸如欧洲著名文学家"达伽·都硕"这样的名字,越读越觉得蹊跷:原来是模仿外国人说中国话的口吻生造的"大家都说"……这种雕虫小技俯拾即是,不一而足。

无论是嵌套名言还是生造人名,都是为了让文章显得高端大气、高深莫测;但仔细一读,会发现这种表面的"高大上",其实是内容的"假大空"。在这种文章里,我们没有读出真情实感,没有发现真知灼见,没有看到文从字顺的流畅表达;看到的尽是东拉西扯、穿靴戴帽……好比你想听一个人讲讲他的心事,他却给你长篇大论地讲了半天华而不实、不疼不痒的弯弯绕,读起来实在难受。

为什么会这样?急功近利。

有的教师急功近利。语文教学是个功夫活,写作教学更是。不少教师为了立竿见影,便告诉学生一些所谓的高分技巧,发放"高分作文技能包",以为能在考场作文中唬住阅卷老师就是作文教学的成功。殊不知,表面文章做得越多,学生的写作水平和写作意愿就会下降得越厉害。很多学生高一的时候喜欢写随笔,能尽情地"我手写我心";三年的作文机械训练后,一提到"写作"二字就觉得反胃了,遑论写出真情实感和真知灼见。

部分社会教育群体也急功近利。每年高考结束后,不少教辅资料就相继重磅推出各式各样的"高考满分作文集锦"。其实,里面的文章大都是语文成绩相对不错的学生考试结束后复写的文章,难免会有很多斧凿的痕迹。更何况,命题人在第二年会有意规避类似的话题、相近的文章,高三学生循规蹈矩地练习了一年、模仿了一年,写的其实都是去年的话题,一直在命题人的后面亦步亦趋。去年全国新高考Ⅰ卷作文考查的是"本手·妙手·俗手"三元辩证关系,学生盲目跟风苦练了一年,结果今年考查的是"好故事的力量",让多少"重磅出击"的猜题押题的拳头都打在了棉花上。

一些学生也急功近利。有的学生语文底子不好,不想下功夫,却幻想拿高分;有的在模仿高分作文、背诵"满分作文"方面下了一点功夫,结果考试成绩仍不理想,最后索性交给运气了。写作文,"多快好省"的办法实在行不通,如果不能回归到阅读和思考的本质上来,再多的题海训练、套路灌输、技巧打磨都是盲人点灯——白费蜡。学的假大空的"文话"越多,思维的层次和深度就会越浅。

我们该何去何从?

有的学校开展了"三年读透一本书"活动,学生受益匪浅。学生高一入学的时候选出一本经典名著,反复读、反复想、查阅资料、小心求证,每两周写一篇读后感;教师认真批改、不断鼓励,三年下来,每名学生都写了 10 万以上的文字,积攒了厚厚的一摞,皆可成书。这项活动,不仅让学生学会了"整本书阅读"的方法,体会到了读书和写作的快乐,人生之路也受到了很大启发:因为每一本经典名著都是一个包罗万象的世界,都是一部助力成长的百科全书。

教材是取之不尽用之不竭的宝库。笔者教学《琵琶行》,除了必不可少的音乐描写、情感共鸣的教学之外,融进"白居易履历年表""序文与诗文的比较阅读""为何江州司马青衫最湿"等任务进行深度教学,深入分析白居易如何在作品中融入自己的生命体验并做出人生转变的重大抉择。随着课堂的深入,学生的认识也不断提高,对作者本人、对诗歌本身乃至对语文学习的认同也进一步加深。课后让学生写作"我读《琵琶行》"的随笔,里面呈现了各种各样的精彩。教学《永遇乐·京口北固亭怀古》,除了典故运用之外,更从语气的跌宕起伏的角度反复诵读,去感悟辛弃疾"归正人"炽热无比却又悲愤难抑的复杂情感,学生更能产生共情和共鸣,于是,在学生的课后随笔里,《三抑三扬永遇乐》这样的精彩文字就水到渠成了。

　　说到底,语文教师是学生阅读和写作的引路人。学生对阅读和写作的喜欢程度,与语文教师的课堂魅力和平时引导有很大关系;学生写出什么样的文章,也在侧面反映着他们的教师的文本解读水准和写作水平。教师放空自己,以初学者的心态认认真真地细读文本,会带领学生真正抵达他们到不了的地方;教师放下架子,和学生一起研究作文写作之道,会让学生真正体会到把思想转化为文字的快乐。

　　漆永祥教授常说要鼓励学生说"人话",因为"人话"里才有真情实感和真知灼见。我们多么希望,多年以后,学生不经意间打开自己高中生活记忆闸门的时候,能找到自己曾经留下的真实可亲的文字;通过这些文字,他们能想起一段充满真情和温暖的时光。

说说"裸读"文本

　　和孩子一起看有关春耕的绘本,映入眼帘的尽是清澈的溪水、广袤的土地、忙碌的农人,处处洋溢着春天的气息;绘本底部配着颇有文采的文字,我和孩子都看得津津有味。但孩子的一个问题突然把我问住了:"爸爸,为什么耕地的农民伯伯都不穿鞋,光着脚丫子?"定睛一看,图画中扶犁耕地的男子光着泛红的脚丫,聚精会神地劳动着。一时间,我被这超出我的关注视野的问题难住了,不知道该如何该应付眼前这个只有两岁半、闪烁着大眼睛的小男孩。幸好妻子及时救场,说,光着脚丫子才能感受到土地的温暖、留下好看的脚印呀。孩子闪烁了几下大眼睛,"哦"了一声,继续向后翻书。

　　我再也平静不下来。为这个成人未曾想到的、文字描述之外的问题,也为妻子巧妙而真实的回答。穿不穿鞋与耕地并没有根本联系,但是穿着鞋子耕地确是无法亲身体会到土地的温度的。光着脚丫耕地,留下一排排前进的脚掌印、构成梅花样的图案,再壮硕的男子也会留下可爱的印记。

文本解读不也正是如此？放空自己，脱下既往经验和思维定式的鞋子，用眼睛和心灵去触摸文本，才能真切感受到文字的温度。记得初读《琵琶行》的时候，并没有去品味人人耳熟能详的精彩的音乐描写，反倒是琵琶女的生活落差和真情控诉更入我心，这也是感受共情共鸣的心灵通道，音乐不过是个外在媒介；初读《哦，香雪》，并没有感受到小说的诗体特征，而是为香雪作为山里人受到的歧视和伤害更感心疼，也为她勇敢而有尊严的追求肃然起敬，这也是我们"70后""80后"的农村念书人的共同感受；初读《荷塘月色》，并没有想到朱自清是一位反对"白色恐怖"的民主斗士，也没有想到他是宁肯挨饿也坚决不吃美国救济粮的有骨气的文人，文中的两个"忽然想起"带我领略了想象中的荷塘和记忆中的江南的美好，跟着作者的思绪完成了两次精神遨游，畅快无比……

这样的例子不胜枚举。放下一切来"裸读"文本，以"初学者"的心态去抚摸文本，获得的往往是真切的、独到的阅读体验；而这些体验，恰恰可能是最宝贵的东西：把它们诉诸文字，常常会有独辟蹊径的新发现；把这些告诉学生，常常能因自己的投入而能够带领学生领悟课文的真谛，品味语言文字的妙处，进而让他们爱上语文，爱上读书。

有一次与同事聊起"裸读"的好处，他深以为然并极力践行。不久之后，他兴奋地拿着教材来找我，流畅而精准地说出了现行统编教材与上一版的细微区别，并以此为契机，详细比较出必修两册和选择性必修三册共五册教材从插图到文字的所有变化，借此形成了自己的独到观点。这种发现之于语文老师，不亚于航海家发现新大陆。如果教学内容和教学方法总是陈陈相因，我们总是用同样的方法去教同一篇课文，怎能体会教学相长的快乐？更不用说教育创新了。唯有放空自己，才能搁置经验、突破惯性、超越感性，进而形成自己的教学个性。

当下，喜欢"裸读"文本的教师可能并不算多。教学若干年后，不少教师都积累了一些经验，也因此形成了一些教学惯性：有的匆匆地读一遍文本便开始翻阅《教师教学用书》，以便找到方便快捷的方法；有的喜欢使用网络上的课件，跟着课件的步骤实施教学；还有部分念旧的老师有保留旧教材的习惯，只要是遇到教过的课文便找出从前用过的书，教学内容依然是几年前甚至十几年前的笔记……可以想见，这种操作下的课堂教学，都是人云亦云、陈陈相因，不论时代在怎样变、学生在怎样换，教学路数一成不变。教学《劝学》，必是分析比喻论证的好处、总结学习的意义和方法；教学《师说》，定会讨论尊师重道的意义、求师问道的方法……殊不知《劝学》中除了上述内容之外，更是蕴藏着由君子到圣人的修身路径，更有着"学者之文"的风度和气度；《师说》是韩愈"气盛言宜"创作主张的代表作品，除去颇有赠序色彩的末段之外，其余段落气势逼人，充满了战斗气息。带领学生在文本里多走几遍，学生更能体会到作家的创作个性；而这种个性的体会，最需要教师搁置经验，"裸读"文本。

当然，参考书并非不可用，但对它的定位就应该是"参考"，而不是奉为圭臬；网上资源丰富多样，对它的定位就应该是辅助资源，不可亦步亦趋、拾人牙慧。"我"的课堂就是由"我"做主。在反复"裸读"文本、形成自己的独到见解之后再去参考和求证其他资料，会让自己的课堂既有"我"又有"识"。每一名教师的课堂都应该有着鲜明的个人印记和个性色彩，让每一次授课都能体现自己的学识和修养。

与教了很多遍的教师不同，多数学生在面对一篇课文的时候，大都是初次接触该文章，甚至很多都是初次接触该作者。他们的心里没有太多的经验，他们的阅读视角和阅读体验与我们颇有不同，甚至是迥异的。教学《孔雀东南飞》，就有学生问我"孔雀东南飞，五里一徘徊"这个起兴的句子，为何是"五里"而不是"十里"。我很难用"西北有高楼"这样的典故去搪塞他,便结合五里一短亭、十里一长亭的知识,用"五里"比"十里"徘徊的频率更高,更能体现作者心中难以排遣的郁结来回答他。这种细节,往往被我们忽略;学生的发现得到合理的解决,我会和他们一样露出满意的笑容。

每名语文教师都能获得这种幸福。当你放空自己去"裸读"文本的时候,便会拥有一双孩子似的善于发现的眼睛;反复阅读、小心求证之后,往往也会有巧妙的发现。

要"罗列",还是要"逻辑"?

学习墨子的《兼爱》,学生无不为文章严谨的逻辑和清晰的层次所折服。与本单元其他课文相比,纵然本文没有孔子的谆谆教导、循循善诱,没有孟子的滔滔不绝、能言善辩,也不像老子那样无中见有、充满辩证,更不像庄子那样汪洋恣肆、充满想象;但是,即便是选用了最朴素的语言,那环环相扣又层层推进的逻辑推理,也足以让该文在本单元中独树一帜。学生们纷纷感慨:言之无"文",也能行之久远。

这与学生的作文形成了巨大的反差。

当下很多学生的作文,名言的引用、事例的罗列占去了绝大部分的篇幅:远到老子孔子韩非子,近到路遥莫言曹文轩,上有嫦娥探月、"墨子"升天,下有中国"天眼"、杂交稻田,古今中外无所不有,天文地理无所不包,事例不可谓不广博,材料不可谓不丰富。语言呢,辞藻非常华美,句式非常多变,甚至有些文字读来感觉神之又神、玄之又玄,放下之后,却感觉空洞贫乏、言之无物。

为什么会出现这种现象?这固然与我们对作文的评价导向密切相关。长期以来,我们评价一篇作文、尤其是考场作文的优劣,"基础等级"主要的评价指标是"符合题意"和"中心突出",因为"不跑题"是决定一篇作文得分的最重要、最明显也是最容易操作的指标;"发展等级"则主要是落脚在"丰富"和"有文采"上,毕竟这两个评判标准也是比较显而易见的。这样一来,在教师们中间就达成了一种默契:好作文就要满足"不跑题"和"有文采"两个要求。久而之,教师自觉或不自觉地就给二者画了等号,在教学过程和阅卷工作中就有了相应的倾向。自然,学生的作文也就沿着这两个方向,一去不返。

相应的,作文教学的重要任务乃至主要任务,就是积累素材。因为,跑不跑题要根据不同的题目要求去判定,再高明的教师也无法准确预判尚未进行的考试作文题目。因此,素材积累成为作文教学的首要任务。翻看学生的语文资料,作文素材类占了绝大多数;学生的笔记本密密麻麻地写满了名人名言、感人事迹、关键词、适用话题……早晨的语文诵读时间,也常常用在背诵这些素材上。在很多学生的心目中,作文指导课就是素材积累课,写作文的首要任务就是尽可能多地把自己辛辛苦苦整理和背诵的素材罗列在作文纸上。于是,便有了上述作文样态。批阅作文,仿佛就是在看名人名言荟萃、名人事迹展览,有的尽是素材的数量,而缺少了思维的含量。

积累素材当然没有错。中低年级的学生要依赖名人名言增加自己的知识储备、丰厚自己的语文素养、培植自己的文化情怀;高年级的学生写议论文,也不能完全脱离素材去凌空蹈虚、自说自话。素材积累的多少,是衡量一名学生语文素养的重要标准;善于积累素材的学生,也往往能在语文考试中获得比较理想的分数。

但是,积累素材不应该是作文教学的主要内容甚至全部内容,写作文也不应该是简单的"名言荟萃"和"名人开会"。"发展等级"还包括"深刻""有创意"两个维度。这两个维度不是单单靠罗列事例和名言所能实现的。"深刻",就要对纷繁的外在事物作科学的理性分析,去粗取精、去伪存真;对作文材料中的概念进行准确的界定、合理的联想，由此及彼、由表及里，进而得出独具匠心的观点。"有创意"，则要对自己的独到观点进行周密严谨的论证，作富有个性色彩的表达。若要至此，则离不开思考的力量和思维的含量；说白了，也就是作文要有逻辑。

教师要有逻辑思维训练的自觉。无论阅读教学还是作文教学，我们都仍旧在有意无意地倾向于知识的传授，即便是设置了一些启发性问题，也多是围绕"写什么"和"怎样写"，而少有"为什么这样写"的深入探讨。比如《别了，"不列颠尼亚"》一文，多数教学停留在本文作为"新闻特写"的体式特征层面，挖掘了"特写"在角度选取、背景介绍、气氛烘托以及情感表达方面的特色，却没有继续探讨作者为什么这样写。其实，本文的核心物件有两个：一艘船和一面旗。作者为什么围绕这两个核心物件写作？"不列颠尼亚"号黯然离开，"米字旗"永远降落，暗含的意思就是香港迎来了新生，中国将会在香港书写新的"传奇"。教学深入到这个层面，学生的逻辑思维才真正得以发展和提升。

学生要有深入思考的习惯。所有问题都不止有一个方面：有正面的意义，也可能会有负面的作用；有表层的含义，也可能会有深层的意蕴；有了一个方面，也可能会因此衍生其他的方面；特定时代背景下正确的话，世易时移，可能不再那么正确……王栋生老师说，"越想越复杂是好事""思考，不能固定于一个视角"，就是在鼓励学生敢于思考，勤于思考，善于思考。学生思考得多了，自然就会越来越"深刻"和"有创意"；把这些想法诉诸笔端，学生的文章也会越来越有逻辑。

作文有逻辑，并不一定要学生手捧几本逻辑学的书从第一页开始学起，教材中就不乏典范的例子。选择性必修上册第四单元的主题是"逻辑的力量"，就比较系统地阐释了逻辑在语文中的呈现方式和运用方法，应该仔细认真地学习。《六国论》《过秦论》《答司马谏议书》等经典课文都可以作为逻辑教学的样板，给学生细细讲来。

有逻辑，会让文章变得严谨、走向深刻。就像墨子的文章，洗尽了铅华，依然会在先秦典籍中熠熠闪光。

那些站在背后的巨人

就像听一首歌，我们往往把目光聚焦在舞台中央的歌者，或被优美的旋律、精美的歌词打动，很少去关注是谁填的词，谁谱的曲。殊不知，没有了被多数人忽略的词曲作者，也就没有了歌曲的风靡，歌手的走红。很多经典文学形象也是这样，如果背后缺少了为之默默付出、并不为人注意的人，他们也就失去了宽厚且高大的肩膀。是那些站在背后的巨人，让站在前台的主角更加亮眼。

再读《廉颇蔺相如列传》，依然心动不已。蔺相如凭借自己的大智与大勇，从一个默默无闻的宦者令舍人，一路飙升至位居廉颇之右的上卿。完璧归赵，尽显从容不迫的勇气和足智多谋的智慧；渑池会上，又能临危不惧，从容应对，尽显赵国外交之风范；将相和，更让廉颇知错能改的胸怀和相如以国为先的气度相得益彰。在这篇列传的节选部分里，蔺相如的形象实在太光辉、太耀眼，让其他人物都黯然失色。正如宋代陈亮所言："相如真丈夫，真男子，真大圣人，真大罗汉，真菩萨，真佛祖，真令人千载如见也。"

乍看来，蔺相如成了一位单枪匹马舌战群儒的英雄，仅凭一己之力便可挫强秦威风，长赵国志气。细想来，又不是这样：没有了宦者令缪贤的倾心举荐，蔺相如有机会走上赵国的政治前台吗？没有了赵惠文王从谏如流，蔺相如有机会"奉璧西入秦，章台奏秦王"吗？没有了廉颇"盛设兵以待秦"，渑池会上蔺相如能顺利取得外交胜利吗？

"千里马常有，而伯乐不常有。"纵然蔺相如有不世之才，如果没有了知人辨才、冒死举荐的缪贤，可能也会一生碌碌。更难能可贵的是,缪贤为了举荐蔺相如,不惜把自己私交燕王、亡赵走燕的黑历史都自爆出来,可见他不仅有伯乐的慧眼,更有忠臣的胸怀。他为了国家的利益,甘为人梯,他就是蔺相如背后的巨人。

像缪贤这样知人善举、甘为人梯的人并不少见。在《烛之武退秦师》里,郑国危在旦夕的时候,那个步履匆匆、忠心耿耿的佚之狐,言之凿凿、信心满满地举荐了烛之武:"若使烛之武见秦君,师必退。"《子路、曾皙、冉有、公西华侍坐》篇里,孔子弯下腰去,俯下身来,搭建了一个平等的平台,营造了一个和谐的氛围,才让子路、曾皙、冉有、公西华畅所欲言,各言其志,让我们见证了遥远的春秋时代不同贤人的政治理想。《滕王阁序》里,没有了都督阎公的击节赞赏,"落霞与孤鹜齐飞,秋水共长天一色"可能不会名满天下,王勃也可能不会名噪一时。《种树郭橐驼传》里,没有了那位追问"以子之道,移之官理,可乎"的智者,郭橐驼的形象也就止于一名乐观豁达的乐者,技高业精的智者,而不具有忧民爱民的仁者情怀。

"人君无愚、智、贤、不肖,莫不欲求忠以自为,举贤以自佐。"在这一点上,封建帝王的初衷是一样的;但他们举贤任能、从善如流的本领和胸怀却相去甚远。赵惠文王在陷入外交困境的时候,广开言路,从谏如流,文用相如,武用廉颇,成就了赵国一时的强盛;后期的楚怀王疏远屈原,重用奸佞,"不知忠臣之分,内惑于郑袖,外欺于张仪……身客死于秦,为天下笑",成为楚国由盛转衰的罪人。蔺相如能够取得外交胜利,赵惠文王这样的贤君明主也是背后的巨人。

《齐桓晋文之事》中,如果没有那位善于倾听、乐于配合的齐宣王,恐怕很难见到一个雄辩有力、滔滔不绝的孟子,他的"王道"思想也就难以阐释;《陈情表》中,没有那位非常合时宜的提倡"以孝治天下"的晋武帝,李密就难以抓住这一契机,得以先报养祖母、后尽节陛下;《谏太宗十思疏》中,没有既往不咎、知人善任、从谏如流的唐太宗李世民,中国历史上最负盛名的谏臣魏征将会暗淡许多。

"但使龙城飞将在,不教胡马度阴山。"无论在何时,一国综合国力的强大,都离不开军事实力的强大。蔺相如时代的赵国,有廉颇、赵奢等大名鼎鼎的武将,军事实力达到了赵国历史的巅峰;虽然总体实力不及秦国,但秦国并没有一举将其击败的绝对实力。后来的长平之战,赵国由于战略失败而全军覆没,但秦国也付出了惨重的代价。渑池会上的蔺相如,不仅发挥了自己完璧归赵后的外交手腕和余威,更是赵国军队和国力的代言人。以廉颇为代表的赵国武将,就是站在他背后的巨人。

甘罗十二岁出使赵国,能让赵襄王亲自到城外迎接并言听计从,让秦国不费一兵一卒便得河间之地,并不仅仅是因为这个神童的谋略智慧,而是因为他的背后是攻无不克战无不胜的秦国虎狼之师。张仪纵横捭阖、出尔反尔,樗里子能说会道、足智多谋,他们除了自己的三寸不烂之舌之外,也得益于秦国已是雄踞一方的军事强国。相较于别无他策只能铤而走险、人手不足就仓促上路的荆轲,他们是多么的幸运。

浩荡的历史长河里,不知有多少人并不缺少才华,也不缺少勇气,却因为少了一个甘居其后的巨人,少了一个高大宽厚的臂膀,从而缺少一个展示自我才华的平台,不得不在庸碌和平凡的日子里匆匆地过完一生。

每当打开一部书,走近一个人物,在感受人物魅力、分析人物形象之后,还可以走到人物的背后,寻找那些站在背后的巨人。寻找的过程,也正是在向文本的更深处漫溯;学生的思维,也在这个过程中渐渐走向独立和深刻。

那些无声却沉重的叹息

晁错在接到汉景帝召见的诏令时,虽在守父丧,但仍特地换上朝服,步履匆匆地赶来。可能在路上的时候,他的心里还想着应当怎样进一步推行自己的削藩政策。他不知道这是一个早已设好的陷阱,步子迈得越快,也就越快地走进腰斩东市的圈套。这个一生为国为君的人,最终却被国君密令腰斩,还用了一种欺骗的手段。

在这里,司马迁没有明言,却在晁错死后,借谒者仆射邓公的"内杜忠臣之口,外为诸侯报仇"和景帝的"默然良久"发出了无声却沉重的叹息。

晁错作为西汉初期的名臣,可谓有文才、有辩才、有学识、有思想、有胆略。作为政论名家,他"以文学为太常掌故",有《论贵粟疏》《守边劝农疏》等名篇传世;作为太子舍人,他能言善辩,被太子也就是后来重用他的汉景帝呼为"智囊";作为朝廷派往济南学习《尚书》的专门人才,他学成归来,处处"以《书》称说";作为敢为天下先的勇士,几十次上书汉文帝,为削藩和改革奔走呼号,虽千万人吾往矣。

在他的眼里、心里、行动里,只有削藩,只有改革,只有国家。

但是,这同时也把自己置入了一个尴尬的境地:无人缘、无朋友、无亲人、无机谋、无退路。在受宠于太子的时候,他就不懂得团结他人来壮大自己的力量,而是孤身前行,"袁盎诸大功臣多不好错";在担任内史、权倾九卿的时候,他常常单独参见景帝呈上密奏,并借凿太庙垣墙一事气死丞相申屠嘉;在父亲匆匆赶来、好言相劝的时候,他的心里仍然只有天子和宗庙,结果父亲饮药而死……他不懂得"木秀于林风必摧之",也不懂得文武之道一张一弛。为天子之尊、宗庙之安,他一意孤行,孤注一掷。这一切,把他自己逼上了一条不归路:一旦风向改变,他也就成了削藩和改革的第一个祭品。

司马迁抛却个人遭遇和情感,对为人峭直刻深、有酷吏作风的晁错,在无声的文字里为他发出了无声的长叹。

岂止晁错。

世胄蹑高位,英俊沉下僚。魏公子信陵君,仪表堂堂、风度翩翩,仁而下士、食客三千,真可谓"陌上人如玉,公子世无双"。无论胸襟品格还是口碑威望,他都是那个时代的翘楚。可惜的是,他同父异母的哥哥魏安釐王对他总是心存戒备,不到万不得已绝不重用,用完之后又会立即疏远。在魏安釐王这样的国君心里,内忧远远大于外患,王位远远高于臣民。所以,在《魏公子列传》的起初部分,魏安釐王得知信陵君及其门客能力通天的时候,司马迁便用一句"是后魏王畏公子之贤能,不敢任公子以国政",埋藏了无声的叹息。后来信陵君急人之困、窃符救赵,再败秦军、威震天下,却最终因猜忌而抑郁而终,不过是为这无声的叹息又平添了几分悲情。

孟尝君被齐湣王迫害一度逃往魏国,最终家族被灭,春申君被人利用,遭人灭口。名满天下的战国四公子几乎无一善终,皆让人喟然长叹,唏嘘不已。

浮云常蔽日,忠良多遭谗。屈原正道直行,竭忠尽智,对内可与怀王商议国事、发号施令,对外可以接待外宾、应对诸侯。可惜他的一片赤诚却敌不过翻云覆雨的张仪,唤不醒利令智昏的怀王;他的一颗忠心始终斗不过宠姬郑袖,说不服令尹子兰。屈原在汨罗江边行吟的时候,内心有千种矛盾、万般感慨。但那自沉汨罗的纵身一跃,带走了楚国的忠诚、楚国的才华。此时司马迁一改前文的喷薄和恣肆,没有对屈原投江发表任何观点,只是淡淡地说,屈原去世以后,宋玉、唐勒、景差之徒,"终莫敢直谏",楚国也"日以削,数十年竟为秦所灭"。他那无声而沉重的长叹,随着汨罗江的潮起潮落,经久不息。

李牧纵然北御匈奴,西挫强秦,终敌不过秦人的反间,因谗被诛;伍子胥纵然赤胆忠心、一心为吴,终敌不过伯嚭的谗言,因谗自尽。无需多言,李牧死、赵国亡,子胥死、吴国亡,这些历史事实里深藏着司马迁无声的长叹。

壮士常慷慨,英雄多悲歌。好读书善击剑的荆轲曾给卫元君讲以术治国的理念,不被采用,结果卫元君不久之后就被秦人流放到野王(河南沁阳);在赵国榆次与盖聂论剑,盖聂"怒而目之",荆轲一去不返;在邯郸与鲁勾践下棋,鲁勾践"怒而叱之",荆轲"嘿而逃去,遂不复会";在燕国与高渐离饮于燕市、歌于市中,相拥而泣、旁若无人。乍看来,荆轲并无过人之处,反而显得比较胆怯懦弱;但司马迁接着说荆轲为人"深沉好书",处士田光知其非庸人,已经将自己的感情埋藏其中:荆轲有处士的清高,更有侠士的孤傲。在知己面前,他可以毫不遮掩,真情流露;在盖聂、鲁勾践之流面前,道不同不相为谋,没有解释的必要,更没有再会的必要。如此清高又孤傲的侠士慷慨赴死,一去不返,司马迁把自己的声声长叹埋藏在易水的离歌里。

项羽在东城快战之后,求生的本能让他本打算渡过乌江,"于是项王乃欲东渡乌江";乌江亭长的一番语重心长的劝导却把他拉回了现实,那个好大喜功、自矜功伐的项羽又清醒了过来,发出了"天之亡我,我何渡为"的呼喊。一代西楚霸王就此自刎乌江,司马迁没有大发感慨,而是把自己的声声长叹激荡在乌江的滚滚波涛里。

苏辙说司马迁"其文疏荡,颇有奇气",一语中的。除了浓郁的感情倾向,作为一名秉持信史精神的史学家,司马迁也常常隐去自己的存在,压住自己的情感,只是通过简单的记述,让自己的叹息隐藏在文字的背后,跳跃在史册中间。

而这些无声又沉重的叹息,超越历史,穿越时空,今人读来仍会有情感的共生,深深的共鸣。

我思·我在,让每天都有美好的期待和遇见

很多时候,行动的懒惰都源于思想的懒惰。学生苦于作文,在很大程度上都是平时不善于思考造成的。基于此,我让学生每天都

写"我思·我在"，以期让思想的火花点燃写作的激情。

给学生布置思考题目时，我主要从以下几个方面入手。

首先是对教材的选文进行细读深挖，引领学生从作者、文本、读者三个角度，分别为作者立传，为课文立诗，为我心立言。编入教材的文本，大都是反复淘洗的经典，可读性强，挖掘价值高，也为个性化解读提供了多种可能。学生接触到文本，至多在粗略地预习、大致地浏览后，便等待老师的讲解。我们一直在批判"填鸭式"教学的种种弊端，殊不知学生也早已习惯了做那只等待的"鸭子"，上课时只需张开嘴等待喂食，很少主动地、独立地思考。

于是我放慢了讲课的节奏，尤其是篇幅较短的课文，预习时尽量不设置具体问题，而是只有一个要求：朗读六遍课文，写下自己的感受。学生往往一读正其音，二读通其意，三读品其美，第四次、第五次时就经常能够发现一些很有价值的问题。然后我要求学生趁热打铁，把这种一闪而过的想法记录下来，便有了很有意义的发现。比如预习《劝学》的时候，一位同学在反复朗读之后写下了这样的文字：

当我把每一段的喻体写在纸上的时候，发现了那么多的不同，又发现了那么多的相似。第二段的靛青、寒冰、直木、金属，都是从外物取喻，它们在被动地改变；第三段的终日而思、跂而望、登高而招、顺风而呼、假舆马、假舟楫，则都是从人的动作出发，他们在主动地探求。荀子想要通过这些不同和相似告诉世人：学习，不仅要被动接受，还要主动探求；被动接受可让人"智明无过"，主动探求则让人"神明自得"。

有的学生则喜欢"为课文立诗"，用诗歌的形式对文章进行改写。在学生的笔下，很多老课文有了新形式，焕发出新生命。比如学生笔下的《六国论》和《阿房宫赋》："六国纷繁付云烟，百里阿房作焦田。千古兴亡成败数，文人笔墨纵横间。"在对两篇文章进行比对的基础之上,又用简练的语言把文章的要旨融合其中。再如学生笔下的《错误》:"马蹄达达过江南,梦里依稀旧田园。谁家深闺重帷启,年年空盼旅人还。"不仅承袭了原诗的含蓄美和情感美,还运用了"空盼"这样寓意丰富且情感绵长的词语。

其次是抓住每一个节日节气的时令特点和文化内涵,让学生在充分感悟传统文化的无穷魅力的基础上,因事记人,以节传情。学生升入高二以后,大都开始海量的议论文训练,很多学生基本不再写记叙文。议论文重在说理,是对观点深度、知识广度、思维梯度、论证幅度、语言力度等理性思维的考查,而很多学生尤其是女生的文思、情思、才思、哲思就很难展现。我于是鼓励学生用两只手写作,左手写议论文,体现理性思维;右手写随笔,记取生活,记录情感。

传统节日就是非常好的契机。学生正值十五六岁的年纪,他们还都在用孩子的眼光去看待、经历节日,也就有最纯真的体验和最美好的记忆。所以,抓住节日特点让学生写作,可以让他们重拾美好记忆,让最真实的情感恣意流淌。比如去年冬至,因北方有"冬至饺子夏至面"的习俗,我就抓住这一习俗,让学生以"冬至饺子"为主题,写当天的"我思·我在"。于是,学生的记忆也像一盘盘热气蒸腾的饺子,氤氲着整个教室。有学生怀念与已故亲人一起吃饺子时的温馨,如今却已阴阳两隔,感人至深;有学生感叹饺子里包裹的亲情、友情,借以表达对亲朋好友的无限感恩;有学生写从只会吃饺子到学会包饺子,再到看别人享用自己劳动成果时的满足,在时光的进程里感慨自己的成长;还有学生写冬至必吃饺子是一种仪式感,借以抒怀对生活精益求精的认真态度……

去年小雪节气时,学生写下对雪的盼望、初冬的感悟;今年元宵节,学生在学校里度过,当外面火树银花时,他们站在一个观赏者的视角,置身在灯火通明的世界之外,有了更深的体会,更高的认识。

此外,有时候学生上课读到好文章的时候,我就顺势而为,让学生以此为出发点做出思考。有一次学生读《茶汤和好天气》，我就顺水推舟，让学生读了汪曾祺的《人间有味》，并写自己最喜欢的一道菜。学生纷纷在文章里表露自己的"吃货"本色，灵动的笔触里既有生活情趣，还有文人雅趣。

就这样，学生每天都在思考，在体悟，在提升，还用灵动的文字生动地记录下自己中学时代的心灵脉动；我则在欣赏，在交流，在吸纳，从学生的思想流动中恣意地享受着作为一名语文教师所独有的幸福。学生和我，每天都有心灵的碰撞，思想的交流。学生越来越喜欢用文字表达自己，我则越来越沉浸其中。

每天打开学生的"我思·我在"，我都对新想法、好句子有了美好的期待，也有了经常的遇见。

喜欢，往往来自独特感受和发现

学习完统编教材必修上册，我给学生布置了一个写作任务：整本教材学习完毕，我们聆听了青春的吟唱，感受了劳动的魅力，走进了古代诗人的精神世界，深入理解了家乡文化风物，在《乡土中国》里学会了学术著作的阅读方法，在古今中外的作品里领略了学无止境的求知要义，在自然美景中寻得了精神的依托和归宿，在词语的积累中丰厚了必备的知识和学养。

你最喜欢的单元是哪一个？请给出你的理由。

写作任务布置完毕，学生们便重新打开教材，重新走进文本，在文字的涵泳优游中放飞自己的思想，并用生动别致的文字分享着自己的独特感受。

不出意外，青春单元和古诗单元最受欢迎。青春的年纪读歌咏青春的文章，自然容易点燃激情、引起共鸣；古典诗歌蕴含着中华文化的绚丽瑰宝，能够引领学生走进诗人的内心、感受绝美的意境。

学生的文字里，描绘着激情澎湃的郭沫若、坚毅勇敢的王昌耀、羞涩拘谨却让人敬佩的通讯员，内心充满渴望却又让人心疼的香雪，还有求贤若渴的曹操、冲淡自然的陶潜、愁绪满怀的李清照、悲怆不已的辛弃疾……正如一名同学所言："每名诗人都有不一样的多彩人生，赋予了他们不一样的生花妙笔；他们有看得尽的文章，更有说不完的真情。"

出人意外的是，有的学生将目光下探，把课文与自己身边的人、身边的事结合起来，关注的是平凡人的平凡劳动，文中处处"有我"。有学生在文章里写道："纵然袁隆平为杂交水稻做出了世界性的贡献，钟扬在青藏高原留下了永难磨灭的足迹，但我更为张秉贵兢兢业业的精神所感动。因为我的爷爷就曾是一名售货员，他曾在供销社工作，几十年的售货员岗位铸成了他和善待人、一丝不苟的品格……"还有学生写道："学习不可以停止。我们要向老师请教、向经典请教、上图书馆去、到人民中间去；还要适应科技大潮，充分利用现代科技带来的便捷，把读屏和纸媒结合起来，以期既快速又海量地学习知识、接受信息。"

更让人欣喜的是，还有学生思考更深广的意义。有学生说，原来的时候，外出旅游不过是拍照与看景，没想到美丽的大自然还可以治愈苏东坡的伤痛，启迪史铁生的人生，象征姚鼐的过往与未来。还有学生说，中国社会本就是乡土社会，身居都市的我们读完《乡土中国》，更明白了我们从哪里来，我们带着怎样的乡土文化基因和密码一步步地走来；一部《乡土中国》打通了中华传统文化和中国乡土社会的任督二脉，更有助于我们寻根……

每名学生都有不一样的理由，这种独特感受让他们喜欢上了一篇文章、一个单元；而他们这种不一样，让我更加喜欢他们。活动进行到这里，我觉得应该再进一步。

"请同学们打开教材目录，如果打破了单元划分的界限，大家又有怎样的发现?"我问道。

教室里又热闹了起来。

"我发现有几位作家反复出现。第一单元有青年毛泽东的诗词,第六单元有领袖毛泽东的讲话稿,不同时期不同风格的作品让我更全面地认识这位伟人……"一名学生说道。

话音未落,已经有同学抢答:"还有苏东坡。虽然《念奴娇·赤壁怀古》和《赤壁赋》是同一时期的作品,但两者的风格并不尽相同。《赤壁怀古》里的苏东坡气势豪迈、潇洒放达,《赤壁赋》里的苏东坡寄情山水、圆融睿智。"

"还有两个曹操。一个是《短歌行》的作者,一个是《赤壁赋》里的英雄;一个充满了求贤若渴的真情和建功立业的豪情,一个酾酒临江、横槊赋诗,散发着文武双全、豪气满怀的英雄气概。无论是哪一个曹操,都与《三国演义》和传统戏曲中的形象大相径庭,都让我肃然起敬。"

…………

"大家都说得很棒。从人物的角度有新发现,从篇目的角度呢?"

"我发现了好几对孪生兄弟。苏轼的《念奴娇·赤壁怀古》与辛弃疾的《永遇乐·京口北固亭怀古》,荀子的《劝学》与韩愈的《师说》,朱自清的《荷塘月色》与郁达夫的《故都的秋》。他们就像双胞胎一样,被紧紧地捆绑在一起。"一名学生眼睛里充满了惊喜。

"我们的教材又增添了一对孪生姐妹:茹志鹃的《百合花》和铁凝的《哦,香雪》。虽然来自不同的时代,但同为女作家的小说,里面都充满了细腻和真情。"另一名学生补充道。

"它们为什么会一直捆绑在一起?"我继续追问。

"它们的体裁相同。《念奴娇》与《永遇乐》都是豪放词,《劝学》与《师说》都是文言论说文,《荷塘月色》与《故都的秋》都是写景散文,《百合花》与《哦,香雪》都是短篇小说,四组几乎涵盖了常见的文学体裁。"

"它们的思想内容和写作手法有比较强的可比性。苏轼与辛弃疾合称豪放并蒂，二人有相同更有不同，这与他们生活的时代息息相关；荀子在谆谆教导、循循善诱，韩愈则在针砭时弊、毫不留情；朱自清在月光下的荷塘边思考人生，郁达夫在老北京的秋日里品味悲凉；茹志鹃和铁凝笔下的青年虽经历不同，却一样让人心动。"

…………

课代表总结发言："教材的每篇课文、每位作者、每个单元都有着别样的美丽和魅力，如果没有觉得它好，只因为我们读的遍数太少；越有独特感受和发现，我们就会越来越喜欢。只要打开教材，就会看到风景。"

我和学生完全达成了一致。换一种方式打开教材，总会有不一样的惊喜和发现；把课堂和思考还给学生，他们定会乐在其中。

学生和我，一起行走在路上

作为一名语文教师，我们听到最多的声音就是学生对语文的轻视，语文教师自己对教学的急功近利、涸泽而渔。殊不知，在抱怨和牢骚中，我们已经错过了语文学科最美的风景。

于漪老师说，语文是工具性和人文性统一的学科。长期以来，在应试教育指挥棒的统一指挥下，我们一直重视工具，轻视人文。语文作为学生通向大学的重要科目，一直在接受数理化一样的题海训练。语文不再有人文温度，成为了理性的考试工具。而汉语作为母语的"阴、阳、上、去"的音乐美，平仄起伏的顿挫美，字里行间的温度，抑扬顿挫的梯度，早已烟消云散。

曾经的我也迷失了道路，如今，我和学生一道行走在探求的路上。

于是，平时的教学中，在保证教学生会做题、做对题、得高分的基础上，我希望通过言语形式带领学生走到不一样的地方，领略语文与其他学科不一样的风情。

文本：切莫在语言的表面滑行

一位语文老师，只要经受了大学四年的本科教育，读懂一篇文章不在话下，甚至能从语言学、文艺理论的高度做出自己独到的解释。在初涉工作的前几年里，我常常这样，甚至沾沾自喜。但是，在深入钻研文本之后，我才知道自己的浅薄，不过是在言语的表面滑行。

近期教学《登泰山记》，一直把它当作一篇普通的游记散文。但是，怎么也不能说服自己的是，一篇语言如此浅显、文义如此简单的文章，怎么会一直存在于高中语文教材？按理，初涉文言文的人便可知其义，通其理。尤其在备课的时候，怎么都觉得它作为桐城派的代表作家姚鼐的代表作品，勉为其难。这一点，我和学生初步达成了共识。

经过多次的阅读，翻阅了很多资料，我才逐渐发现，文本当中有那么多奥秘，我从没有带领学生涉及。姚鼐作为桐城派的集大成者，在义理、考据、辞章三方面做到了极致。回归到文本才恍然大悟，原来姚鼐在思想上告诉世人"久在樊笼里，复得返自然"的乐趣，还有不经困苦怎得美境的哲理；考据方面，姚鼐是那么的小心翼翼，没去过的地方、没考证的史实，绝不妄言；辞章方面，看似通俗易懂，实则余韵无穷，让人如读李易安。

尤其需要指出的是，这是一篇地学游记，有着不同于文学游记的写法，与《醉翁亭记》《岳阳楼记》《黄冈竹楼记》《小石潭记》等等，有着不同的文体要求。所以，文章开头，姚鼐会详尽地介绍泰山的地理位置，文中会对泰山的人文和地理景观做最具体的区间定位。

这样，我和学生一起向文本的更深处漫溯，一起享受着探究的乐趣。

阅读：在真正的兴趣和高分间找到平衡

平时的调查告诉我，学生并不是不喜欢读书，也不是不喜欢思考，他们讨厌的是做阅读题。论述类文本阅读、实用类文本阅读、文学类文本阅读、古代诗文阅读，不是读不下去，而是做不了题。文章本身没问题，而是题目设置、答案解析消解了他们对文本的初始认知和审美体验。

我深以为然。

但我告诉学生，高考指挥棒下，分数是最好的标准；能做好阅读这件事的人，也一定会做好答题这件事。一个真正强大的人，能够面临一切考验。就像水木年华组合，均是清华大学毕业生，成绩优秀，做音乐也同样出类拔萃。

学生也深以为然。

作为教师，我需要引导学生找到阅读和做阅读题的平衡。阅读的乐趣，需要平时不断地自我体验、自我感悟、自我提升。而答题的技巧，需要教师不断地引导，反复地训练。在了解课程标准、明确命题特点的前提下，针对近几年的高考题、结合近几次的模拟题进行反复训练，这对于学生准确判定考点、明确答题方向、提高答题能力有莫大的帮助。在越来越顺利的做题训练中，在越来越高拔的语文分数里，学生自然提高了语文学习的兴趣和语文阅读的主动性。学生也在广泛的阅读和训练中明白了究竟是"我不合题意"还是"题不合我意"。

其实，阅读和做阅读题，本就是一对相爱相生的孪生兄弟。

作文：切不要让文章辜负了自己

在海量的议论文训练中，很多学生觉得背离了写作，背离了内心，总觉得在当前的任务写作的情境下，总在写背离自己初心的套话，在写言不由衷的废话。

我总是这样问学生：如果让你写一篇表达真情实感的记叙文，

你能写得打动你自己吗？能打动你想打动的人吗？学生常常无语。

其实，学生在犯一个从众的错误。别人说这样不好，他就觉得不好；别人说那样好，他就觉得那样好。其实，自己需要什么，自己擅长什么，自己该做什么，自己不该做什么，早已抛到九霄云外。

我们需要找到的是问题的原点。写作，如果人人都可以汪洋恣肆，都可以天马行空，那么人人都可以是庄子，人人都可以是李白。我们没有他们的天赋，所以只好在窠臼里做到最好；更何况，在限定中，我们也做不到杜甫和陆游那样的高度。给了作文的限定，其实是给了写作的方向，给了思路的向导，让我们有的放矢，有路可寻。没有限定，反而会让人找不到北，缺少方向。

对于有些同学，如果觉得自己不擅长写议论文，那也应该学会最基本的技法和思路；学余时间，那就我手写我心，把自己最真实的想法，最真挚的感情，留在最青涩的年华里。

这就是我，作为一名语文教师最平实的叙述，最真切的告白，最真实的行走。在行走的路上，和学生一道，我遇见了最美的风景。

语文的"成绩"究竟是什么

很多一线语文教师都会有这样的苦恼：平时上课不愿意听讲、课下不按时完成作业的同学，在大型考试后会对语文格外热心，一直询问老师为什么自己的得分会这么低，给总成绩拖了后腿；平时基本见不上面、教学中更少有交流的领导们会在成绩分析会上对语文格外照顾，一直追问你语文为什么考得这么差，给学校抹了黑。这时候的语文教师们，百口莫辩，更是百感交集。

平日里教学中的滔滔不绝、头头是道，在冰冷的数字面前变得垂头丧气、无地自容；即便是一个再乐观的人，也会陷入长久的缄默和自责。

　　这一切都源于一个不可更改的事实——成绩。具体到当前的总成绩计算体系中，就是分数。语文和数学、英语一样，都是 150 分制，对于志在升学的学生来讲，三科具有同样的权重。很多学生尤其是总成绩拔尖的学生，数学英语都可以得到 140 分以上；唯独语文，130 分是高分，120 分需要运气，110 分属于正常发挥。这就形成了鲜明的对比：数学英语都是优势科目，唯独语文拖后腿；本来可以到 C9 学校念书的同学，因为语文的弱势，不能进入梦想中的象牙之塔。这时候，语文分数不理想的同学，很少会追问自己究竟给过语文多少阅读的时间，有没有养成过写作的习惯。多数人想要的语文成绩，不过是考卷上那鲜红亮眼的分数。

　　的确，在凭借分数录取的现有体制下，我们从来都不能否定高分能带人跨过的门槛。但是，缺少了相应的语文素养，即便一时进入了理想的学府，又能否保证长久的优秀？著名数学家华罗庚先生最响亮的名言便是"语文天生重要"，更不用说在新的课程标准下，阅读能力和理解能力对于一名学生能够顺利完成所有科目的考试是多么的重要。这一切，已经为学生重视语文学习、社会重视语文科目、家长重视语文兴趣、学校重视语文习惯铺就了肥沃的土壤。

　　但现实情况却不容乐观。多数学生乐意做数理化题目，在不断的试验和验算中体会学习带来的快感；即便是做题累了的时候，宁可多背几个英语单词也不愿意读书。多数家长在假期里给孩子恶补各种特长、兴趣，唯独觉得学习语文没有收益；学校的荣誉室里摆满了各种奥赛的奖杯，唯独与语文的奖项没有关系。在学生、家长、学校乃至社会各界的固有认知体系里，语文是名副其实的"边缘学科"，学校不疼、学生不爱。

　　这一切都源于一个错误认知——急功近利。而语文的学习，恰恰是一个功夫活。一部长篇小说，读完需要时间，读懂需要时间，读透更需要时间；一本诗歌集子，读顺需要时间，读通需要时间，背诵更需要时间。写日记需要花时间，写随笔需要占时间，写作文需要费时间，写好作文更需要大把时间。但花了大把的时间，往往在考试时却收效甚微。如此高能耗低收益的事情，对于时间紧迫、学业紧张的中学生来说实在是显得有些得不偿失。

值得庆幸的是，并不是所有学生都这样认为，也不是所有家长都这样认为。笔者有一名学生从小便喜欢读名著，无论《三国》《红楼》，还是《复活》《飘》，说起里面的人物和故事，都能如数家珍、滔滔不绝。但是，这些知识在平时的语文考试中没有用武之地，语文成绩也很不理想。一时间，他成了语文大投入小产出的典型，学生也不敢效仿他的语文学习方法，生怕陷入同样的泥潭。仔细询问了该生的学习状况后，我发现他的阅读多是停留在表面，停留在了"有意思"的层面，而没有更深一步，去思考和挖掘"有意思"背后的"有思想"。于是，我在继续鼓励他广泛涉猎的同时多多进行分析阅读和主题阅读，并且拿起笔来，在文章的矛盾处、简略处、跳跃处多思考，记录下自己的读书心得，并且不断地与身边的同学进行交流心得和新得。两年下来，该同学写了不下五万字的读书笔记，在高考中语文取得了优异的成绩。更重要的是，他带动了身边一大批同学爱上了读书写作，自己也从事了文字工作，在工作岗位上如鱼得水、游刃有余。

这里，需要老师对错误的思想进行扭转和纠偏。语文是功夫活不假，但有了阅读和写作的长期坚持，能够让人拥有真功夫。短时间内没有直接在分数上体现出来，却能潜移默化地影响其他学科的成绩，影响语文素养乃至爱好性格的养成。苏步青先生作为伟大的数学家，丝毫没有影响他对语文和阅读的喜爱，做到了诗与数的完美结合；著名的作家麦家，中学时的语文成绩并不突出，但坚持写日记的习惯让他在日后的创作生涯中受益匪浅，为最终荣获茅盾文学奖打下了坚实基础。

让学生真正地喜欢阅读，爱上写作，才是语文真实的"成绩"。它虽不如鲜红的分数亮眼，却能助力学生挣脱应试的束缚，带来身体和思想的解放。

"经验"，往往是故步自封

"'千呼万唤始出来'的'始'又写成了'使'，我都讲了好几遍了。"甲老师哀叹道。"可不，'小弦切切如私语'的'切切'也写成窃窃私语的'窃窃'了。"乙老师附和着。"现在的孩子们，怎么就是不长脑子呢？"丙老师反问道。"唉，这是我带过的最差的一级。"丁老师感慨道。

这可能是很多语文教研组的对话常态。很多原本教学观点颇有龃龉的人，在"一代不如一代"这个问题上，瞬间出奇地达成了一致，仿佛大家一时间都被九斤老太附了体。对于学生总写错别字这个问题，多数老师都习惯性地从既有的经验出发，主观地认为已经讲了很多遍、练习过很多次，学生不应该在这些小问题上一而再、再而三地犯错误。的确，哪怕只有三四年教学经验的老师，也在备课上课、平时检测、期终复习、考试阅卷、高考备考的过程中反反复复接触过这些句子，每次接触都给自己加深了一次印象。一次次印象的叠加，也就形成了固有的经验——学生不应该出错。

其实，很多老师都忘了一个现实，新授课的教学对象是高一新生，他们中的绝大多数都是第一次完整地学习《琵琶行》。八十八句的长诗，能够比较流畅地背诵就需要花费不少的时间，更何况一字不差地默写下来。我们早已轻车熟路，学生却是第一次坐车。每年都会有新生陆续走进高一的教室，如果每一届学生都犯类似的错误，就不应该完全怪罪学生——与其在批改作业的时候长吁短叹，不如静下心来想想为什么这些地方容易混淆：是学生没把意思弄明白，还是没把情境搞清楚，还是教学时忽略了这些易错点？有没有好的办法去帮助学生规避这些错误？这些问题不弄清楚，每次遇到《琵琶行》，都会上演相同的故事。

平时教学中类似的脚本，又何止这一个。

最新课程标准已经颁布实施三年，还有少数老师在进行教学设计的时候采用"三维目标"。且不说把教学目标人为地切割成"知识与能力""过程与方法""情感态度和价值观"科学与否，对课程标准无视到这种程度，无疑还是"经验"在作怪。这种"经验"绑住了前进的脚步，绑死了独立的思想。

统编教材已经投入使用一年多，"学习任务群""整本书阅读"等概念仅仅是停留在知道概念名字的层面上，"单元学习任务"更是被搁置不管。课文仍然以单篇教学为主，根本无暇顾及单元学习主题。更有甚者，放弃了教材的编写体例，先把自己熟悉的、喜欢的篇目挑选出来，再拿出从前用过的教案，极力地回想自己从前是怎样按部就班地实施教学，甚至没注意到课文注解都做出了很大变化。不熟悉的文本则选择性地放弃，反正考试也不考。于是，《立在地球边上放号》中激越澎湃的"五四"精神被忽略，《红烛》中进步青年的思想升华历程被无视，《峨日朵雪峰之侧》中不屈生命和顽强意志的讴歌被冷落，《致云雀》中新奇的比喻和奇特的想象被束之高阁……"青春"单元的四首现代诗，被有意无意地冷落搁置，不知道好奇的孩子们会不会心中产生"教材为什么要选这些诗歌"的疑惑。当然，这样做的老师在某一阶段的测试成绩未必差，但总让人觉得这种做法欠妥。温儒敏先生针对教材的使用提出了"教考统一"的要求，就是对上述做法的纠偏；新高考对"题海战术"和"答题模板"的极力排斥，也是对这种不靠谱"经验"进行"拨乱反正"。

文本解读依然停留在比较传统的层面，或者按照《教师教学用书》照本宣科。前阵子听课，有老师在概括《百合花》主题的时候，依然归纳为"军民和谐交融的鱼水情"；《师说》中"传道受业解惑"的

"传道"，依然翻译成"传授道理"；《声声慢》的教学重点，依然围绕着"愁的具体表现"展开。殊不知，茹志鹃早在1980年的《青春》杂志上就已说过，"战争使人不能有长谈的机会，但是战争却能使人深交"，"战争"只是一个背景，她要歌咏的是人与人肝胆相照、生死与共的真情；韩愈在儒道式微的中唐时代，高擎儒学大旗、提倡通习"六艺经传"，就是对传统儒学备遭冷落而心有不平的呼喊；李清照说"怎一个愁字了得"，已经非常直白地说一个"愁"字是不能概括她的情感的，她是在通过寻觅、饮酒、仰视、俯察、静坐等方式不断地排遣内心郁结已久的愁绪，结果却是更添愁情。文本解读如果囿于既有的经验，独立的自我总是处于失语状态，则很难触摸到作家作品真情的脉动。

课堂评价依然以氛围热烈、笑声多、自我满足为标准。课堂气氛活跃，当然是学生思维活跃、师生配合默契的重要参考，但并不是所有的课堂、或者课堂的多数时段都要有笑声和掌声。《琵琶行》序言中的"恬然自安"与诗歌中的"谪居卧病"有明显的矛盾，引导学生思考这个问题，就特别需要静下心来，结合诗人遭际，潜入诗歌和诗人情感深处。不能理解写就此诗之后白居易由"勇猛精进"到"循默无为"的处世态度的巨大转折，也就很难理解为什么他是"座中泣下"最多的江州司马。

路遥在创作完《人生》并获得巨大成功之后，没有止步不前，而是向着更高的山峰进发。《人生》的创作经验，没有让他裹足不前，反而激发了他攀登更高山峰的勇气和决心。有很多老师虽然有了多年的教学经验，但每次面对经典文本，都放弃所有教案、清空固有记忆，以初学者的心态，重新把课文读七遍八遍甚至更多。这样的心态和做法，让他们每次都有新的发现。

艺术手法，真有那么重要吗？

连续听了几节公开课，课文共有两篇，一篇是荀子的《劝学》，一篇是马克思的《在〈人民报〉创刊纪念会上的演说》。两篇课文在创作背景、文章体式、主要内容等方面几乎没有相似之处，但几节公开课却用惊人相似的"六步走"方法完成了教学：题目解释——作者介绍——背景补充——文脉梳理——手法赏析——课堂小结。更让人吃惊的是，几堂课不约而同、无一例外地都把艺术手法赏析列为教学重点，几乎占用了半节课时间：《劝学》重点讲解比喻论证和对比论证的好处，《在〈人民报〉创刊纪念会上的演说》则重点分析比喻和用典两种修辞手法的优点。更有甚者，还设置了一个任务：请讨论"欧洲社会干硬外壳上的一些细小的裂口和缝隙"使用了哪种修辞手法，有什么好处。学生讨论结束后，教师一板一眼地告诉学生要按照"指出手法——分析句子——答出好处"的"三步走"模式答题。

我愕然良久。

《高中语文课程标准（2017 年版，2020 年修订）》已经实施了三年多，统编教材大面积投入使用已经四年，新高考也已经实行了四年，我们的部分语文课堂教学仍然停留在 20 世纪 90 年代。更让人不解的是，这几节课的主讲还是 30 岁左右的年轻教师。

这恐怕并非个例。时至今日，不少教师依然选择无视单篇文本所在单元的任务群属性，也罔顾该文本在文章体式和思想情感方面的独特性，而这两点恰恰是很多课文的教学重点。教学《劝学》，要注意所在的任务群是"思辨性阅读与表达"，人文主题是"探究学习之道"，荀子与本单元的其他文章的作者韩愈、毛泽东、鲁迅、黑塞、王佐良等分属不同的时代，他们面临的有关学习的问题和难题是迥异的，这与单元写作任务中的《"劝学"新说》是一脉相承的；而比喻论证和对比论证的手法,不过是荀子作为一位大儒采取了比较浅易的方式,让听众更好地理解后天学习对人的改造和提升作用,进而更容易接受自己的"性恶论"学说。荀子的思想是文章的根脉,这是我们要重点去探寻和触摸的,论证手法不过是顺手拈来的枝叶。

《在〈人民报〉创刊纪念会上的演说》亦是如此。文章属于"实用性阅读与交流"任务群,单元人文主题是"抱负与使命",抓住了这两点,也就兼顾了文本个性与单元任务群属性。文章是即席演说词,当然要有鼓动性和针对性,重点讲解这两点是该任务群的应然要求;更重要的是,马克思作为伟大的无产阶级革命导师,如何石破天惊地提出并用严丝合缝的逻辑链条推演出"无产阶级解放"这一伟大构想,更能凸显"抱负与使命"的人文主题和伟大导师的思想魅力。"坚硬的外壳""汪洋大海""狡狯的精灵""光荣的工兵"这些比喻和典故,只是为了兼顾受众的听感而灵活采用的深入浅出的方式,与马克思的深邃思想和伟大创造相比,实在不值一提。如果把教学的重点放在这两种修辞手法上,就是拣了芝麻丢了西瓜。

退一步说,如果艺术手法的教学是必要的乃至重要的,学生通过高中三年的学习,能够真正掌握又熟练运用的又能有多少?打开高三学生的作文,我们很少发现学生的记叙文里有效运用了比喻和典故的修辞手法,议论文里合理使用了比喻论证和对比论证的论证手法;即便偶有运用,往往是无意为之。这与上文提及的课堂教学形成了鲜明的反差:苦口婆心地教学很久,效果还比不上"煤的形成";学生最后所依赖的语文能力,不是在课堂上通过教师的高效教学获得的,而是通过自己的阅读和积累自主生成。这样的课堂教学,是低效乃至无效的。也难怪有老师总是抱怨,辛辛苦苦教了三年,学生毕业前把所有知识都原封不动地还给了老师。

这不得不引起我们的重视和思考。

程翔老师说,语文教师需要具备独立处理教材的能力。独立处理教材,绝不是把不同属性、不同样式、不同时代的文章千篇一律地按照统一的教学模式照搬,这样简单粗暴的处理,是对文本和教材缺少敬畏;也不是不顾学生实际,完全按照自己的理解和喜好有选择性地挑几篇熟悉的课文精讲,其余的作为自读文本草草处理。这种能力,需要很高的教学智慧:教师要站在高点,既要通过灵活的教学设计有效建立课标、教材与学生之间的联系,又要通过娴熟的教学技巧打通"编者文本"与"作者文本"之间的壁垒。唯其如此,才能上出精彩又有深度的语文课,让学生对老师心悦诚服,并因此喜欢语文,进而在语言文字的涵泳优游中体会到语文学习的乐趣,在潜移默化中提升语文核心素养。

也正是这样的语文课堂,在无形中推动着语文教师的专业进阶。历数全国语文教学名师,无一不是从钻研教材、打磨课堂开始,是一篇篇文本、无数个课堂构筑起了他们的语文教学思想大厦。而这些大厦,地基皆始于苦心孤诣的深入沉潜。

反观上文提到的模式化课堂,之所以都把艺术手法的赏析作为课堂教学的重点,很大程度上是功利教学的短视想法在作怪。而今刚刚入职不久的年轻教师,大都是沉溺在应试教育的汪洋大海中长大的一代,他们的高中语文学习,经常是被题海战术、套路化答题这种"短平快"的做法填充起来的;如今在教学中"学以致用",也就不足为怪了。

高中学生的语文学习时间并不长,能够深深吸引学生并给学生留下长久记忆乃至产生长远影响的,往往源自教师的教学个性。个性的形成,必从深入沉潜、苦心钻研开始。这样看来,千篇一律、枯燥无趣的艺术手法的教学,真的没有那么重要。

第五部分　语文生活

做一名好老师，要有情怀；做一名好语文老师，更要有情怀。因为语文课堂不仅教学生知识，还要教他们做人。面对一篇篇经典的文章，我们不能仅仅停留在听说读写、语修逻文等方面，更要挖掘背后的审美情趣、人文情怀，以期达到以文化人的目的；面对多姿多彩的生活，我们更不应该无动于衷，而应拿起笔，把美好的瞬间记下来、把遥远的记忆写下来，这才不负生活。

本部分所选的 9 篇文章，有的在写人，有的在记事，有的在怀旧，有的在迎新……无论哪种样式，都是在用最真的情怀记录生活。

老　郑

老郑并不算老，五十几岁的样子，比起父辈们来，他还很年轻。但我还是想叫他老郑，虽然见面时我一直称呼他郑老师。

他个头不高，双颊微红，身材消瘦，弱不禁风。一口蹩脚的普通话，不仔细听，很难彻底明白他想表达的意思。

去年暑假，我到城市经典看房，恰巧遇见了他。平时多有见面，所以他便详细地给我介绍了那个小区的情况，从房子结构到物业服务，从小区绿化到周边生活，不厌其烦，不厌其详。比起当时跟随的购房中介来，老郑实诚得多，仔细得多。中介姑娘看我也不太有在那里购房的经济实力，便打了个诳语，留了个电话，匆匆离去。老郑不这样,他不管我是否有实力购房,一股脑把他入住以来几年的感受全盘托出,生怕我有不清楚的地方。

开学后,他遇见我,还仔细询问我的购房情况。当我告诉他并未在那里购房后,他还有点失落,觉得我错过了一个绝佳的机会。

就是那次,我坐在他的工作间里,和他有了一次长谈。

老郑是安徽人,有一个弟弟,两个姑娘。弟弟是军人,早年来到山东,转业到周村,老郑的大姑娘也随着来到这里工作。后来,二姑娘也来到这里念书,于是,老郑一家也来到了这里。

初来乍到,工作并不好找,为了养家糊口,他便四处打零工,好不容易才找到一份比较稳定的送水工作。其实在安徽老家,他也是独当一面的人,在他们村担任了多年的村主任。

他们这一代的村干部,大多继承了老一辈革命家的优良传统。也就是说,老郑也比较传统,兢兢业业,勤勤恳恳,一丝不苟,任劳任怨。

每次送水,他都喜欢提前统计预定量,尤其是寒暑假刚开学和大休回来的周日,他都提前在每个办公室做一番小调查,然后根据每个房间的实际情况及时供水,确保每位同事不会因缺水而影响工作。平时送水,老郑则不避风雨,无论秋冬。下雨的时候,他会冒着雨天送;下雪的时候,他也不惧路滑,一个人挑着担子,一颤一颤地上楼。

去年冬天,因为雪天路滑,他滑倒在上班的路上。但为了工作,为了我们,也为了那份微薄的工资,他并没有请假,而是贴着厚厚的膏药,及时地将每桶水送到每一个办公室。我有时比较忙,也比较懒,签完字信口一说,水票就在前面的桌洞里,你自己拿一张就行。老郑则一本正经地说,我只负责送水,水票我绝不能动。同事们经常议论这个细节，觉得老郑真是讲原则，有操守。

其实，他完全可以自己取水票，我们也绝不会在意或计较。但老郑就是老郑，他有自己的做事准则。

有时候，办公室的桶里水还剩一点，老郑也绝不会轻易地把那点"福根儿"倒掉，而是弯下腰，举起桶，佝偻着身子，使足了力气，把剩下的那一点匀到水较多的桶里。

前几天，老郑的胳膊并未痊愈，再加上多年的老风湿，在换桶倒水的时候，力量没拿捏好，水桶从半空中掉了下来，水洒了一地。老郑感到非常抱歉，原本发红的脸上更是多了一层红晕，不知说了多少次对不起。办公室的同事当然不会介意，反倒因为他的受伤而自愧不已。于是，为了给办公室一片洁净，更是为了给老郑一个安慰，大家纷纷拿起拖把，把洒在地上的水拖得一干二净。

打那以后，我们不约而同地在老郑送完水离开办公室前，都真诚地向他说一句：谢谢你，郑老师。

看到这里，你一定知道，这个老郑，就是天天给我们送水的那个小老头。他很平凡，平凡到我们虽然天天见，却很少和他多说过一句话。甚至，也不知道他姓郑。

但我真诚地希望，在每一桶水送到办公室的时候，我们都送他到门口，然后发自肺腑地说一声：谢谢你，郑老师！

老 杨

"涝丝，板公司害游废纸吗？"（老师，办公室还有废纸吗？）

一听到这熟悉的枣庄话，不用抬头，就知道老杨来收废纸了。

老杨叫杨列泰，见面时我们都戏称他杨总，私下里还给他起了个外国名字，叫杨列夫·托尔斯泰。

他皮肤黝黑，身材矮胖，尤其喜欢穿一件军绿色马夹，马夹左胸前是红黄相间的国徽，右胸前兜里插一支中性笔，下边的两个侧兜分别装着一块毛巾和一大摞用塑料袋包裹着的零钱。老杨虽然年过半百，但腰杆挺直，鼓鼓囊囊的马夹在他的大肚子前逛来逛去，给他增加了一种莫名的喜感。再加上枣庄话的腔调本身就比较幽默，他一张口，就会拉近彼此的距离。

每到期末，各个学校的办公室废纸都能攒下不少，这也是老杨最忙碌的一段时间。原来收废纸的有好几家，但那些都不如老杨实在，也不如老杨灵活，很多人后来连学校的大门都进不去了。但老杨不同，他游刃有余地穿梭在各个学校之间，是周村教育界的知名人士。

每次来办公室，我们都喜欢和他开几个玩笑。简单寒暄之后，我们就询问价格。"四毛五啊，涝丝。"老杨很确定地说。我们就经常装作很懂行的样子，说，市场价不是五毛吗。老杨嘿嘿一笑，并不作过多辩解，每次都是一样的答词，说称里边绝对不骗人。满满一大袋废纸，一般都有八九十斤，老杨一个人抬不起称，就让办公室的男劳力给他帮忙。我们经常两个男同志一齐上，分别站在袋子的两边，拿起他那根一尺来长的黑铁棍，插到秤钩上边的绳套里，用力一抬，老杨就把秤砣在秤杆上一撸，就能立即准确地报出斤两。"八十八斤，算九十，好算账。"老杨每次都这样四不舍五入。

多数的小商贩都喜欢拈斤播两，所以老杨的大方给了见惯这些事的人很多踏实和温暖。老杨不但在称上不打谎，算账时也从来不斤斤计较。"四毛五一斤，总共二百六十斤，一百斤四十五，二百斤九十，五十斤二十二块五，十斤四块五，总共一百一十七块钱。"老杨的口算能力,比计算器好使得多。还差三块钱满一百二,老杨从来都是二话不说,一百二十块钱直接递到手里。

更让我们特别放心的是,老杨在将废纸装入袋子之前,一定要仔细询问哪些是有用的,哪些是没用的,哪些是可卖的,哪些是不卖的。在给他一一说明的时候,我经常看他的眼睛。那双饱经岁月沧桑的眸子早已有些泛黄,还经常有些血丝。老杨则毫不知情,聚精会神地听着,好比一个学生在专注地听我讲课。听明白后,老杨就三下五除二地开始干活。他干活很利落,一堆堆废纸不一会就能全部聚拢到他的大袋子里。

不仅如此,老杨收拾完毕后,还要把放袋子的地方打扫得一干二净,就像他没来过一样。还经常在临走时把我们的垃圾一块捎走。

最忙的时候,老杨要带上他的媳妇和儿子一块帮忙,经常忙到傍晚才能回家。爷俩儿一起把大个大个的垃圾袋抬到他的电动三轮车上依次排好,他媳妇则把一些零散的东西归置在垃圾袋的缝隙处。一切装置完毕,老杨就带着疲倦又满意的笑,坐在正中间开车。他的媳妇和儿子分坐在他的两侧,一家人迎着夕阳回家,留下一串长长的背影。

前几天,办公室的废纸盛满了箱子,大家纷纷想起了老杨。拨通电话后,我特地打到免提,让大家都听听那熟悉的声音。老杨说,他老岳母生病了,媳妇儿回家照顾病人,所以近期实在脱不开身,不能来学校,但下周一定来。

约定时间挂掉电话后,我们都会心一笑。看看身边一堆堆的废纸,终于找到了它的去处。

嘿,你别说,这位老杨、杨总,时间长了不见面,还真有点想他。

火 车

高中宿舍离火车道不远,刚入学的时候,只要有火车的轰鸣声响起,睡在我下铺的兄弟就会叫上和他一起来上学的老乡,带着惊喜的声音喊道,快看快看,火车来了! 然后几个人挤在窗前,全神贯注地欣赏不远处的那条长蛇呼呼而过,一直目送至无影无踪。

我感到十分诧异,便问道,怎么,你们没见过火车? 他们顿时向我抛来羡慕的眼神,怎么,你见过? 我骄傲地说,我十多年来天天见。啊,你真厉害! 那你也坐过火车喽? 下铺兄弟问。别说火车,火车头我都坐过! 我自豪地说。

一

我们村西300米就有铁路。这是建国前早就建成的京沪铁路津浦段,我遇到它的时候,它早已经躺在那里工作了半个多世纪了。

小时候,尤其是夏季,我和我的小伙伴们经常到村西铁路旁的水库游泳。水库都是人工开凿,面积不大,水很深,四周用青石砌成。他们基本都会游,并且管会游泳叫会水;我不会游,所以我只会喝水。但为了表示我很合群,一般他们跳进去之后,我就顺着水库青石台阶小心地爬下去,站在边上撩水玩。

水库由于比较深,经常晒不到日光,所以里面的水经常很凉,很危险。但各个村的小伙伴都禁不住游泳的诱惑,所以每年暑假都会有淹死小孩的消息。家长都比较谨慎,经常对私自游泳的小孩施以棍棒。我们的孩子头比较聪明,游完泳之后,再到水库旁边的铁路边玩耍一两个小时,两颊通红、大汗淋漓地回到家,就万事大吉了。

在铁路边,我们主要干两个活,一个是朝着呼啸的货车扔石子,一个是对着飞驰的绿皮客车上的乘客大喊大叫。对着货车扔石子其实挺危险，一不小心弹回来砸谁身上都会受伤，所以后来逐渐取消了这项运动，只有那些力气比较大的仍在坚持，因为他们能扔到火车对面。而对着乘客大喊大叫一直没消停过，因为夏天比较热，客车的窗户都是打开的，只要我们大喊一嗓子，里面相对而坐的人多数就会冲我们微笑。所以，我们一直认为坐火车的人都比较友好。

当然，火车道旁还能捡很多东西，很多村里小卖部都没有的东西。比如，白色泡沫塑料饭盒，很多小朋友都挑那些比较完整的拿回家种花。还有易拉罐，虽然已经是空的，我们还是愿意捡走。因为家里的啤酒都是瓶装的，没有这种精装，有的小朋友就把两个易拉罐底部打穿，然后用线穿起来，一头当做一个电话，两个人拿着若有其事地讨论一下啤酒的价格，线被挣断了才终止这种好玩的游戏。

这种生活经常持续一个暑假，直至初秋新学期的到来。有时我想，要是能坐上去更爽。

二

这个梦想，后来很快就实现了，而且实现过很多很多次。

一个亲戚，她家在肥城矿务局，有一次去她家走亲戚，就是坐火车去的。天还不亮，我和父亲就赶到了车站，当时坐的那一列还不是内燃机驱动，而是蒸汽机车。蒸汽机比较原始，原来在铁路边玩耍时我们不敢靠得太近，远远地就能看到烟囱冒出的浓密的白烟，当然有杠杆传动的红车轮更加明显。这次坐车，从车头旁近距离地经过，才发现这红轮子远比平时想象的大得多，比我整整高出了一大截。在当时的认知里，比我高的东西，我都认为很高。就好像那时候很多成年人我都觉得很魁梧，现在发现当时只是一种错觉。

当时不是旺季，上车很顺利。但刚坐稳不久，还没听到车厢咣当一声，就觉得车缓缓向前。但一会过后，车厢却在原来的石柱子旁并未移动。当时觉得很奇怪,父亲便提前给我上了一节初中物理课。后来,一说到参照物带给人的错觉,我就有种坐火车的冲动。

后来,我三姑家搬到了兖州,每年寒暑假,都要坐火车去她家。1993年的寒假,是第一次去,待的时间比较长,一直到正月十四。后来,我和母亲赶到兖州南站的时候,一种不祥的预感便笼在心头。因为人太多了,大家都暗暗担心挤不上火车。车站那阵势,虽不比现在网上的印度火车,但人山人海、摩肩接踵这类词都难以描述车站的拥挤和混乱。火车一到站,车门一打开,局面就完全失去了控制。没人管先下后上的基本顺序,整个车站的人都像着魔似的向车门涌去。二姑率先挤上了车,母亲在后面拥着我,终没挤过旁边的几个大人,便败下阵来。母亲又想从窗户里把我塞进去,二姑在里面接应。但我死活不愿意,哭着喊着要回去。二姑无奈,又拼命地挤下了车。我们三人一道,垂头丧气地向三姑家打道回府。

当天晚上,三姑夫找了个关系,让我们坐在一个内燃机的车头里,快到村西的时候,他提前把车刹到能跳下去的速度,把我们放下。坐在内燃机车头里,我目睹了火车的操作过程,远比我们想象的简单得多。火车司机很健谈,一路上不停地解答我的各种疑问,诸如货车为什么不如客车舒服、钢轨上为什么要有缝隙之类的问题,他甚至给我讲了讲苏联为什么解体。在我心中,火车驾驶员的形象变得更加高大,他们除了收入高之外,还都很友善、很渊博。

后来,我还坐过一次火车头,但是在白天,远没那次好奇。

再后来,火车越来越严格,再也不可能有这样的机会了。

现在,中国已进入高铁时代,便捷和快速已经成了代名词。坐火车也不是什么新鲜事,绿皮车也不再混乱不堪,反而成了人们难以割舍的美好记忆。

暖　气

从小到大,从来没因为取暖的事烦恼过。

一

小时候,冬天好像格外冷。大雪过后,雪过天晴,经常有长长的冰棱挂在屋檐上。很多小伙伴喜欢摘下来握在手里当冰糕吃,还有的把比较老实的孩子叫过来,冷不丁地塞到人家棉袄里边,让那些孩子既挨了冻,回到家还得挨顿揍。村里的湾坑冰层厚得看不到底,很多人用石头砸很长时间才能砸出一个窟窿,第二天早上那窟窿又结上了厚厚的一层冰。很多小伙伴故意在新冰层上使劲蹦,也从不用担心会踩坏冰层掉进水里。那时候没见过溜冰场,那湾坑就是冬日溜冰的天堂。

那时候家家都没有暖气,多数人家取暖,都是靠一个体积不大、形似"亚"字的炉子。为了扩大散热面积,屋子里需要一个长长的烟囱,屋顶上还有一个冒烟的出气孔。当时烧炉子,多数人家都用炭泥,逢年过节来客人时,才用比较贵的原煤。炭泥不易燃,但炉灰特别多,烧不了几天烟囱里就糊上厚厚的黑色烟灰。为了让烟囱通畅,让炉子着得旺一些,父亲隔三差五就得把烟囱卸下来,扛到外面清理。但炉子晚上是不生火的,屋里温度会逐渐下降,所以每天早上从被窝里出来、生起炉火之前是最冷的时候。我们都嫌棉袄棉裤太凉,不愿意起床,母亲就在外面生起一堆火,给我们烤热了穿上;起床后脚一会就冰凉,父亲就让我们在屋里跺脚、跑步。

我最喜欢的是冬天的傍晚。太阳将要落山的时候,空气变得很凉,玩耍了一天的小伙伴也纷纷归巢。这时候,经过一天的散热,屋子里已经非常暖和;暖壶也都已灌满,为了继续取暖,就把烧水壶错开,露出半截炉眼。炉子里的炭火已经泛红,映照得围坐在炉子旁的姊妹们脸上都红扑扑的;水壶里的水也早已烧开,一直呼呼地冒着热气,让屋里的空气变得湿润。我们兄妹几个最喜欢在炉身子上贴地瓜片,不一会儿就能烤熟,外酥里嫩、又甜又脆;炉子上檐则摆上一圈儿花生米,不一会儿就能煸的很酥,用手一搓皮就掉了,一把塞进嘴里,一嚼满嘴都是花生的香味。

这种生活场景,如果让我配乐,一定选取《春节序曲》的抒情部分或者《好人一生平安》作为背景音乐,特别抒情,特别温暖。

二

现在住的小区,取暖经历了三个阶段。最早是单位自己烧锅炉,我装修时加大了暖气片,再加上非楼顶非楼头,家里一直比较暖和。后来环保严了,不再允许自己烧,我们就一块换上了壁挂炉。壁挂炉虽然噪音比较大,但烧水还是挺管用,每年修几次也能正常取暖、洗澡、刷碗。今年,壁挂炉已经进入晚年,疲态尽显,我们又改用热电厂的气。热电厂气足压大,虽然又交了一万多,但对今年的取暖还是很期待。尤其是围在宿舍周围的一根又一根合抱之粗的大管道,好像在骄傲地告诉我们,这暖气,杠杠的。

政府要求 10 号开始提前供暖,8 号通知说开始打压。那天上班,忘了打开家里的阀门,9 号是周六,听同事说他们家里已经有了暖意。正好这个周末事情不多,我就拧开了家里的阀门,并且把每组暖气片的小阀门都依次打开放气。上午放完,就开始了不耐心的等待。一会摸摸这一组,一会摸摸那一组,但每次都冰凉冰凉的。如果统计了步数,可能一上午我得走出了一万多步。到后来终于有了一点点的温意,估计也是我的手暖热的。到了中午,依然不热,好不容易找到安装的电话,经他点拨,才知道楼道里还有一个阀门,得把它打开放气。那个阀门比较高，我跳起来也够不着，就搬个杌子、举个拖把去把它顶开。等到气跑完之后，再把阀门关上。

可喜的是，放完楼道里的气之后，屋内的暖气片里还真传来了哗哗的流水声，并且开始温乎起来。大家纷纷在群里交流这一伟大的经验，觉得醍醐灌顶了。但一开始压力不够，过了不到半小时，家里的暖气又凉了。根据已知经验，我就又搬着杌子、举着拖把到楼道里开闸放气。从周六下午，到周六晚上，从周日上午，到周日晚上，我就像八戒一样搬个杌子举个拖把，哼着猪八戒背媳妇的调儿，从楼道里穿梭来去，乐此不疲。因为，我认为这才是解决问题的不二法门。

周日晚上回家，我惊喜地发现，一直冰凉的客厅的那组暖气片居然也热了！那兴奋劲儿，不亚于哥伦布发现新大陆。于是，我趁着这股劲，把一直没拧动的主卧室的小阀门也打开放气。可能这组暖气片嫌我冷落了它，一拧开，便噗的一声把不满的瀑布向我喷来。那气势，似壶口瀑布，如山洪暴发。说时迟那时快，我赶紧用手堵住出水口，让家人把楼下老李叫上来帮忙。老李帮我堵住出水口，我则去厕所关总阀门。回来后，水已经几乎没过脚脖子。老李继续堵水口，我们一家人开始往外端水。暖气片里的水带着很多铁锈，地上、墙上、床上、窗帘上，都已一片铁黄。基本清理干净后，我让老李拧上阀门。原来，年岁太久，阀门锈坏了，再也拧不上；只能用很多塑料、生料带裹住那根小小的螺丝，好不容易把它堵上。从晚上 10 点到半夜鸡叫，一帮人忙活了两小时。

第二天一早，赶紧借了同事的电动车到外面买螺丝。找了半天，那种螺丝已经找不到，就买了一个封头，想用上面的螺丝顶住。于是课后赶紧回家，把螺丝拧上，解除心病。这次想到了先关总阀，但没关死，加上暖气片里那憋了一夜的一腔黄水，把怒气又喷在我的身上。当时只有我一人在家，打电话也没有时间，我只能像黄继光一样，一个跳步，舍身堵水眼，然后拿出小螺丝，一边任其喷水一边拧上螺丝。拧的时候，水柱四溅，又给房间增添了不少颜色和地图。但是，这种螺丝并不配套，拧到了最紧处，仍然有些漏水。于是，又跑回店家，新买个封头，把整个封头全换上才算了事。

这次，我特地找来了水暖专家老沈才彻底解决这事。还是同事说得对，专业的事还是得专业的人去干。

三

刚才说到去买封头，是借的同事的电动车。同事是女性，名叫珍珍，但她的妹妹并不叫爱爱，家里也没有老三叫怜怜。我们已经一个办公室搭档十几年，很熟络。她告诉我电动车的具体位置后，我便欣然前往。开锁时，低头一看，发现天是真冷了，因为她的车筐里放着一个很大的黑色羽绒服和一条红色大围巾。

到了永安路口，为躲过一辆汽车，我从路牙石上穿过。路牙石有点抖，颠我一下，情不自禁一低头，咦，大红围巾不见了！赶紧调转车头，一路逆行，希望能失而复得。骑至不远处，与一骑三轮的老头相遇，旁边坐着他的老伴。来的时候，我们还挨着不远，一起等红绿灯。恰巧，他的三轮车箅里，放着一个大红围巾。赶紧向同事求证后，我断定这应是我刚才所丢。赶紧又追上老两口，说，大爷，您刚才有没有在路上捡个红色大围巾，带点黑杠杠？趁机又细看了一眼，可不就是同事那条。大爷好像耳朵有点背，一言不发；我就又同样的问她的老伴。她说，木有木有木有木有。我当时心里立即凉了半截，只能木讷地目送他们离开。

回来后，心里一直有个疙瘩，很是难受。为丢了别人的东西，也为老人家的不够真诚。同事却安慰我说,丢了就丢了,本来就不是特别金贵;再说,可以让她名正言顺地换条新围巾;更何况,老人家捡了去,绝不会扔掉,一定很稀罕,大冬天的,他们围在身上,不也是好事一桩嘛。

听到这里,不仅觉得释然,更加觉得温暖。把这话传递给谁,都觉得一股暖流轻轻淌过。这句话,才是这个冬日最好的暖气。

鞋的回忆

那天一朋友穿一双回力运动鞋,我们纷纷打趣他的怀旧,又不约而同地回忆起自己与鞋的故事来。

我开始产生虚荣心的时候,就是我开始关注别人鞋子的时候。

我们上小学的时候,每名同学都有三双鞋:一双塑料凉鞋,一双矮帮军用黄单鞋,一双妈妈做的棉鞋。塑料凉鞋基本都要穿两三年,坏了之后妈妈再从原来早没人穿的旧凉鞋上剪下一小块,用火钩烧热,然后粘补上继续撑过一个夏天。到现在我都记得那火钩烧塑料的气味,虽已久远,仍然刺鼻。棉鞋大都是妈妈亲手做的,很暖和,但样式一成不变,当时哪个小伙伴穿一双买的棉鞋,能趾高气扬一整个冬天,哪怕那种鞋不够暖和,更容易冻脚。小时候的野孩子,哪管得了这些,能让小伙伴们羡慕一个冬天,整天光着脚也愿意啊。很多事都是长大后才觉得小时候傻,就像吃面条,小时候最不愿意吃妈妈做的手擀面,而是喜欢外面买来的挂面,因为挂面又筋道又顺滑;而现在,当外面的面条都吃到想吐的时候,才发现妈妈做的手擀面的醇香,那是不含任何添加剂又饱含母爱和温馨的香。

给我印象最深的,还是矮帮军用黄绿色单鞋。那种鞋子容易掉色,很多小朋友都把开始的军绿色穿成了乳白色,让小脚趾处经常打上的补丁更加明显。因为小伙伴脚上的千篇一律,所以谁要是穿一双外面买来的鞋子,都会变得突然不敢走路了,生怕路上的石子硌坏了鞋底。我家邻居有个亲戚的孩子叫爱军,年龄大我一岁,个子高我一头。每年假期,他就经常来邻居家住着,和我一起玩摔元宝(用纸叠成的四角)的游戏。他虽然人高马大,但不得游戏要领,每次都输个精光,邻居家的旧课本都快被他用光了也没有长进。我也很有怜悯之心,每次赢他二三十个之后就挑一两个坏的不成样子的送给他以示安慰,要不他就不跟我玩了。

但是有一次,我却输给了他。那天,他穿了一双刚刚在外地新买的前面后面有点翘起两边都有图案的新鞋,我和他都不知道这种鞋的名称,因为前面的翘起有点像牛鼻子,我们就叫它牛鼻子鞋。那双鞋真别致啊,完全脱去了矮帮军用鞋的俗气,就像一个城里的漂亮姑娘走进山里,当然是鹤立鸡群、出类拔萃。那天,我和他摔元宝,心思游移不定,眼神恍惚迷离,精力完全不在摔元宝上,所以他一口气把几年来输给我的元宝全给赢了回去,还说,你给我的那些破的,我不要了! 说罢,便扬长而去。

我垂头丧气地回到家,向父亲大哭大闹,哭诉牛鼻子鞋的种种好处。当时,家里刚收完地瓜,卖了不少,价钱也不错,应该是八分钱一斤,父亲就从卖地瓜的钱里拿出来一张,给我去买鞋。到了百货大楼,恰恰没有牛鼻子鞋,但父亲花了八块五给我买了一双比牛鼻子鞋还牛的鞋。这应该是我记忆中第一次穿这么洋气的鞋子,晚上我在并不明亮的电灯下看了又看,姐姐妹妹们也都送上了羡慕的目光,更让我感觉到了优越和自豪。躺床上,我想,明天是穿呢还是不穿呢? 不穿吧,小伙伴们看不到;穿吧,又怕石子硌坏了。俗话说"含在嘴里怕化了,抱在怀里怕摔了"应该就是这种感觉吧。

这都是一九九一年的事。升入初中后,我再也没和爱军摔过元宝,也基本没再见过面。现在,他也三十六七岁了,不知道还记不记得那双牛鼻子鞋带给他的无穷的力量。

我的初中是宁阳六中,就在我们镇上。那时候学校还没盖楼,都是平房,各班之间往来要比现在楼层隔开的密切得多。我在九三级七班,教室比较靠里,所以从校门走到我班教室,基本从初三到初一的所有教室都要路过。

那时候,我们同学的鞋子中间有两个至高无上的超级明星品牌:双星和回力。当时,双星的广告后面都要跟一句英语"double star",很多同学不知道这是双星的英文翻译,以为这个牌子就叫"双星double star",所以在跟别人显摆的时候经常说,看我这鞋,双星大宝斯达的。

我班有个同学,家就在镇上住,他父亲好像是镇上的屠户,他也生得人高马大体格健壮,走到哪里都虎虎生风。初一那年寒冬,他也买了一双双星鞋,白色的,价格128元,引来了全班同学一片赞叹。他觉得仅仅让本班同学知道影响面太小,于是卷起裤腿,露着半截小腿,踩着小心翼翼又自信满满的步点,在整个初中24个教室前做了一次巡演,效果当然轰动,还引来了很多女生的注意。我们恨不得都簇拥在他后面,甘愿做他的小弟,也沾一沾这双星放射出的耀眼光芒。

大姑家离学校比较近,我有时会去她家玩。大姑家有个弟弟叫洪波,洪波刚买了双回力鞋,邀我们一起去瞻仰。那是周末,我们三人去得挺早,洪波还没起床,那双回力就安静地躺在鞋盒子里,放在床边的旧桌子上,一看就知道昨晚上试穿过很多次又小心地放回了鞋盒。他见我们去了,立即打了两个早已预备好的哈欠,伸了几个懒腰,迅速穿上了衣服,因为他知道,一个比皇帝封禅还要重要的仪式即将上演。即将穿鞋的时候,他又拿来脸盆,倒上热水,特地洗了一遍昨晚上已经洗过的脚,认真地擦干,轻轻拿起鞋盒里的一双有两道红杠的白色新袜子,慢慢地穿上,然后把原本已经穿好的鞋带又都拔了出来,换了一种新的穿法重新穿好,然后用尽了毕生的小心和谨慎,终于把那双回力穿在了脚上。当然,穿完之后,还有一件重要的事情,就是把裤腿挽得尽可能高一些。洪波本来很黑很胖,在这双回力的映衬之下,大家一致认为他高大英俊、玉树临风。

这都是一九九三年的事情。初中毕业后,班内同学除了一块上高中的,其他的也基本没见过面,双星大哥自然属于后者;洪波中专毕业去了农药厂上班,家也搬出了村子。

中学期间,我没混上一双百元以上的双星大宝斯达,一直穿那种十几元的双星布鞋——与大多数同学一样的款式。上了大学,爸爸一狠心给我买了两双:一双白色双星,一双黑色奇安特。那满足感啊,"夫复何求"可能就是这个意思。我特地买了黑白不同两种鞋油,用两块手帕分别打理这两双鞋,让它们干净就是我一天最重要的工作。当时白色双星稍便宜些,我就先穿的它,但恨不得有四只脚,一块穿出去光宗耀祖。我爸打趣道,你应该在后背上贴几个大字——家有奇安特。

后来工作后,我二舅在张店装修,来这里看我,临走时,我本想给他买条烟,他说别价,一条烟回去一会儿就让工友们抢光了。于是,我给他买了一双金猴皮鞋。回家过年的时候,他在亲戚们面前,姥娘妗子姨夫们面前，表哥表弟表姐表妹们面前，一再夸耀这双鞋是如何如何舒服，多么多么得劲，亲戚们纷纷对我的孝心啧啧称赞，以至于连续好几年，在姥姥家的亲戚们面前，我一直高昂着头走路。现在想想也是，一条烟几天就抽完了，谁还记得；一双鞋能穿好几年，外甥买的，穿着暖心。

这是一九九九年和二零零三年的事。一晃又是十几年。现在，可以不需要很多思想斗争就买一双几百元的鞋子，但是穿在脚上，再也没那么爱惜，再也穿不出那种欣喜，那种期盼。

巧　合

一

早上刚起床，时间比较紧张，没来得及吃饭，便欲急匆匆赶往学校。正要出门，手机突然响了。拿出一看，是一个陌生号码。于是努力抹去睡意，"喂，你好，请问哪位？"

停顿了两三秒，电话那端才传来吞吞吐吐的淄博方言："请问是李永生老师吗？"

"您找哪位老师？"我觉得有点意外。

"我找李永生老师。"她十分确信地说道。当她说完这句话的时候，我已经听出来了，这是班里的一位女家长，她要给孩子办理住宿的事情，昨天下午已经来过。

"我姓刘。"我给她纠正道。心想"刘"和"李"发音比较接近，孩子给她介绍我的姓氏的时候，她可能没听清楚。

"哦，对不起，打错了，我记着他是个男老师来着。"电话那头非常抱歉地说道。

我差点没口吐鲜血。我虽然刚刚起床不久,但也已洗刷完毕,声音不应该尖细得如一位女士啊。

真是巧合。这位家长昨天见面后已经记下我的号码,但没有存上名字;我早上起得稍晚,浑厚磁性的低音炮还没有完全苏醒,否则的话,怎么也不会出现在电话里混淆我性别的尴尬。

二

中午送孩子,在老教堂旁边刚停下车,一位大姐突然闯进车里,打开车门便在后排坐了下来。

坐定后,大姐立即主动寒暄:"哎呀,你可算来了,今天是真冷啊!"我和闺女都十分诧异,那位大姐也发现气氛比较冷清,就又来了一句:"中午都来送孩子,这个地方真堵啊!"更加让人一头雾水。

"大姐,您为什么上我的车?"我大声问道。以为这大姐想要打劫,提高嗓门给自己壮壮胆。

"我叫的你啊!"她理直气壮。

"我不干出租啊!"我已经有点气愤。

"961啊不是?"

"对啊,我车牌是961,但我不干出租!"

大姐半信半疑,立即掏出手机,拨到滴滴打车平台,给我看她叫的快车号码。我一看便恍然大悟:她叫的车是961RM,而我的是LZ961;大姐心急坐车,大概对字母也不大敏感,见到带961的就立即上车了。

一番解释后,大姐感到十分不好意思,满口道歉、满脸羞赧地下了车。我刚拐出来,就与她叫的车打了个对面:一辆白色的丰田。

又是巧合。时间、地点、车牌号、车身颜色都那么的接近,四者缺其一都不能成这件巧事。

三

下午教研员来视导,听完课后便来到办公室评课。教研员陈老师人很好,平易近人又乐于钻研,是我历来敬仰的研究专家,我于是就邀他坐在了我的位子上。

我刚上完课,口干舌燥,忽然想喝口水,于是就拿起我办公桌上的水杯咕咚咕咚喝了几口。咽到最后一口的时候,突然觉得,这茶怎么跟我平时喝的味道不一样啊。定睛一看,透明的杯子内壁,赫然印着"安吉尔"三个大字。心想,不对啊,我的水杯明明是买雅迪电动车送的呀。

原来,陈老师坐我的座位,顺便把他的水杯也放在了我的桌上。他放得比较靠外,我与他相对而坐,办公桌挡板正好挡住了我的水杯,我伸开并不修长的右臂,恰好够到的是他的。我那与之形状质地完全相同的杯子,安稳地立在办公桌的内侧,内壁上的"雅迪"二字好像在嘲笑我刚刚做了个多么不雅的举动。

当时得亏没有地缝,否则我一头就能扎进去。旁边小马哥见证了这一盛事,他反应比较快,强忍着笑跟我说,赶紧给陈老师换杯水。陈老师是大度的人,当然不计较这种小事,但我想这个梗肯定能讲很长时间。

还是巧合。陈老师和我用了差不多一样的水杯,坐在了我的座位,又恰逢一个口干舌燥的我,促成了这个忍俊不禁的尴尬结果。

一天到晚,全是巧合。生活可不就是这样,时时有偶遇,处处有巧合。今天在街上迎面走过一位素昧平生的人,可能明天就会变成刎颈之交,谁能说得清呢。

也说"年味淡了"

得有近二十年的时间,每逢过年就会听到几乎人人都会挂在嘴边的一句话:年味淡了。人人都说,口口相传,以至于无形中"年味"真被人们给说淡了。

一

说"年味"淡不淡,就是对"年味"进行一番品评议论,那得先弄清楚什么是"年味"。年味年味,也就是过年的味道。过年,大体是从腊月二十三小年送灶君上天开始,一直持续到正月十五闹元宵结束约二十天的时间。这段时间里,人们打扫卫生饰门户,点起鞭炮着新服,举家团圆诉情话,走亲访友送祝福。这些活动,组成了我们所说的年俗。而味道,则是一种主观感觉,也就是人们从事以上活动时所营造的氛围诉诸人们的心理直觉,这种直觉最大的特点就是主观性强,强到可以枉顾客观真实而信口开河。

现在,从腊八开始,家家仍然喝腊八粥、腌腊八蒜;小年开始,家家仍然打扫卫生、擦玻璃;临近三十,家家仍然赶年集、备年货;三十下午,家家仍然贴春联;除夕之夜,家家仍然放鞭炮、看春晚、拉家常、喝醉酒;大年初一,人们都走街串巷、互送祝福;大年初二,女儿回娘家;初三开始,亲戚朋友互相走动,家家扶得醉人归……这种盛况,一直持续到正月十五;正月十五,家家仍然吃元宵、赏花灯……

相较于二十年前甚至更早的时候,现在的过年活动一样都没少,而过年的氛围营造不知胜过从前多少倍:商场的音乐循环不断,无论走到哪里都能听到刘德华在恭喜你发财;年货更是琳琅满目,山珍海味生猛海鲜不知比从前丰富了多少倍;衣服从将就凑合到讲究品牌,从迪卡涤纶的确良到阿迪耐克阿玛尼;家有资产从手表自行车缝纫机收音机的三转一响时代迈入电脑电视红木家具高档汽车的四轮驱动时代……

真是奇了怪了，物质生活得到了极大满足的人们，怎么张口就不无失望地说年味淡了呢？现在的生活不就是从前的梦想吗？

二

以前的人们盼着过年穿新衣，可能一年就这一次能穿上新衣服，自然要在最隆重最万众瞩目的日子穿上；过年贴春联，是因为房子都快成残垣断壁了，经春联的修饰焕然一新；盼着年夜饭，是因为年夜饭真是丰盛，有鸡有鱼有肉，是一年最好吃的一顿饭（二十年前杀年猪的时候，经常有家长拉着孩子满大街跑，不是在锻炼身体，而是好不容易吃顿肉，都管不住嘴吃得太多，一时消化不了，在街上跑步有助于消化）；盼着走亲访友，是因为姑姑舅舅们给拿好吃的，还给虽数量不多但能暂时拥有最后由家长代为保管并支配的压岁钱……

说白了，就是一个字——穷。人们对过年有如此的期盼，是因为平时的日子过得太紧巴；而过年的时候，可以满足人们对美好生活的一切期待。年味"浓"，是因为平时日子过得实在太"淡"。就像一群从没走出山沟的野孩子，每年都能见一次大城市来的美女，自然这些野孩子一年到头最期盼的一天就是美女光临的日子。

过年，终归是贫穷落后的农业文明的一次盛宴；而现在，我们已逐渐迈入发达先进的工业文明，对年味不浓的失望，多是源于对过去贫穷但一直奋斗的日子的缅怀。

三

所有的人都有一个共同的情结——童年情结。不管他儿时的日子贫穷还是富裕，单调还是丰富，光彩还是暗淡，当他长大成人后,只要提起童年的人和事,都会觉得亲切和美好。

而过年,恰恰又是一个儿童最快乐的日子。除了新衣鞭炮压岁钱等物质满足之外,过年时原本严厉的家长,为了盼个新年好彩头,也会格外慈祥和宽容,犯一个平时要挨打的错误,此时可能连一句批评都不会有;过年时的小伙伴会格外地集中,因为大家都迫不及待地穿上自己的新衣、带上自己的新玩具,到平日熟悉的伙伴面前带来点新鲜的玩意和感觉;过年时候的老师,也会一改平时的严肃和恐怖,几个小伙伴一起去他家里拜年,老师脸上堆积的笑容亲切得让人巴不能扑到他怀里亲上一口,临走时师母还会朝口袋里塞几块高粱饴或大白兔奶糖……

现在人们张口说完"年味淡了"之后,后面紧跟的往往是"我那小时候怎样怎样"之类的话,就是对童年情结作怪的最有力的证明——对现在的否定,是源于对过去的肯定和追忆;而这个过去,永远也回不去。

四

儿童绘本《青蛙王子变形记》讲了这样一个故事:青蛙终日梦想能和公主在一起过上幸福的生活。但当他们真正在一起之后,发现生活并不像想象的那样美好:公主非常厌恶王子的很多生活习惯,二人口角不断,尤其是王子经常吐舌头的习惯让公主忍无可忍,最后青蛙不得不离家出走。这其实是对很多爱情梦想照进现实的真实写照:理想很丰满,现实很骨感。过起日子来,我们更多的不再是欣赏玫瑰花朵的娇艳,而是经常触碰到它茎上的刺。

其他理想亦然。我们期盼梦想,梦想一旦实现,却发现很多没预想到的问题;我们渴望荣誉,荣誉一旦到手,往往处于身不由己的尴尬境地;我们追求王冠,王冠一旦戴在头上,又常常不堪其重……

我们有理想期待,有希望诉求,有美好憧憬,有未来祈盼。而理想一经实现,诉求得到满足,憧憬成为现实,未来来到眼前,却蓦地发现,想象和期待远比实现想象满足期待更美好。

就像一直盼着放假,假期一旦来临,有时还会感到有点无聊。过年当然也是如此。这种热闹的活动,不会逃出实现不如期待更让人幸福的人类共通情感。自然,过年的时候说几次"年味淡了",算是对这种情感的一种宣泄,给自己心灵的一点慰藉。

厚古薄今是人类的通病。从孔子的礼乐崩坏到九斤老太的一代不如一代,社会并没有因为一个人的一句话停止前进的脚步。"年味淡了"说得再多,也不会妨碍过年物质生活的继续宽裕,不会阻碍过年精神生活的继续丰富,更不会阻挡工业文明必将完全取代农业文明的历史必然进程。

重　名

部分同事到外地学习,中午就餐地点叫"永胜大酒店",好友们纷纷给我发来图片,一时间微信提示音响个不停。大都调侃我在外地搞了第二职业开起了餐馆,有的甚至把高德地图抵达路线都发了过来。我都回复说点菜的时候报我的名,绝对好使;顺便给大家打个十五折。

这家餐馆和我的名字一样,都是在直白地表达对胜利的渴望,毫不含蓄。但不知道他的生意是不是恰恰和名字相反,如我的经历一般失败。百度了一下,与我同名同姓的人真不少,但大都是教育家医学家等成功人士,我与他们差了无数个天文单位;倒是我那一干兄弟刘永行、刘永好等在企业界干得风生水起,算是给我挣回了一些薄面。

生活中,重名的人可不止我一个。

初一的班主任叫刘海燕,是迄今为止我印象最深、感觉最好的老师。她刚毕业时不过十九岁,我是她的第一批学生,她是我的第一位女老师。初一新生报到的时候,她穿了一件极其漂亮的玫红色上衣,面带微笑地迎接每一名新同学。轮到我的时候,我坐在她的对面,仔细端详了刘老师,发现她皮肤极白,声音极好听,长得极好看。后来渐渐知道,她初中还是学霸,学校的光荣榜上有她的照片,在求学时代是最受欢迎的好学生;现在呢,则是学校最受欢迎的女教师;我呢,则成了刘老师最宠爱的学生。因为我当时身高还不足一米四,她经常像大姐姐一样搂着我,把我领到她办公室里。去办公室要经过初二初三的教室,他们班内的大个子男生们只要看到这种盛况,就立即聚集起来在一旁羡慕得又是喝彩又是起哄。于是,我这个小不点也一下子成了学校的名人,绰号就是"刘海燕老师最喜欢的那个小孩儿"。可惜的是,刘老师只教了我们一年就通过自学考试考上了本科,后来又考了研究生,最后进了事业单位,留在了省城济南,再也没当过老师。虽然她只教过一年书,却成了包括我在内的许许多多孩子学生时代的最美记忆。

在刘老师教我们的后半年,她告诉我们一个好消息:学校里来了一批实习老师。分在我们班的老师叫赵海燕,是位男老师,教我们数学。因为赵老师也叫海燕,所以无论男女,他都是一位很受大家欢迎的人。隐约记得给我们上过一两节课,内容早已忘记,只记得的是他非常投入的讲课的样子。他酷爱登山,三天两头地找刘老师,要她答应带我们全班去爬山。刘老师经不住他的软磨硬泡,无奈地应了下来。在山上,不知道照了多少张照片,每一张照片里都挤满了笑脸。现在我真感谢赵老师号召组织的这次活动,因为刘老师没有出现在我们的毕业照里,这次登山留下了她无数美丽的情影。直至现在,我的老影集里仍然保留着这些美好的瞬间。

当时的初中,每天晚自习前有 15 分钟的生活指导,实习老师在的那段时间,成了每个班的练歌时间。全班同学都要求赵老师来一首,他很乐意,拿起歌词本为我们演唱了谭咏麟的《水中花》。那是我第一次听老谭的歌,后来便一发不可收拾。后排的高个子男生更是灵活,把隔壁班的实习女老师也拉了进来,不唱完一首歌就不让离开教室。她万般无奈,在我们的逼迫下非常局促地演唱了一首叶倩文的《潇洒走一回》。当时的我们,可以在周末组织去爬山,不用担心安全隐患;也可以在晚自习前练歌,还可以参加学校组织的歌咏比赛、朗诵比赛、篮球比赛、联欢晚会、运动会,应有尽有。

上大学的时候,读到了一本奇书《岂有此女》,作者叫钱海燕,是山大中文系的高材生,宋遂良教授还特地为她写过文章。书由很多漫画组成,每幅漫画的下面都写了一段比较俏皮但很有哲理的话。现在我经常挂嘴边的很多段子都是从里面学来的。这位女才子刷新了我对女性作品的认知,她的文字充满了俏皮的睿智。

海燕,过去还出现在高尔基的作品里,现在仍出现在宋小宝的小品里。而我的对象,也叫海燕,所以宋小宝的名言“海燕呐,你可长点心吧”在我听来,格外地有喜感。我这辈子跟海燕这个名字是杠上了。

民国时期的文化人起名字,大都比较有诗意,像林徽因、何香凝、郁达夫、闻一多,都很好听;20 世纪五六十年代的人,有数不清的建国和建军、爱国和爱军、卫国和卫民,随便到一个村查户口,这种名字都一大堆;20 世纪七十年代的人,有数不清的地名做了人名:泰安下辖新泰、宁阳、东平、肥城,一个人有了四个儿子,前三个就分别叫新泰、宁阳、东平,老四呢,可能觉得名字里带个肥字不大好听,就从济宁借了个名字,叫曲阜。一个邻居有两个儿子,老大叫北京,有了老二之后,觉得叫南京、西京都难以超过老大,于是干脆漂洋过海东渡日本,叫做东京。得亏计划生育实行的得及时,不然这些俩字的地名用完之后,符拉迪沃斯托克、布宜诺斯艾利斯都得派上用场。"80 后""90 后",则是伟健、勇强、丽芬、红芳占据半壁江山,单单李伟、王伟、张伟、刘伟这四大金刚就不知道霸占了多少户口本的户主页。也正是这些原因,20 世纪中后期出生的人重名的特别多。很多单位点名的时候,都需要用男女或者其他显著标志来进行区分。

现在好了,很多人起名字都喜欢用四个字,重名的概率越来越低。很多名字都寄寓了父母对孩子的美好祝愿,再也不像 20 世纪的那批人的名字一样不好区分了。

读你千遍也不厌倦

相片在我国大致经历了三个储藏阶段:装在相框里,放在影集里,存在手机里。我最钟爱那些装在相框里的老照片,常常驻足仰望很久,读上千遍也不厌倦。

老照片里,我最喜欢的有两张,一张是五年级毕业照,一张是初一冬天在家照的独身照。

现在的人们大都喜欢一个事儿——晒。打开朋友圈,每次都会欣赏到好友的各种照片。大家竞相晒美食,晒风景,晒驴友,晒自拍。不需要电话,也无需见面,便可跟踪好友的脚步,和着他们的心情,来一次或近或远的旅行。

二三十年前,没有这种事情。因为相机稀缺,照相是一件神圣而隆重的大事;人们的物质生活水平普遍不高,不可能有事没事就到照相馆去摆拍。除了毕业、结婚之外，大多数人平时能不能照张相，全凭走街串巷的照相馆老板能否光顾到自己所住的村子。

初一那年的冬天，邻村一摄影师骑着"大金鹿"，来到我村照相。对照相几近痴迷的我们，像得了天大的喜讯一般，纷纷奔走相告，然后回家转告并央求家长，希望他们能皇恩浩荡一回。我的家长比较开明，欣然应允。

自然的，洗头、洗脸、甚至洗澡，换衣服，收拾院子，这些照相之前的必备工作依次紧张而有序地进行着。小时候的冬天，澡堂子不普及，天气又冷，大家都不愿意洗澡，很多小伙伴都是在家长的棍棒下才不情愿地洗掉积攒数月的陈灰，洗完一次澡，站在称猪的磅秤上一称，折耗二三斤是常有的事。更有甚者，为了逃避冬天下一次洗澡，洗完后立马到大街上一阵狂奔，然后故意冻感冒，用实际行动证明自己虚弱的身体实在不适宜在冬天洗澡。我还不至于这么邋遢，也比较虚荣，脸是要天天洗的，但脖子很难保证，所以和很多小伙伴一样，都是脸蛋很白，脖子很黑，腮和脖子之间有一道非常明显的分界线，个头差不多的小孩站成一排，远远望去，头和脖子之间，构成一条长长的黄渤海分界线。

这次当然不同，我主动要求洗脸洗头洗脖子，因为要照相了。

更加幸运的是，我恰好刚买了一件新上衣，不是系扣子的，是带拉链的。

我们小学的衣服大都是系扣子的，从上到下大约五六个扣，应该属于改良版的儿童中山装。有时候扣子掉了，又很难找到一模一样的，就找别的样式的来补上。所以，很多同学胸前的五个扣子，常常有五种形状。穿带拉链的衣服自然不会有这样的烦恼。我班一个同学，他姐姐在南方打工，经常给他带回来一些带拉链的衣服。那衣服经常是灰色的，袖口和底边是宽宽的松紧带，胸前一左一右印有"中国"两个大字,中间配一个白色的塑料大头拉链,从底往上一拉,"吱"的一声,整个衣服就把上半身完整地包裹起来,完全摆脱了系扣子的烦琐。他穿的那些衣服都比较大,经常包着屁股,走起路来松紧带都失去了作用,跟着大腿一块呼扇。他还常常把衣领竖起来,裹住脖子,非常酷,以至于我们站队的时候,黄渤海分界线常常被生生截流。全班同学那个羡慕啊,有姐姐的都恨不得跑回家,怂恿自己的姐姐赶紧出去打工。

当然,这种漂亮衣服也引起了老师的注意。所以,每年照毕业相的时候,他的衣服都会被老师借去,穿在教工子女的身上。因为我们小学有个传统,每年五年级照毕业照的时候,教工子女都可以蹲在第一排女生的旁边,免费获得一次留影的良机。我们仅仅在毕业的时候才用准备了五年的表情照了一次,而老师的孩子上了五年小学,可以穿着拉链上衣照五次毕业照。当然包含我们也参加的那次。我们的表情在五花八门的扣子的映衬下僵硬而茫然,教工子弟则和拉链大哥一人一件拉链上衣,炯炯有神。至今,从早已发黄照片上,还能在他们胸前清晰的辨识我们的国籍:中国。

于是,在家的那次照相,我穿着新拉链上衣,带上军用大盖帽,抱着木制的玩具长枪,摆了一个最帅的姿势,照了儿时最酷的一张照片。

这是我最喜欢的两张旧照,至今仍嵌在老家的相框里。拉链哥和教工子弟都是一个村长大的,现在都身居异地,好多年不见了,也不知道他们过得好不好。

我喜欢这种老照片,读上千遍也不厌倦。因为,每次站到它们面前,我不仅能看见岁月的样子,还能穿越时间,回到从前。